幕末維新像の新展開

明治維新とは何であったか

宮地正人

花伝社

カバー図版

「琉球那覇港に碇泊せるペルリ艦隊」（国立国会図書館デジタルコレクション）

「毛理島山官軍大勝利之図」（東京大学史料編纂所所蔵）

田中正造天皇直訴挿絵（佐野市郷土博物館所蔵）

「屑屋の籠」（国立国会図書館デジタルコレクション）

幕末維新像の新展開——明治維新とは何であったか◆目次

第1章　明治維新をどうとらえるか

一　明治維新とは何であったか

(1) これまでの研究史をどのように押えるのか?

明治維新一五〇周年が二〇一八年に祝われようとしています。ただし、幕末維新変革をいかにとらえ、どのように時期区分するかは、これまで様々な論がありました。現在語られている、明治維新（一八六八年）で、あるいは廃藩置県（一八七一年）で洋々たる近代日本が出発したとの言説もこの論争の中で出現し、国定化されていったものです。

竹越与三郎は『新日本史』（一八九一年―九二年）において、一八六八年を境に「維新前期」と「維新後期」に区分し、「維新後期」のハイライトは自由民権期だとし、立憲主義への前進を阻止すべく、伊藤博文の貴族制度創出などの保守政略が出現したとの論理構成をとっています。

版籍奉還（一八六九年）と廃藩置県（一八七一年）によって封建時代が終り、近代日本が出発したとの一八七一年区切り論は、明治天皇が王政復古勲功旧四藩（水戸・薩摩・長州・土佐）の大名華族四家にペリー来航から廃藩までの「国事鞅掌（おうしょう）（奔走する意）記録」編纂を下命した一八八八年から出発します。「ヨーロッパでは数百年かけなければ実現出現なかった封建制度の廃棄は、日本では尊王心にあふれ国体の尊厳を体に浸み込ませた勤王雄藩の私心のない自己放棄によって実現された」との言説がここから歩み出しました。それは帝国議会（一八九〇年より活動開始）において衆議院に対峙し、「皇室の藩屏（はんぺい）」たらしめられた華族と貴族院への価値賦与と表裏一体の動きであり、明治後期からは「帝国憲法と帝国議会開設を以て近代日本の成立」ととらえる時期区分論を駆逐した国定的時期区分論として今日までの日本人男女の時期区分論になりつづけています。

これでいいのだろうか？　と疑問をいだいた知識人が吉野作造でした。東京帝大法科大学が一八八七年に創立した国家学会三〇周年記念のため、明治維新と明治憲法にかかわった政財界代表者たちに寄稿を求めた際、唯一「今は語るべきではない」と拒絶したのが憲法作成の実務的担当者だった伊東巳代治（みよじ）でした。吉野はこのことによって明治前半期、即ち自由民権期の史料蒐集を同好者と共同で開始し、今日でも最重要の史料集『明治文化全集　全二四巻』（一九二七―一九三〇年）を刊行、「憲法施行以前は、国を組織する人民が主権者なのだと説く方が多かった」と断言することとなり、日本憲政史の基礎をつくっていきました。

明治維新最大の功労者西郷隆盛がなぜ一〇年後逆賊首魁に転落してしまうのかの説明もなく、自由民権運動への一切の言及もなく、「国体の尊厳と天皇陛下の御稜威（みいず）」、日本国民の忠君愛国精神を以て明治維新と日本資本主義の発展がおこったとの非学術的な言説横行の中で、吉野作造に次いで鋭い問題提起をおこなったのが野呂栄太郎を理論的リーダーとして一九三二―三三年に岩波書店から刊行された『日本資本主義発達史講座』でした。一九三一年九月満州事変の直後、治安維持法の弾圧が荒れ狂い、軍部ファシズムのイデオロギーが国民、特に青年層に浸透しはじめた時期でした。どうしてこれだけ発達した資本主義国にもかかわらず、資本家はブルジョワ民主主義の立場をまったくとらず、軍部の侵略主義に便乗するだけなのか？　どうしてこれだけ発達した資本主義国家にもかかわらず、日本の農村社会は半封建的地主制度が強固で寄生地主たちが農村での小天皇たりつづけるのか、どうしてこれだけ発達した資本主義国家にもかかわらず、文武官僚制全体が天皇制のもとに完全に統御され、絶対的天皇支配が国民の、少国民にいたるまでの心の中まで浸透しているのか？　一八七五年に刊行された福沢諭吉の『文明論之概略』にまで伏字が強制されるこの時代には「絶対主義的天皇制」との表現は語感的に知識人にとって全く違和感はなかったのです。この天皇制支配の絶対性は、日本の帝国主義化とその深化並びに日本の異民族支配・植民地支配の問題をつつみこんで解明されるべき課題でしたが、植民地独立に言及すること自体が治安維持法の「国体変革」罪とされるため、説明の根拠がすべて明治維新への説明の中に求められることになり、廃藩置県が封建的地代の国家集中、すなわち封建制の最終段階の絶対主義国家成立と説明づけられることになりました。今日では一国史的発展段階論だとアト知恵で批判されやすいのですが、絶対主義からブルジョア民主主義革命という近代成立の二段階論はマルクス主義のみならず欧米社会科学の当時のスタンダードな理論だったのです。一九二〇〜三〇年代のヨーロッパ南欧・東欧はチェコだけを除き、イタリアも含め、半封建的な大土地所有のもと軍部独裁かファシズム体制のもとにおかれていたのです。そしてアジアは日本を除外して「アジア的停滞論」で理解されていました。

他方、国体論と尊王論を以て非歴史的に説かれる「尊王攘夷論」説明は生理的反発をうむこととなり、「排外主義的攘夷主義から合理的開明的開国主義へ」との図式が広く知識人に受容されてもいきました。今日の時点からすると、民族問題を欠如したこの一国史的発展段階論よりも、もっと柔軟で民族を視野に入れた世界史的からみ合いの中で封建制から近代への移行をとらえなければならないとの枠組み変化が始まったのは、私は一九四九年の中国の人民大革命の成功以降のことではないかと考えています。

そして上にみた講座派的な明治維新のとらえ方は、一九四五年日本の敗戦による対米従属下でのドラスティックな反封建民主主義的大変革の中で、戦後六〇年代初頭までの日本知識人の平均的なとらえ方となっていました。ただし講座派論客の中で廃藩前と廃藩後自由民権運動期までをあくまでも統一的内在的に把握しつづけなければならないと主張し（この結果天皇制のとらえ方も柔軟になる）、その分析を試みたのは社会学畑の服部之總（はっとりしそう）だったと私は見ています。

この歴史的とらえ方が大きく変化するのが一九六〇年代後半からでした。当時の高度経済成長の中での国民の歴史意識の変化が、一五年戦争の加害と被害の歴史を全くカッコにくくったままの、一八六八年明治維新が今日の高度経済成長のもとになったのだとする日本近代化論をつくり出し、そして一九六八年時の佐藤栄作内閣はこの「理論」を以て盛大に「明治百年記念式典」を挙行しました。この頃から様々な明治維新論が出されて、百花繚乱の状態にあります。

私の立場は、①明治以来の明治維新研究の成果をきちんとふまえること、②一国史的発展段階論に立たず、国内政治と国際政治の複雑なからみあいの中で政治過程をつかみとること、③講座派の理論的成果の「天皇制カテゴリー」を論理構成の中にしっかりと内在化させつつ日本的国民国家形成として幕末維新変革を統一的論理にとらえること、④中央集権的統一国家は一八七七（明治一〇）年、西南戦争後に始めて成立したこと、⑤世界資本主義に対応し、国内の資本主義化を可能にする私的土地所有権の確立は地租改正完了後のことであること、この五点の視角に立って実証的研究を志しています。

では、どのようにこの大変革のプロセスを私は現在理解しているのでしょうか？

（2）明治維新全体のとらえ方

幕末維新変革は、一九世紀後半の世界資本主義に対峙しうる主権国家・国民国家への幕藩制国家からの急激な移行過程であり、ペリー来航から中央集権国家形成（一八七一年七月一四日の廃藩置県がその到達点）に至る第一段階と、国家権力を掌握していた藩閥政府が日本国民に国会開設を約束せざるを得なくなった自由民権運動の到達点（一八八一年一〇月一二日の詔勅）、即ち地域と国民が国家を担うことになる第二段階を統一的に掌握しなければならないと私は考えています。換言すれば、一八五三年から一八八一年までを断絶なく連続して展開していく巨大な過渡期ととらえる方が論理的にも史実的にも無理がなく、実証的な枠組みとなると見ているのです。

王政復古も廃藩置県もこのプロセスの中の重要な変革でしたが、それらはこの移行の大課題に課せられた一つの通過点にすぎないのです。別の表現を以てすれば、国家機構への国民と国会の定置という「立憲主義」の成立（国民国家の土台形成）が幕末維新変革の到達点なのです。

（3）幕末維新変革を論ずる上での諸前提

１　鎖国を幕藩制国家の国際政治の枠組みとして理解すること

鎖国とは国を閉ざした状態をいうのではありません。「地球的規模の世界」の成立に対応して形成された幕藩制国家が一七世紀前半につくりあげた国際政治システムを意味します。換言すれば日本の「近世」とは欧米史でいわれる資本主義の初期段階を指すEarly Modernの意味内容を含むものではなく、重商主義段階で成立した「地球的規模での世界」に対応しうる強力な封建国家成立の歴史段階を意味します。目的の第一はキリスト教の日本への浸透を厳禁するシステムの確立、第二はそれを前提として国交は朝鮮・琉球の二ヵ国のみ、第三は通商は清国とオランダのみ、ただし支配階級に必要な商品輸入以上に重要だったことはオランダからの毎年の「蘭国風説書（ふうせつがき）」の入手、長崎入港清国商船からの「唐国風説書」の入手によって世界情勢を確実につかむこと、第四は、それ以外の国々とは国交も通商も結ばずもたず、軍事力を以てその要求を通そうとする国家には軍事力で対決すること、です。ペリー来航で軍事的に対決できないことを幕府が日本人男女全員に暴露してしまったことが幕末維新変革を始動させたのです。

2　近世における朝幕関係を国家論的に理解すること

「幕府は権力、朝廷は権威」といったいい方は常識論の域を出ません。建前としての幕府の公権力なるものは、「朝廷を尊崇し四夷を平定する」職分の征夷大将軍の朝廷からの武職授与によって正当化されていました。天子は近世においても日本国王との自意識を保有しつづけ、神武天皇以来の「皇統」と三種の神器、伊勢神宮の安危に拘わる「国体」問題については、朝廷は幕府に対し発言し要求する権利を保持していると自意識していました。したがってキリスト教の国内浸透への危機意識は一六～一七世紀においても強く、幕府が「日本神国論」を武器にして鎖国体制を確立したことは、朝廷にとっては幕府の最大貢献であり、また衰微の極みに達していた朝廷を幕府が再興してくれたことに対しては絶大な感謝の念を抱いていました。したがって一八四〇年代外国船が頻繁に来航し、しかも琉球には宣教師が滞在しはじめたことに関しては深い危惧感を懐き、幕府に海防の厳修化を要請しました。尊王意識が昂揚したから尊攘運動が発生したのではありません。鎖国体制が解体しはじめたことが、孝明天皇と朝廷をして独自行動を取らせることになったのだと私は理解しています。

３　一九世紀五〇年代を「公論世界」の端緒的形成期ととらえるべきこと

アジア・アフリカのほとんどの地域・地帯での在地の土豪や首長、あるいは様々な王国が欧米列強によって従属化させられ、あるいは滅ぼされても、その地の民衆にとっては他人事であり、「我関せず焉」でしかなかったのです。それとはことなり、日本ではペリー来航の報は一〇日前後で日本全国に伝わり、日本人男女全体が幕府がどう対応し、あるいは対処出来るか、危機意識を以て凝視する段階に到達していたこと、この来航を契機に日本各地で「風説留（ふうせつどめ）」というニュース蓄積資料がつくられていったこと、このような質の社会が既に形成されていたことが、外圧に屈していくのではなく、それへの反発を生み、マニュアルの全くない状況の中でそれへの解決方法を模索しはじめたこと、この強力な外圧と強靭な反発との相互関係が、日本での未曽有の難局を数回の後退を経ながらも歴史的に前進させせつつ解決出来た大前提だと私は考えています。

４　一九世紀段階世界資本主義の特質

一七世紀前半においては幕藩制国家は重商主義段階の欧州のいかなる国の海軍力・軍事力に対しても十二分に対抗しうる力を有していました。東アジアの日本も中国も朝鮮もベトナムもその自信は絶大なものがありました。しかしナポレオン戦争を闘いぬく中で欧米資本主義国家は全く変貌してしまうこととなります。第一に産業革命を実現し、Steam Engine という恐しい動力機関を出現させ、無限の商品を生産することを可能にし、そしてその商品を全世界の隅々にまで販売する欲望をこれまた無限大に増大させました。第二に産業革命は軍事技術革命をもひきおこしました。帆船時代を過去のものとし、蒸気機関で全世界を航海する時代を創り出したのです。また、その船の規模を制約する木造船時代を過去のものとし、いくらでも巨大化可能な鋼鉄船時代を創り出し、当たらない限り被害のない Round Ball 弾丸の時代を過去のものとし、接触したとたん爆裂する Shell 弾時代を創り出し、軍艦には一一〇ポンド爆裂弾を発射でき、射程距離を四〇〇ヤード（一ヤード九〇㎝）にまで延長させたアームストロング施条式海軍砲が搭載されることとなりました。未開で頑固な封建国家の壁を大砲で破砕したのちに欧米キリスト教列強が非キリスト教世界に押し付ける国際法たる不平等条約が軍事革命と並んで形成されてきます。第一に低率関税を強いる協定関税システム、第二に治外法権、第三に最恵国条款の三大原則からそれは成りたっていました。日本政府がこの国際法を本当の意味で理解出来るようになったのは一八七三年岩倉使節団がフランスに滞在する時期だったのです。

（4）中央集権的統一国家形成への途

1　世界資本主義東アジア包摂の開始と幕府の対処

東アジアが世界資本主義に包摂され始めたのは一八四二年大清帝国のアヘン戦争での惨敗と不平等条約の受諾でした。江戸幕府はこの危機に直面、それまでとりつづけてきた外様大名排除、将軍＝譜代大名・旗本結合の方針のもとでなんとか対処しようとしました。一八四二年相州・房総の警備を川越・忍（おし）の両藩、ついで彦根と会津を加勢させるのです。一八四六年八月の孝明天皇からの海防厳修勅書は朝廷の危機意識が既に鋭くなっていたことを示しています。

2　世界資本主義への第一次包摂とそれへの反発

一八五三年六月三日ペリーが浦賀番所の制止を無視して江戸湾に侵入したことは、二百数十年間堅持してきた幕府の鎖国という国際政治システムが粉砕された瞬間であり、結局一八五四年三月三日日米和親条約の締結を余儀なくされます。「鎖国」から「開国」への大転換です。鎖国を強制しうる軍事力の存在があっての幕府の「御威光」は、従来通りのようには通用させられなくなりました。ただし、攘夷主義も攘夷運動もなんらこの時期に発生しなかったのは、幕府が安政改革を断行、諸藩と日本人全員に日本の将来をそれなりに提示しえたからです。第一に、欧米先端科学技術導入のための蕃書調所の開設・拡大、第二に国土防衛のための蝦夷地収公と千島列島での国境確定、第三に将軍家定の正夫人に島津家の篤姫を迎えることに象徴される外様有志大名のとり込み、第四に有能旗本の海軍・陸軍への登庸、第五に幕府権威補強のための朝廷との結合強化、そして当然予想される欧米列強の「開国」要求に主体的に対処すべく通商条約案を作成、この幕府案をもとにした蘭・露との間に通商条約を一八五七年～一八五八年に締結、この幕府案を以てハリスの米日条約交渉に臨もうとするのです。

3　世界資本主義への第二次包摂とそれへの反発＝「外を立てると内がもたない」

一九世中葉の世界資本主義の強力さは幕府の想定をはるかに越えていました。一八五六年に勃発したアロー号事件を口実として、英仏連合軍は華北に攻め入り、一八五八年天津条約を清国に強要、米露両国もこの条約に均霑（きんてん）します。中国情勢をバックに幕府案を一蹴、ハリス案による米日修好通商条約案が作成されたとはいえ、兵庫開港、大坂開市までもりこまされては幕府は自己で決断不可能となり、条約勅許を求めるも、この条約案を呑むことは武職としての将軍にふさわしいものではないと、孝明天皇は条約を勅許せず、再度諸大名の意見をとりまとめて上奏すべしと三月二〇日勅諚を下します。

この日本に迫った危機については、同時に有志大名・開国派旗本の間に幕府の軍事統帥権・軍事指揮権問題を痛感させることとなり、将軍継嗣に有能な成人一橋慶喜を押す動きを産み出しました。

東アジアの軍事情勢は幕府からの諸大名への諮問とりまとめと再上奏という悠長な対応を許さず、「英仏連合艦隊、不日開港要求のため江戸湾進入」との圧力のもと六月一九日米日条約案調印を井伊大老は指令するほかなく、再上奏するとの約束を破られたとの孝明天皇の怒りは、八月八日水戸藩宛の密勅降下となってあらわれました。この事態は水戸藩を中心とする一橋派と朝廷の共謀によると判断した井伊政権は無勅許開港路線を以て正面突破すべく、九月より安政大獄を全国的に展開、しかしながら諸藩のサムライ有志たちは「藩主―藩士」の封建的主従の義からの離脱を開始、藩と主君のためではなく、「皇国」のための「処士横議」の場を創り出し始めました（開港した国々はすべて滅亡するか従属化されます。「印度・支那」の覆轍を踏まないためにいかにするか？　これが課題となります）。この動きを後押しするのが、開港による物価上昇に圧迫されだした一般民衆の反幕府意識の高まりでした。福沢諭吉のいう「洋学者と開港場の商人以外はすべて攘夷主義者」という状況が出現してしまったのです。一八六〇年三月三日の桜田門外の変は国内の政治的雰囲気を一八〇度逆転させ、直弼なきあとの幕閣は将軍＝譜代結合のもと、粛清路線を貫徹させる自信を喪失、公武合体の再構築のための和宮降嫁政策と開港開市延期交渉遣欧使節団派遣政策にシフトせざるを得なくなりました。しかし一八六一年二月からのロシア艦隊対馬占拠という領土侵犯事件になんら対処しえない幕府は国内の批判をさらに浴びることとなり、一八六二年一月一五日坂下門外の変による老中首座安藤信正の失脚後は、幕府は政治的イニシアチブがとれない「死に体」と化してしまいました。この政治的空白を狙い外様大藩薩摩藩主実父島津久光は朝廷を擁しての幕政改革を狙い三月率兵上京、大原勅使を表にたてつつ、政事総裁職松平春嶽、将軍後見職一橋慶喜を実現、朝廷は薩摩と共に長州・土佐といった大藩をも利用、この一八六二年江戸に三度も勅使を下向させ、ついに奉勅攘夷の意志があるのかどうか、勅使三条実美を以て将軍家茂に問うに至りました。幕府は勅旨を拒絶すれば、攘夷の勅命は他藩に降り、幕府は朝敵となって国内戦に臨むこととなるし、勅旨を奉ずれば五カ国条約を破棄、列強が受けなければ対外戦のための挙国一致体制をつくらねばならなくなるとの二者択一を迫られ、幕閣内の大論戦の結果、一二月五日将軍家茂は奉勅攘夷の請書を実美に提出、一八六三年三月の将軍上洛となります。

ここに、一年前には誰も夢にも思いつかなかった異常な状況に日本は突入、しかし対外戦となれば石高と藩内身分制と封建的軍役体制が三位一体となっている旧体制を打破して実効ある軍事態勢をつくらねばならず、各藩とも軍事改革派が台頭、下から上をつきあげ、挙藩一致体制を改革のなかで創出しようとの動きが日一日と激しくなっていきました。朝廷内でも同様の事態が進展、孝明天皇は自らがあけてしまったパンドラの箱の当然の帰結に驚愕（対外一致は国内民主化なしにはつくれません）、一八六三年八月一八日のクーデタによる朝廷と国内秩序回復のイニシアチブをとることとなったのです。

ただし条約破棄の意図は依然として強く、朝廷と将軍との結合の中でそれを実現しようと、一八六四年四月横浜鎖港の勅命を家茂に下し、家茂は勅命を奉じて五月江戸に帰還します。他方将軍後見職を辞し、朝廷より禁裏守衛総督に任じられた一橋慶喜は京都守護職松平容保、京都所司代松平定敬と一会桑連合を結成、朝幕融合の形でしか幕府は存続不可能だと、一面では将軍＝譜代結合の朝廷からの離反運動を押えつづけ、他面では外様大名の朝廷直結策動を阻止しつづけます。

4　世界資本主義への第三次包摂とそれへの反発

欧米列強は、日本の離脱の試みを決して許そうとはしませんでした。日本の異常な行動を破壊するためには、奉勅攘夷運動の強硬派薩摩・長州、そして孝明天皇それ自身を軍事的威圧のもとに屈服させなければならないと軍事行動に出るのでした。

第一に一八六三年七月二日の薩英戦争、第二に禁門の変（一八六四年七月一九日）で完敗した長州への八月五日からの四ヵ国艦隊下関戦争、第三に一八六五年九月～一〇月五日の連合艦隊摂海侵入と条約勅許強要軍事行動です。しかしこれらの軍事的勝利は国内に強力な反発力をつくり出しました。薩摩では絶大な英国軍事力を痛感する中で、日本全体をまとめ、外圧への対抗軸を創出する以外に方法なしと、誠忠組（せいちゅうぐみ）指導者で久光の逆鱗に触れ沖永良部島に流されていた西郷隆盛が召還され、京都藩邸の責任者となりました。長州では「純一恭順派」に対し高杉晋作が諸隊と共に反乱をおこし、藩の「官軍」を打ち破って藩内革命を成功させ、これまでのすべての長州藩の行動は朝廷と幕府の命を奉じての行為、禁門の変への謝罪は一八六四年（一一月一八日）三家老の首実検で完了との立場を確定、朝敵とのレッテルを全く意に介することなく、第二次征長軍迎撃態勢づくりに全力を挙げ、藩内の豪農商と一般民衆は熱狂的にこれを支持しました。そして万策尽きての孝明天皇の条約勅許（一八六五年一〇月五日）に驚愕、このままでは幕府と一蓮托生で朝廷も滅亡してしまうと、岩倉具視を中核として王政復古派公卿たちが結集を開始しました。八月一八日クーデタと七月一九日をうけての長州朝敵との勅命は朝廷の威信を大幅に低落させてしまったのです。

5　薩長軍事同盟と倒幕への傾斜

七月一九日禁門の変は孝明天皇の入京不可との勅命を無視して勃発したものであり、天皇は「長州征伐第

一、攘夷は第二」との立場を明確にしました。一会桑グループにとって絶好の機会到来です。一八六五（慶応元）年五月、将軍「御進発」が実現、幕府諸藩軍が大坂に結集、西国諸藩に軍事的圧力をかけ、長州を孤立化した上で長州を撃破し、さらに国内の対抗勢力を根絶する方向に踏み出しました。長州の次は薩摩となります。西郷は雄藩朝廷直結体制を実現しようと様々に試みるも、ことごとく失敗します。一〇月五日の条約勅許も一会桑のレールの上での勅許。このままでは薩摩藩は全く朝廷の足場喪失と確信をいだいた時点で対抗軸は薩長同盟しかないと決断、一八六六年一月二一日京都において薩長軍事同盟を締結、長州を敗北させないため薩摩は尽力し、一会桑勢力を掃除（そうじょ）、皇威回復のため両藩は共闘するという趣旨です。「奉勅攘夷」のスローガンは条約勅許後は出現しません。かわって「万国対峙」「万国並立」が国家目標に据えられます。国内輿論は、条約を勅許した上は、長州「征伐」は筋が立たないと、異常なまでの正義藩長州支持でまとまっていきます。一八六六年六〜八月の第二次征長の役での「官軍」完敗は、国内の政治的雰囲気を決定的に変えてしまいました。幕府の軍事的能力の欠如が白日のもとに暴露され、新たな国内結集のあり方が鋭く提起され、慶喜は宗家相続をするものの将軍職は公論の帰するところと将軍宣下を半年にわたって辞退せざるを得なくなりました。

一八六七（慶応三）年五月兵庫開港勅許獲得のため、慶喜は薩摩、越前、土佐、宇和島四賢侯との合意形成（これも公論重視の一過程です）の場を設定、四賢侯より慶喜の方が宮廷政治家として数段上手、四賢侯の合意獲得との「お墨付き」を得て孝明天皇が最後まで許さなかった兵庫開港の勅許を新帝から入手します。ことここに至り薩摩は六月より薩長軍事同盟を発動させての武力倒幕路線に踏み出すこととなりました。他方慶喜も幕府を存続させるためにはさらなる朝幕融合京坂政権樹立以外なしと、土佐藩の大政奉還建白を手掛りとして一〇月一四日、朝廷に大政を奉還します。

6　王政復古クーデタ・戊辰・函館戦争・三治一致体制下の維新政府の矛盾

大政奉還後、事態の推移はまた慶喜ペースで進められている、このままでは実態的には幕府体制の存続となると判断した西郷と大久保は、岩倉と提携、尾張・越前・土佐・芸州の四藩を引き入れての一二月九日王政復古クーデタを決行、前日朝敵との罪名を解かれた長州も加わった王政復古政府が成立、当初は諸藩連合政権の性格が濃かったのですが、一八六八年一月三日～一月六日の鳥羽・伏見戦争が薩長両藩の奮闘で勝利したのちは薩長同盟が核となった維新政府に変化しました。ただし、西国平定の次の段階即ち江戸総攻撃に臨み「幼帝を挟み政権壟断の薩州」との非難を回避、諸藩軍事力を総動員する必要上、三月一四日「広く会議をおこし万機公論に決すべし」との五箇条の誓文が一七歳の明治天皇によって発せらます。戊辰・箱根戦争終了後の一八六九年六月、版籍奉還を経て「府藩県三治一致」制を大原則とした太政官体制政府による統一国家の歩みが開始、知藩事や参事などの藩高官の任免権は太政官政府が掌握、大名は藩実収入の十分の一を家禄として保証され、幕末期よりは財政的には豊かになりましたが、各藩は一年有半の国内戦に参加する中で各藩ごとに封建的軍役体制を解体、藩内身分制を解き、藩議会設置をも含めたドラスティックな藩政改革を遂行、中央政府に結集するというよりは中央政府対「集議院」（各藩代表が公議人となる）の対立が強くなり、他方直轄県では重税が軽減されず、一揆は広域化していき、統一国家のための「国軍」形成は、長州藩諸隊反乱（一八七〇年二月）にみられるように困難を極め、この中央政府の混乱に西郷大参議のもとの薩藩は公然と不満の意を表明しだしました。諸藩から超然とした中央政府主導の漸次的統一化路線は放棄され、薩長土三藩の軍事力を東京に結集して、中央政府直轄軍を編成、この一万の軍事力を背景に大改革断行上の方向性が明白となり、上からの国家形成を実現し、西暦一八七二年七月四日から可能となる条約改正に主体的に対処し、万国対峙を成功させるためには一挙に廃藩を断行、中央集権国家を創出してしまおうとの木戸・西郷の合意のもと、薩長軍事同盟が再発動され、一八七一年七月一四日、木戸・西郷のみが参議に就任した上で廃藩置県が断行されました。

（5）有司専制国家対日本全国の各地域

1　創世期国家の矛盾と征韓論分裂

廃藩置県の詔勅は、万国対峙の実現を藩がさまたげている故に、藩を廃すると宣言、薩長土旧三藩に肥前が加った、王政復古勲功旧四藩連合政府が、一日も早く万国対峙を実現しなければならなくなりました。政府高官総出の遣欧使節団を派遣、条約改正の予備交渉をおこない、その間国内では列強が条約改正要求を呑むに足る「文明開化」政策を断行することが使節団と留守政府との合意となりました。しかし、改正予備交渉自体がはやくも一八七二年五月段階で不可能と判明、留守政府は東アジア国際政治に関与する中で国家権威の上昇を狙い、このことによって条約改正の実現化を図る方向に歩み出しました。日朝国交樹立と琉球島民殺害事件解決が具体化の対象でした。

ところで廃藩の時点では西郷と木戸の間に、藩が廃止されたので藩軍事力としての各藩士族の常職はなくしたものの、士族（当主のみで四〇万人）をどうするかの合意はなんら存在していなかったのです。しかし中央官庁・地方官ポスト・陸海軍ポスト、北海道開拓使ポストは薩長中心の四藩出身者の「つかみどり」となり、廃藩当日支給の秩禄はそのとおり支給されるものの、全国士族の不満が高まるのはあまりにも当然のこととなりました。他方で一挙的廃藩と三府七二県設置により従来の各領主ごと、各旗本領ごと、各藩領ごとの租税・雑税は軽減されない上に、相互の不均衡が明白になってしまい、さらに区戸長給料、小学校設立、徴兵令施行等の民費負担が重なり、ここに西日本を中心に江戸時代以来未曾有の規模の「新政反対一揆」が続発、士族がそこに加わっていきました。

ここで見る全国三府七二県の行政・財政は巨大官庁大蔵省が統一的画一的に掌握することになったため、「文明開化」政策を推進しようとする司法省・文部省其他の中央官庁と対立、また府県行政担当者は地域と大蔵省との間にはさまれて不満が蓄積、より根本的には地域民衆の憎悪の対象とされた区長・戸長にはなり手が無くなるか、「民会」での合意無しの課税不可との態度をとりはじめました。とりわけこの矛盾が集中したのは、一〇〇万石の金沢藩でさえ一万四八五五名の士族しかいなかったのに、四万六八二八人もの厖大な士族をかかえ彼らの勇敢な戦闘力に依拠して戊辰・函館戦争を勝利に導き、廃藩のための軍事力となる「御親兵」を上京させた鹿児島県と西郷隆盛でした。「内乱を冀（こいねが）う心を外に移して国を興すの遠略」（一八七三年八月一七日の発言）との彼のことばは、その本心を語ったものであり、彼は留守政府での閣議で遣韓大使に任命された（八月一七日）のです。

ただし正式決定は岩倉が九月一三日帰国してからのこと、一〇月の閣議の中では使節団側は遣使猛反対、その先頭がこれまでの西郷の盟友大久保利通でした。彼は外遊中、西郷とは一八〇度逆の方向に日本国家の前途があると確信を深めました。一九世紀七〇年代の欧米列強に抗し得るには、一日も早く国家権力をより強固にすべきであり、国内のすべてが帝政ドイツの如く、強力国家に統御され統制されていなければ国家権力を強化することは不可能だということです。国家財政は農民階級の減租要求に屈することなく、少なくとも旧封建貢租額を徴税しなければ一九世紀七〇年代の列強の如き国家を形成することは不可能だし、その不足分は士族の秩禄支給を削減することによって補填する以外方法はあり得ない。西郷の徴兵制軍隊三万では外圧に抗しうる軍事力にはならず、士族に依拠し、士族の士気を作興する中で、日本の独立を維持し条約改正をめざすという考えは、日本を逆の方向に引きずり込んでしまう。こう見通す大久保は地域を棄て国家をとり、西郷は一参議という虚名のポストを棄て地域鹿児島に殉じることとなります。一〇月二四日〜二五日の征韓論大分裂、薩摩派は西郷派と大久保派にまっぷたつとなり、薩長同盟は内部から崩壊、半独立県鹿児島をかかえつつ、岩倉・大久保政権は二〇〇〇の徴兵制軍隊に依拠しつつ国家権力をにぎりしめ、国政をリードしなければならない事態となってきました。「一寸先は闇」の状況がここに出現します。

２　自由民権運動の第一段階・政府内部改革の段階

薩長同盟が崩壊、ここにはじめてさまざまな政治連携・連合の可能性が出現しました。一八七四年一月一七日征韓派元参議板垣退助らの民選議院設立建白は、新しい政治の方向性とその闘うべき相手を、全国の士族層と豪農商層両者に見事に提示したものとなりました。闘う相手とは、これまでの「公議」尊重主張を無視し、帝室を挾み（わきばさ）、人民をなんら代表していない「有司専制」政府であり、それに対峙する「公論」結集の場こそが民選議院なのです。国家の基礎は国民が国会に結集することによってこそ確立し、国会は国家の安定性を保証するのであり、また国会を介し租税納入者は政府に関与する権利を保持しているのです。建白者たちの薩長土のみならず二府数十県（県の統廃合が進み、県は減少していきます）の人民が民選議院に代表されなければならないとの主張は、全国各地域そのものの主体性がなければ「公論」に基いた国会は形成不可能だということを意味します。

薩長同盟の鉄の結合による上からの政治指導というタガが吹き飛んでしまったことで、全国各地の地域の主体性が全面に舞い出て、幕末期の「公論世界の端緒的形成」段階は、民選議院設立建白をめぐる国内の大論争の中で「公論世界の成立」段階に大きく前進し、各種の日刊新聞は一八七四年〜七五年において日本社会にしっかりと定着、しかもこの時期、政府の言論取締りは未だ実施されていませんでした。岩倉・大久保政権は全国各地の士族の動向並びに各府県の豪農商と一般人民の動向の両者をにらみつつ、国家権力をにぎりつづけるため、機会主義的・場当り主義的に対応せざるを得なかったのです。まさに「綱渡り政策」です。

士族の不満は佐賀の乱の勃発（一八七四年二月）で噴出（これも佐賀県なりの地域の意思表明です）、機先を制する中で鎮圧するも、次はどこで爆発するか予測不可能のまま、二月六日には早くも台湾出兵を決定、外征によって士族層の耳目を惹きつけようとします。他方で、府県豪農商層の民選議院設立要求には、五月二日「議院憲法」を公布、全国人民の代議人を招集する前提に地方官をして、人民に代わって、「協同公議」させると約束、九月開催を予告します。ただし、「議院憲法」は大久保とことなり、民選議院設立建白に対応すると共に、内治優先主義原則を崩さず、また憲法と法律を確立することによってこそ国家は安定するとの意見を堅持しつづけ、四月参議を辞任した長州閥首領木戸孝允（たかよし）の主張を具体化するものでした。

薩長同盟は大久保・木戸間でも崩れたのであり、木戸・板垣連携という政治連携の可能性が出てくるのです。しかしながら台湾出兵は清国の強く反発することとなり、強硬に日本軍撤退を要求、拒む日本政府との対立が激化、日清開戦の可能性が日ごとに高まっていき、全国の士族層は従軍を志願、政府も開戦となれば士族を動員する以外手がなく、このため八月一七日地方官会議は延期されます。

大久保は北京に派遣、決裂寸前がくりかえされる中、一〇月三一日清国側が出兵を「義挙」と認めたため、士族層の動員なしに日清紛争を解決しました。大久保の政府内での威信がたかまる中、彼がおこなっている機会主義的な政治スタイルと財政負担増大政策の転換を求め、木戸は板垣と連携して政府内改革を遂行しようと決心します。大久保もまた、二大藩閥の一つ長州閥が政権に批判的でありつづけては政権運営は不可能と、一八七五（明治八）年二月、木戸・板垣が会談している大坂に赴き、三者は「立君定律」原則を確認、木戸と板垣は三月参議に再任され、四月一四日「漸次立憲政府樹立の詔」が公布され、三権分立原則に従い、立法では元老院を、司法では大審院設立を明言し、また地方官を招集して立憲政府樹立に向うことが宣せられました。

　この地方官会議のため、「議院憲法」が再公布され、人民代表の資格をもたされた地方官会議が木戸を議長として六月二〇日より開催されるとともに、四月二八日、元老院副議長（議長次）に後藤象二郎が就任します。ただしこの六月までに木戸・板垣の対立も明確になってきました。木戸は長閥首領として政権内の長州閥の立場を是が非でも擁護しなければならず、板垣は入閣している間に、民選議院設立建白の「実」をとらなければならないからです。地方官会議さなかの六月二八日、伊藤博文は大久保の意向をうけ讒謗律と新聞紙条例という言論弾圧法規を作成、二法令が公布され、続々と新聞記者が捕縛されていく中で、民権派の各新聞は大幅にその紙勢を拡大、弾圧の中で「公論世界」はしっかりと日本社会の中に定着していきました。

　その後も木戸と板垣は参議と諸省長官の兼任不可及び省長官人事の変更を求め危い連携をつづけていきますが、九月二〇日江華島事件により全国の士族層が征韓論を主張して一斉に動き出し、この状況をにらんで左大臣島津久光が太政大臣三条実美の無能さを攻撃、そこに華族層が久光を支持するという政府危機が到来するや、木戸は内治優先主義を放棄し、日朝間に戦争の可能性が十二分にあるこの事件での朝鮮政府の責任追及の責任者となる姿勢をとり、大久保・岩倉と同調することとなりました。この結果一〇月二七日、久光と板垣は閣外に追放され、後藤元老院副議長も一八七六年三月二八日辞任、同日木戸も参議を辞して閣外に去り、ここにおいて大久保は完全に政権の全権を掌握することとなりました。

3　自由民権運動の第二段階：士族反乱との連携の段階

台湾出兵、日朝修好条規締結という二大外交案件を共に士族層の動員なく、権力主義的に「解決」したことにより、大久保が完全に掌握する「有司専制」政府は、いよいよ征韓論分裂以来の中央集権化諸課題の一挙実現に踏み込みました。国家財政の三分の一を占める華士族層への秩禄支給の廃止と金禄公債証書への転換、地租改正の一八七六年内の完了、そして四月・八月の二度にわたる大合県による府県行政の効率化・合理化です。

一八七六年一〇月熊本神風連（しんぷうれん）の乱からはじまる士族反乱は、一八七七年二月半独立のままに来た鹿児島県士族の蜂起＝西南戦争によってそのピークを迎えました。民権運動第一期において、板垣ら政府内部改革を志向していたグループも当然西郷と鹿児島の動向に注目しつづけていました。そして後藤の辞職以降、土佐立志社系民権運動は完全に在野に戻ったことになり、在野での民権運動の組織の仕方の模索を鹿児島の動向をにらみつつおこなうこととなります。大久保がその頂点に君臨する「有司専制」政府をどのようにしたらゆり動かすことが可能か？　この思いは陸奥宗光をリーダーとする紀州派の面々にとっても共通のものであったのです。各地の士族民権派もまた然り、そして福沢諭吉や慶応系の「報知新聞」は士族民権の立場こそとらないにせよ、欧米ミドルクラスを日本に求めるなら士族層にあるとの考えに立っており、そのエートス（「元気」とも表現される）こそが新日本の土台をつくるとの想定から、士族処分は漸進主義的におこなわなければならないとの立場に立ち、政府の過酷な秩禄処分政策に批判的で西郷派に好意をよせていたのです。しかし西南戦争は四月一四日熊本城籠城解除により潮の目がかわり、九月二四日西郷以下の自刃により第二期は完全に過去のものとなりました。新たな運動のあり方を見出さねばならなくなりました。武装蜂起で「有司専制」政府を打倒することは不可能なことが明白となったのです。

4　自由民権運動の第三段階：全国的国会開設運動の段階

第二段階までは士族民権と豪農商民権＝平民民権は統一されることはなかったのです。しかしながら平民民権が批判しつづけてきた秩禄支給が廃止されたことにより、両者の対立の原因がなくなり、他方士族民権は士族の更なる困窮化によって反政府意識が強められるとともに、府県会に結集する各地の豪農商層との連携の中で民権運動を前進させる態度を明確にしました。両者を合体させる一致点は、国会開設、地租軽減、条約改正の三大綱領です。

全国各府県の豪農商層は明治一桁代から、自らの圧力を以て官選府県会の民選議院化を次第に実現させてきていました。財政窮迫により地方税の負担を増加させざるを得なくなった「有司専制」政府が、三新法の一つ、「府県会規則」を制定せざるを得なくなったものの、一八七八年七月二二日のこの規則が、それまで自分たちが勝ちとってきた「特設道府県会」規則よりも大幅に後退した内容でしかなく、審議内容も厳しく制限されたものであり、このようなおしつけをはねかえすためには、なによりも国会を開設させ、自らの意見を法律制定の場と国家財政審議の場で実現させなければならないとの決意をかためさせるものとなりました。しかも全国一斉の府県会議員選挙が一八七九年三月に実施され、激しい選挙戦の中で地域の政治化は大きく押しすすめられたのです。

他方、一八七八（明治一一）年五月一四日大久保利通は不平士族に暗殺され、政府部内の薩長藩以外の重臣たちは藩閣に擁護されつづけていて皇室は安泰たりうるのかの危機感を深め政府内の批判派・反対派として結集をはじめました。さらに八月二三日の竹橋事件は、政府子飼の志願兵たる近衛砲兵自体が、「有司専制」下のこの国家は、我々の生命を捧げるに足る「我が祖国」に値いしないとの怒りを爆発させたものでした。士族民権、豪農商民権、都市知識人民権に次ぐ「兵士民権」の登場です。

このような諸条件のもと、一八八〇（明治一三）年は、歴史必然的に全国的大衆運動を踏まえた各地域有志の国会開設運動となり、東京には開設建白を奉ずる全国有志が集合、騒然たる政治都市と化しました。政府は政治運動を抑圧するため、一八八〇年四月五日、集会条例を制定、太政官布告第一二号として公布しましたが、それは運動の昂揚を抑えるものには全くならず、国会開設請願署名運動という町村レベルにまでおりての大衆運動は、その延長線上に各地域の学習結社の設立と、人民にとっての国会の意義の学習、さらに、国会の前提となる憲法案（＝「私擬憲法」）の作成という次の段階に入っていったのです。この昂揚につぐ昂揚の炎に油を浴びせて収拾不可能な社会状況を創り出したのが、一八八一（明治一四）年七月から漏洩しはじめた開拓使官有物払下げ事件という「有司専制」体制の本質を露呈した事件でした。ついに政府は、一八八一年一〇月一二日、九年後の国会開設を日本国民に約束し、合わせて払下げを中止せざるを得なかったのです。国会開設後は、一銭たりとも国会の承認なしには金は支出不可能となり、また課税もできなくなります。そしてこれまでの法令法規は国会で議決される法律以外一切認められなくなるのです。大久保横死のあと「有司専制」藩閥政府の代表伊藤博文が、国会開設により日本の「国体」は転換すると考えたのは、事態の本質をつくものでした。

(6)「期限付き専制化」の九年

国会開設は一八九〇（明治二三）年一一月。尻に火はつけられてしまったのです。藩閥政府はそれ以前に堅められる陣地を堅めておかなければなりません。そして国会開設を認めたことによって運動の中に穏健派と急進派が生まれたのを利用、その間にクサビを打ち込み、急進派を強力を以て弾圧することとなります。

と同時に、開設運動が当然のものとして想定していたのが、イギリス型の議員内閣制であり、国会こそが国権の由来するところだったのに対し、藩閣政府はこのイギリス型を峻拒し、立法権に対し行政権を優位におくプロイセン型の政府づくりと欽定憲法制定方式を選択します。

これは、第一に、君主権は憲法制定議会によってその権能が賦与されるのではなく、万世一系の天皇制の根拠は記紀神話の「天壌無窮の神勅」に求めます。とすると、神道は信仰するか信仰しないかは自由な「宗教」ではなく、いかなる信仰と宗教を奉ずる国民もすべて、それを日本の習俗としてうけいれなければならず、神社は「宗教」を超越した「敬神崇祖」精神を作り出すものとされ、ここに国家神道が出現します。すべての神社は記紀神話再生産の国家的細胞に転化されてしまいました。

第二に、万世一系の天皇制なるものは、可視化されるものでなければならず、ここに決定困難とされつづけた陵墓が一八八九年末までには矢継ぎ早に確定されていきました。

第三に、国会に軍隊の統帥権が掌握されてはなりません。既に、竹橋事件直後に参議本部が政権から分離され、天皇に直結するものとして設立されましたが、一八八二年には「軍人勅諭」が制定され、日本の陸海軍は大元帥明治天皇に忠誠を誓い、その統帥のもとに存在することとなりました。ここに兵士の生命を捧げるべき「わが祖国」なるものは近代日本において永久に消滅することとなりました。

第四に、皇室に対し、国会がいかなる関与も不可能とするため、議会開設までに、議会の承認なしの収入支出が可能な膨大な皇室財産が国有財産から切りはなされて創り出されました。

第五に、憲法と国会を日本国民に約束したとはいえ、次の世代の男女を天皇制イデオロギーにとりこむために、教育は法律ではなく勅令形式で法制化されることとなりました。また教育の目的は天皇のために身体を投げうつことを天皇が命じる形式の「教育勅語」が制定されなければなりません。「教育勅語」が各大臣の副署なく天皇個人の名前で発せられるのが国会開会一カ月前の一八九〇（明治二三）年一〇月のことです。日本では国民国家なるものが天皇制との関係においてしか語ることが出来ないことは、日本近代の固有の特質なのです。

なお、世界資本主義への三次にわたる包摂プロセスを幕末期に見てきましたが、第四次の最終的な包摂は、一八八一年末から開始する松方デフレと、この過酷な紙幣整理政策、デフレ政策によって可能となった一八八六（明治一九）年一月の政府紙幣の正貨兌換実施において完了しました。一八八〇年に約束されていた地価再調査事業を民権運動がとりあげなかった結果、インフレーションの時期にはさして自覚されなかった高率地租が、デフレ期に突入すると過重な租税負担になり、地租改正により土地の私有権が確定されてしまった以上、自作農の没落と小作農への転落が全国的に展開していき、寄生地主制が近代日本農村社会の支配的形態となっていくのです。

二　明治維新の論じ方

ただいま、廣瀬先生から過分なご紹介を頂きました宮地です。最初ご依頼を受けた時に、何をしゃべろうかなと思い、色々考えたのですが、聞いて頂く方々が駒沢大学の若手研究者であるということから、あまりこまかなテーマを立て、史料のレジュメを配りそれに注釈するという形ではなく、今ご紹介があったように、私も若い若いと思いつつ、五〇代半ばにきてしまったので、こういう歴史を歩んできた一人の研究者として、今までぶつかった事から、自分なりにどういう設問を導き出してきたのか、ということを具体的にお話した方が良いだろうと考えました。

（１）朝幕関係をどう見るか？

１　通例の捉え方とその問題点

第一のテーマが、朝幕関係をどう見るか、という問題です。これは日本に国家が成立して以来、現在の象徴天皇制まで一貫した、日本史研究者の我々に課せられたテーマの一つです。そして、それぞれの時期においては、やはり主流の考え方があります。現在の近世史の研究者としたら、次のような考え方が普通ではないかと私は思います。どういう傾向かと言いますと、近世前期よりは近世後期に朝廷の力が強くなるという考え方です。例えば、言うまでもないことですが、寛政期に初めて理論化される大政委任論です。それ以前はありません。あるいは、若い頃に論じたことがありましたが、職人受領（ずりょう）とか芸能人が朝廷から受領されるという非常に面白いテーマです。これなども現実に調べていきますと、制度化され、あるいは社会内に定着するのが、やはり近世後期であるということが常識的なものとなっています。

大政委任論、あるいは職人受領、あるいはこの中にはお菓子屋さんなどもありますが、事実私もその通りだと思います。そう思うことを前提として、私がやはり疑問に感じ続け、今も思っている、少数派ですが今後も思い続けたいと思っているのは、それが幕末期の朝廷を中軸とする政局の成立・展開をすぐ説明する根拠になるのか？　ここが私の非常な素朴な疑問なのです。と言うよりも、今申したような近世史の方なら常識的に思っている、近世前期の幕府の圧倒的優位から近世後期の尊攘論の浮上という風にまとめられる議論、それは何も今日だけのドミナントな考え方ではありませんでした。

幕末期の尊攘論の浮上、あるいは徳川慶喜の大政奉還論、少し大げさに言われている言い方で言えば、世界史的に稀にみる権力の平和的移行という言い方、これも戦前から言われる決まりきった文句です。こういうことと近世後期の浮上論は結び付くのだろうか。私はどうもそうではない。あまり理論的に詰めてるわけではありませんが、古文書をいじっている感覚からすると、どうも違うのです。例えば戦前、天皇制ファシズムの理論的テキストとなった『国体の本義』は、一九三七年の日中戦争の始まる直前に文部省が作りました。当然ここでは水戸学、頼山陽・本居・平田の国学などを踏まえ、文章はちょっと七面倒くさいのですが引用しますと、「徳川末期においては神道家・儒学者・国学者等の学統は志士の間に交錯し、尊皇思想は攘夷の説と相結んで勤皇の志士を奮起せしめた。実に国学は、我が国体を明徴にし、これを宣揚することに努め、明治維新の原動力となったのである」。こういう議論で慶喜の大政奉還とか版籍奉還、それから廃藩置県まで説明してしまいます。大政は朝廷に帰したが、それは国民の覚醒が常に天皇を中心として展開してきたからである、という議論になるのです。

２「井伊家史料」から見る朝幕関係

果たしてそうでしょうか。私は少しへそ曲がりな者で、一般的に流布しているものにはあまり賛成しません。まず眉に唾付けていく癖がありますから。ただし私がこう思ったのは根拠があります。私が史料編纂所に運良く入所させてもらったのは一九七三年という随分古い時代ですが、最初に編纂対象にあてがわれたのが『井伊家史料』、井伊直弼が大老時代に膨大に集積した史料の編纂です。大老になる以前だったら、お茶の道具とか色々な話で楽しかったのですが、運悪くぶつかった編纂の年が安政五年九月、安政大獄の開始するその月から編纂の手伝いをすることになりました。

幕末維新期ですと、御存知のように安政五年三月二〇日に孝明天皇が条約勅許せずとしましたが、幕府はそう言われても対応できません。しかもイギリス・フランスの連合艦隊が中国を打ち破り、その五〇艘の戦艦が日本に来る、この圧力。ですから六月一九日に無勅許条約調印をせざるをえないのです。孝明天皇は激怒します。これは当然そうでしょう。勅許せずと言ったのを奏聞もせずに調印してしまったのです。したがって八月八日、今回の幕府の措置は、将軍の、自分に伺いを立てたその考えにも相違するし、自分の回答にも違反する、一体どうしたことか、幕府をしっかり補佐せよとの有名な八月八日の密勅を水戸藩に下します。一番幕末の政治的激動の時です。鞍馬天狗などの話にもある、密書を持っていく人とそれを追いかける幕吏との関係などは、総てこれを原点として作られていきます。そして、幕府が追い詰められた窮地を立て直すべく、井伊直弼の密命を受けて京都に入ったのが長野主膳（ながのしゅぜん）であることは、皆さんご存知の通りです。

井伊直弼も長野主膳も非常にはっきりしていることは、水戸学でもない、平田国学でもない、神道家でもない、極めて伝統的な幕府中心主義者だということです。尊王論の思想とは関係ないのです。しかし彼らは決して直接孝明天皇に圧力を加えることは決してしません。あるいは近衛とか鷹司、あるいは三条実万（さねつむ）のような、孝明天皇派の上層公家に直接圧力をかけるということはしません。安政大獄の発端は九月七日、梅田雲浜（うんぴん）を捕縛するところから始まりますが、雲浜を捕縛したのは京都所司代の酒井忠義ではありません。長野主膳が手を廻した伏見奉行です。なぜ伏見奉行が京都の町中で儒者を捕縛するのか、というところから話は面白いものになります。

主膳の手紙を読みますと、酒井忠義に対する誹謗・中傷が多いです。こんな弱腰だと形勢を逆転できない、と。ただし彼がやったことは、梅田雲浜捕縛をきっかけとして、公家侍あるいは公家諸大夫などを捕縛するという形での、周りから圧力をじわりじわりと加えることでした。

彼の言葉で言いますと「悪謀方を責付、主上御合点被為遊（あそばされ）候様御都合」にいかにもっていくかという、この周辺からの締めつけが彼の戦略となったのです。したがって、この戦略が成功した第一段階が、関白は罷免されないものの、内覧という実質的な権限を握る資格を剥奪された九条尚忠に、一〇月一九日、内覧宣下をさせることでした。こうなると、朝廷内での親幕勢力と幕府とが手を組んで朝廷工作が出来る第二段階に入ります。

次が孝明天皇のしこりをどう解くか。孝明天皇は、このような事態になっても、例えば一一月九日の意思表明がありますが、非常に頑強な条約勅許せずです。全然動いていません。非常に無理なやりとりをして、江戸から京都へ遣わされた老中の間部詮勝（まなべあきかつ）が、「武備整頓のうえ、鎖国に日本を引き戻す」という約束をして、始めて孝明天皇と幕府の間に折り合いがつくのです。朝幕関係はこういう形を取らざるを得ませんでした。入所以前に思っていた一般的な考えではどうしても説明がつきません。

次の段階は、水戸に下した、孝明天皇の勅諚を取り戻すことです。幕府はその行為そのものは拒否できません。唯一の手段として、朝廷から取り戻す動きをしてもらわなければならないのです。安政六年、西暦で言えば一八五九年の二月六日に第一次案というのを、この案ではいかがという案を朝廷から幕府に示します。それは、「間部上京段々言上にて」事情がわかり、「主上の御疑念も御氷解御安心」、「此上は公武御合体御一和被為有度思召」によって、幕府と水戸に下した書付を返上するように、と幕府にも水戸より少し後に下しているのですね。形式的に。両方から返してくれ、というものです。ただし直弼は、幕府と朝廷との関係は別格だ、朝廷から幕府へ勅書や勅諚が頻繁に来る、それを返すいわれはない。ただし水戸家に下したことは異例のことであるから、幕府に水戸宛の勅諚を取戻すように働けという旨の、朝廷の命令が欲しいと、主張します。これがまた繰り返し往復、そして第二次案が正式に決まるのは同じ年の一一月一九日、安政大獄で吉田松陰その他みな斬首、或いは遠島を命じられた直後、それが幕府に届く。これが翌年三月三日の桜田門外の大変動のきっかけとなったのは皆さんご存じの通りです。

3　幕末期の朝廷をどう位置づけるか

私が安政五年の史料を扱っていて、どうも自分の浅薄な知識だと朝幕関係はわからないと思ったのはここです。史料をいじればいじるほど、枠組みがわかりません。恥ずかしいけれど、仕方がない。では、どう考えたら筋道が通るのか、自分で考えたのは二つありまして、第一は公家そのものを幕府は捕縛できないとは言いませんが、しようとしないのです。井伊直弼の立場でも、遠巻きに圧力をかける形で彼らの行動を鈍らせる。朝幕関係はあくまで維持する、それは幕府の大原則です。第二は勅諚という天皇の意思を大名に出すことは、それは違法だと幕府は言えないということです。「それは禁中並公家諸法度で決められていることに違反しているのだ」と、幕府は理由をつけて責めつけてはいません。それをどう考えるか。近世の朝幕関係は、これは非常に難しい問題で、一番良い例が、密勅を京都から江戸藩邸、水戸の江戸藩邸に持って来た人物、鵜飼幸吉という京都留守居の息子、これは極刑の獄門に処せられましたが、彼はどういう名目で斬罪されたか、少し読んでみますと、「重き品柄の儀に付、着の上は直様御館へ可差出の所」、つまり斉昭の息子の慶篤がいる江戸屋敷に差し出すべきところ、「小石川春日町旅人宿長左衛門方へ一旦着、追って安島帯刀方へ密に持参致し、同人へ相渡し候段、御品柄に対し不敬の至り、依て断罪申付く」。こういう論理なのです。

　身分が低い人間が重い勅諚に対してそれなりの取り扱い方をしなかったということで、死罪になります。一切朝廷の行為に対する非難はありません。こういうことが幕末の井伊家史料を見ていますと、色々出てきます。それは尊王論とか何とかというイデオロギーの問題ではないのです。公武合体というのは、よく幕末の政治史で繰り返し使われます。現在でも使われていますが、私の意見では、公武合体という路線は、幕末に出てきた初めての路線ではありません。幕藩体制そのものが公武合体を前提としなければ成り立たない体制です。それは思想の問題ではなく、権力構造そのものの問題として私は考えざるを得ないのです。ですから、私は前に書いた論文で、「朝幕合わさって始めて公儀たりうる」、あるいは「公権力たりうる」という言い方をしましたが、その考えは今でも変ってはいません。したがって依然として少数意見のままです。

　では、少数意見の私の考えを自分の専門外の幕初まで引き延ばして、どう考えたら良いかというお話をここで少ししたいのです。島原の乱で徹底的に何万人という女子どもを含めたあの殺し方、それは封建国家そのものだと思うのですが、その後、一六三九年にポルトガル船の来航を禁止し、そして翌年来たポルトガル船を焼き討ちして、乗組員をほとんど殺してしまったことも、みなさん御存知のことでしょう。鎖国というのは、のんべんだらりんと起きたわけではありません。対外戦争を予想し、それに対応するということなしに鎖国体制はできなかったと私は思っています。このような形で全国の武士、あるいは民衆に対し幕府の武威を作り出す中で、初めて幕府が朝廷の信頼を勝ち取りました。それが幕府の鎖国という国際政治なのです。国を閉ざすというい加減なものではないのです。対外関係を、鎖国という枠組みでコントロールするという国際政治が鎖国体制なのです。その上で大名支配という国内政治を幕府が統御しうる限り、朝廷は不満を抱くところではありません。非常に満足していたと私は思っています。

不満を抱くというのは、近代の人が、遡らせている感があります。私は近世の朝廷は幕末に至るまで非常に自足していた、と思っています。したがって近世後期の芸能者や商人の色々な形の受領行為も、朝廷・幕府という、公儀権力を頂点とした近世の身分秩序の社会的な浸透過程でおこったことであり、私は近世社会の論理が社会の底辺まで入ったのだと考えています。

近代への展望をそこから説明するのは、あまりうまいやり方ではありません。これもまた非常に少数意見です。したがってこれは奇妙に聞こえるかもわかりませんが、尊王論には近代尊王論とは別に近世的尊王論があるのだ、ということです。戦国のあの世の中で衰微の極みに堕ちた朝廷を徳川家が救出した。朝廷を日本社会の頂点、日本の身分秩序の頂点に押し上げた。それを実現し維持したのはわが徳川幕府だ。これは私は近世のもっとも大事な尊王論だと思っています。このイデオロギーを前提として幕府はまさに自分を納得させ、自分に自信をもち、支配をするというのが私の考えです。

ではなぜ、幕末期における朝廷権威の浮上というのが出てくるのか。別の論理からそれは説明するほかありません。それは鎖国というものが結局解体した、その時に初めて出てくるということになります。一八五四年に日米和親条約ができます。鎖国が壊れ開国、ただしこの時はまだ通商開始ではありません。通商開始になるのは一八五七年、安政四年から五年、ハリスが強引に江戸に来て、日米修好通商条約案という異例の、日本のだれにも想像つかない条約を幕府に突きつけたときに新しい段階に入る。完全な自由貿易です。しかも、日本が世界市場に完全に投げ込まれるのです。朝廷が幕府を信用した、全面的に政権を任せた根拠は、国際政治を幕府が主体的に統御しえたからですが（国際政治を主体的に統御する能力が私は鎖国だと思います）、その能力を幕府は喪失したのです。この事態を突きつけられて朝廷は従来の通りの信用を幕府に与えることは出来ません。朝廷というのは朝廷独自の自己主張と根拠をもっており、それは禁裡そのものであり、そして伊勢神宮です。これが保障されることを幕府が請けあうのか、しかし幕府は請けあえません。「条約勅許せず」というのは、鎖国が崩壊した段階での、朝廷の側からの主体的な模索なのです。それが上手くいくかどうかはもう少し後になります。ですから、のんべんだらりと尊王論の話で大政奉還から廃藩置県までもっていくのは、私のような幕末の政治過程の細部をみている者にとっては、納得できないのです。

「条約勅許せず」というところから朝廷の権威は急浮上します。それに反比例して幕府の権威が音を立てて壊れます。単なる受動的な浮上ではないのです。ただしこの朝廷中心の強力国家形成という模索は、結局一八六五年一〇月五日、「条約勅許せず」と言った孝明天皇自身が安政五ヶ国条約を勅許する事態に追い込まれたことにより、彼と朝廷の権威は音を立てて崩れてゆく。幕府と同じ一蓮托生の危機的状況になってしまいました。当時の状況を思い起こして頂きたいのですが、第二次長州征伐というのは、幕府が勝手にやっているのではありません。勅命を受け、尾張徳川家が第一次長州征伐をやって収めました。それが不満で、第二次長州征伐を勅命を受け、再度おこなったのです。その勅命を誰が出したか。この勅命そのものがもう機能しなくなってきている。条約勅許直前の慶応元年（一八六五）九月二一日に、よく引かれる史料ですが、大久保利通が西郷隆盛に次のような手紙を出す。「非義の勅命は勅命に非(あら)ず候故不可奉(たてまつるべから)ずに御坐候」。勅命として機能しないのです。「非義の勅命は勅命に非ず」、したがって、奉じないということです。これほどはっきり言える政治集団を相手にして、朝廷がいかに自分の失墜した権威と権力を獲得していくのか。これは死にものぐるいの戦いにならざるを得ない、と私は思うのです。

４　近代天皇制研究の必要性

大政奉還で上手くいくと思ったがそうはいかず、二ヶ月後には王政復古の大号令。明治二年に創った太政官政府が上手く機能するかと思えば、全く機能しません。したがって明治四年七月一四日、廃藩置県がクーデタの形で断行されます。また神道国教化で国民の信仰心を神道に吸収しようとしましたが、それも失敗します。ではどうするのか。

勅命が機能しないのは、明治七年の佐賀の乱でも明治一〇年の西南戦争でも、一貫しています。西郷隆盛自身がそれを奉じません。民衆レベルまでもそうです。例えば今まで京都の朝廷というのは、日本の清浄なあり方を象徴した対象として庶民の信仰をかちとっていた、これは相当、私は近世には強かったと思いますが、その天皇が肉食をしはじめたのです。肉を食べたら穢れるというのは、江戸時代の人々の考えでした。肉食をした天皇を崇拝できるかという問題がでてきます。近世的な朝廷の在り方から大元帥としての近代天皇制への転化が、とてつもなくきつい、権力の当事者としてはきつい模索の中で、ようやく明治二〇年代に確立する、というのが私の今の考えです。

先程言ったような、近世史の一般的な見方からは、明治前半期の日本国家権力が抱えた固有の壁を見落としがちで、明治の初年から既に巨大な天皇制権力が、民衆の支持のもとにあったような幻想を産むことになります。私はヌエ的な人間で、近世史研究者ではなくて近代史研究者であるといい、近代史には、幕末維新だと逃げているのですが、今日は近代史の立場に立っていうと、それはまずいのではないでしょうか。私は近代天皇制を具体的にぶつかった矛盾に基づいて考えようとしているので、あまり近世後期における朝廷の浮上というのを、幕末の政治活動に結びつけるのには賛成しません。これが第一の私の言いたいことです。

(2) 幕末期社会の質をどう測定するか

1 従来の試みとその問題点

第二番目に私が話したいのは、幕末期社会の質をどう測定するかという問題です。これはやはり歴史をやってみますと、その社会の質を何で切るかが、一番大事な問題ですから、戦前から議論されています。明治維新をやっている方は御存知の通り、これを非常にはっきり、理論優先型で出したのが服部之總先生の「厳マニュ段階論」です。設定はいいでしょう。ただし実際やってみると、全国的にはその段階ではありません。そんなにマニュファクチュアが展開しているとは到底いえません。ですからこれは学説史上の整理としては繰り返し出てきますが、私も含めて使わない、というよりは使えないのです。

次に出てくるのが、ヨーロッパ諸国と比べての幕末期の発展段階の高さを識字率で説明する方法です。民衆の文字認識でやる。これは非常にポピュラーです。今も圧倒的な力をもっています。ただし私はへそ曲がりですから、果たしてそうかと疑問を持ち続け、今も持っています。どういう疑問かといいますと、そうとも言えるし、そうでもない、と。一番単純な話、「読める」という字をどのレベルにするか。平仮名であれば読めます。女子どもも含めて読めます。ただし草書体の漢字のくずしになると、これは話が全く別になります。この問題を押さえないで、識字率といくら言われても、私は納得いたしません。

書簡を読む、書簡は御存知のように草書体のくずしが多いです。これはある程度たたき込まれる、寺子屋の訓練を受けていないとできません。どれほどの人が数年間でその書簡を書く・読むという訓練をしているか、寺子屋だって数ヶ月通っただけでは書簡文を書くまではいきません。そのつめがないのです。とても表面的な話になっています。学問はそれでは駄目になります。きちんとした文章を書くというのは、大変です。訴状を出す時には、「乍恐訴申上（おそれながらうったえもうしあげ）」というあの書き出しから差し出し人の書き方まで文句を突きつけられます。このレベルで村にどれほど正式の公文書を書ける人がいたか、これも面白いテーマです。しかし最大の問題は仮にそういう能力をもった人が、村にある程度いたにしても、読むべきものが手に入ったかという一番単純な話です。読む能力があっても、読むべきもの・知るべきものが手に入らなければ、識字率は意味はないのです。江戸時代の政治の原理原則は「依らしむべし、知らしむべからず」、そして「その位にあらざるものはその政を謀（はか）らず」、これです。武士以外の人々が政治に口を出す、政治の議論をする、となると非常に恐い事になります。下手をすれば三人集まれば、徒党の禁止で捕まる可能性があり、日常茶飯事にその可能性があります。そういう社会なのです。流言とか風説というのはよほど厳しく取り締まられていた、ということを頭に置かずに、幕末の史料を読んだら読めません。この恐怖感、当時の人がもっていた恐怖感を、我々が共有できないと学問ができなくなります。読むべきものが合法的には入手できません。しかしながら合法的に手に入らないのを、あらゆる所に手を廻し、非合法の出版物を写して手に入れようとする均質的な社会ができてきたことが、幕末社会の非常に面白い現象だと私は思うのです。

2　「風説留（ふうせつどめ）」を生み出す社会とその質

史料編纂所で非常によいと思ったことは、業務上出張が多いことです。出張といっても自分の好きなことをやらせてもらうわけではありません。維新の部屋で幕末維新期の史料調査を、ハードなスケジュールで年何回かやります。

そこで否応なく全国のいろいろな史料とぶつかります。入所の年の六月に私が現物のものを見、自分がイメージしてきた幕末とは違うと思ったのは、江戸の、当時はまだ町方の蘭方医の、坪井信良という、坪井信道という有名な蘭学者であり医者である人の養子に入った方が、自分の実家の越中高岡の佐渡養順というお兄さんに宛てた約二〇〇通の非常におもしろい情報書簡を、高岡の佐渡家に来て見せてもらい、そして後で写真を撮らせてもらった時でした。この写真は史料編纂所にもう入架して、皆さんご自由にご覧いただけます。その手紙というのは、とてつもない情報を運んでいます。そのシステムを幕末までに日本社会がつくりだしました。ただし坪井信良が国元に送ったのは手紙だけではありません。手紙につけて、いわゆる瓦版と呼ばれる摺物、それから自分が裏で手を廻して入手した非合法出版も送っています。公になれば捕まる、そのようなものも送っているのです。例えば嘉永二年、ペリー来航の直前ですが、嶺田楓江という人がアヘン戦争を題に取った『海外新話』という有名なものを木版で出して、たちまち捕まりました。江戸十里四方所払い、ですから木版本はほとんどないけれども、坪井信良が送った手書きのもの、それを佐渡家の方で回覧しているのです。見たいという人が借り出しています。こういう形の情報の展開が行われているのです。

ただしこの史料を扱う中で、私は思ったのですが、お兄さんが必ず手紙を書き、高岡の情報を送らなければ、いくら兄想いの、実家想いの弟でもこれほど手紙は続きません。手紙というのは郵便があるから、飛脚があるから、送られるものではありません。手紙の往復というのは、発信者自身が受信者、受信者自身が発信者になるという非常に特殊な状況でなければ、手紙の往復はあり得ません。今日のようにダイレクトメールが断っても来るという時代ではないのです。金がかかり、危ないです。危険な状況でコンスタントに一〇年、二〇年という情報収集をするというのは、それだけの受け取る側の主体性が要求されます。そしてお兄さんの佐渡養順が集めた膨大な史料、それから送ってもらった版本と写本は、現在金沢市立玉川図書館に「蒼龍館」文庫として収められ、立派な目録もあります。皆さん方も、もしこの金沢市立玉川図書館に行ったら、「蒼龍館」文庫をご覧になって下さい、手紙というのがこれだけの蔵書を形成します。情報収集の媒介になっています。ただし、手紙の形で蓄積されるだけではなく、その手紙は手紙で取っておくか、あるいは焼却し、大事な部分を別の冊子に写す形があります。私はこれを「阿蘭陀風説書」と区別する意味で、「風説留」という名前をつけているのですが、一〇冊・二〇冊、多いのは一〇〇冊・二〇〇冊というものもあります。よくまあ筆まめに写したものです。しかも回覧しています。越中高岡の、このお兄さんと弟の手紙の往復は原初的な形です。大事に取っておき、読む人にその書簡を見せて回した、あるいは佐渡家のお宅では研究会をこれでやっていた、という言い伝えが未だに我々調査した時にありました。

　私がその対極として、非常に構造的になっているなと思ったのは、論文にも書きましたが、紀州日高郡・有田郡、この両郡の関係です。私が見た「風説留」は、日高郡塩屋浦という浜方の在村医師で、知識人の羽山大学という人がまとめた一〇〇数冊の「風説留」で「彗星夢雑誌」というものです。最初はどこにでもある情報しか入っていないのではないか、と思いながら読み始めたのですが、これには情報の出所が書いてあります。隠さず書いてある希有のものだと思って情報の出所を必死になって調べているうちに、それが多重構造になっていることがわかりました。一つは塩屋村、今の御坊市、紀州商人の出る一つの港ですね、そこの人たちの間で情報交換がやられています。在町の情報交換サークルがあります。そして二番目のサークルとしては日高郡の大庄屋、瀬見善水という人がいますが、この人は非常にいい歌を歌っています。歌詠みとしてはかなり全国的に知られています。現在でも国文学の方は知っている方は多いと思います。歌詠みとしては清らかな、読むとすっきりする歌をつくっている方が、同時に日高郡の大庄屋、大庄屋といいますと日高郡の郷士・地侍、あるいは豪農をすべて統括する中心人物、これが羽山大学と朋友です。ですから日高郡全体の情報、そして日高郡は郡レベルの代官所が設置されていますから、代官所の情報が、当然羽山大学に入ります。では日高郡の北の有田郡、これは皆さんのかなりの方がご存知でしょう。菊池海荘という、漢詩人としては頼山陽とも交わりがあります。全国レベルで屈指の人です。この人も紀州の商人、江戸店を持っている大商人ですから、若い頃は江戸に行ったり、あるいは京都、それから大坂にも河内屋という出店を持っています。その自分の出店、あるいは有田郡の広村にいる浜口梧陵という同レベルの醤油屋、この人からの情報等が瀬見と菊池の間でいつ頃からか交換されるようになっていました。そして菊池海荘が瀬見によこした手紙が自動的なルートによって羽山大学へ入る、こういった形ですから、私は有田・日高両郡の豪農、在村知識人の情報交換ネットワークは構造的だといったのです。ただし、史料が発掘されれば、よその国・地域でも出てくるでしょう。郡レベルの豪農は民権ではあまり問題になりませんが、幕末期では非常に大事です。近代になりますと立憲改進党にも関係してくる非常に大事な階層、それは我々がもっと目を皿のようにして探しても損はないと思います。

　全国的な豪農商層、豪農だけではまずい、商人も入れておきませんと情報はわかりません。豪農商層と在村知識人の、政治と日本の国家の在り方に対する憂い・恐怖感・日本はどうなるのかという恐怖感。このような全国的なものが存在していたからこそ、これは私の評価で皆さんとは違うかも知れませんが、維新変革というものが、後進的なものではなく、日本史上における巨大な前進運動として進むことを保障したものと私は考えています。ですから、私は明治維新を過大評価しているといわれているかも知れません。陰口はあまり耳に入りませんから。で、そういう社会を私は「公論」世界の端緒的形成と名付けました。「依らしむべし、知らしむべからず」の社会で、いくら権力が統制して、出版を弾圧しても成り立たなくなった社会、成り立たなくなり始めた社会、いくら抑えても自己のネットワークで情報を集め、自分の意見を交換し、幕府と藩、紀州であれば一四代将軍家茂（いえもち）を出した藩、自分の藩の一挙手一投足をずっと見守る分厚い層の全国的成立、これは権力にとっては非常に怖い存在となります。

この社会がいつから出たのか、これは人によってはかなり違うと思いますね。近世中期から出たという意見もありますが、私はどうも史料を見ていると、政治情報の問題はやはりペリー来航が画期で、それ以前は随筆風な好事家的要素を抜け出ていません。外圧によって日本社会が一段進んだ。これとアナロジカルに私が考えているのは、医学史の問題です。日本において種痘が全国的に瞬く間に展開したのも、一八四九年、嘉永二年です。先程言った『海外新話』が発禁になったその年、長崎にモーニッケというオランダのお医者さんがはじめて牛痘を腐らせずに持ち込んだ。この牛痘が瞬く間に江戸・長崎・大阪などにひろまり、先程の越中高岡の坪井信良のお兄さんの佐渡養順も自分の高岡の町の人にこの種痘をやっているのです。瞬く間に種痘がなぜ広がるのか。これも蘭方医が好きでやったという話ではありません。それでは説明ができないのです。結論だけ申しますと、天然痘は恐ろしい病気です。子どもが死ぬのを親が諦めざるをえない。軽くともあばたになります。幕末写真にとられた日本人男性の人痘痕面、遣欧使節の人の中にもいました。しかしながら生きていてもそのような痘痕面にならない医療技術が、ヨーロッパで作られ、みんながその恩恵を被っているということが、日本の庶民の知識にもなり始めています。そのような民衆の知識に直面するところの、村にいる、町にいる蘭方医が、種痘せざるを得ない立場に追いこまれていきました。民衆の医療要求というものがこの時代にはっきりとした形で出てきました。病気で死ぬのは運命ではない、と。

私はこのようなものの考え方、民衆のものの判断・行動というものは「公論世界」の端緒的成立と表裏一体のものと考えた方がいいだろうと思っています。ただし種痘の技術というのはそれほど難しい技術ではありません。ですから私が見た甲州都留郡の史料では、修験、村の法印さんと呼ばれている人が種痘を行いました。あるいは『夜明け前』で有名な馬嶋靖庵という中津川の漢方医の人は伊那谷(いなだに)にいって文久三年(一八六三)に種痘をしています。蘭方医だけができる技術ではありません。あるいは蘭方医だけが独占する技術ではなくなってきている問題をどう考えるか。これは医学史だけの問題ではない、歴史学をやる場合の大きな問題になっていると私は思っています。

3 「瓦版から新聞紙へ」的発想への訣別の必要性

こう考えますと、少し別の角度で物事がみえてきます。新聞史の「瓦版から新聞紙へ」という発想はジャーナリズム史、あるいは日本における新聞史の固定的な観念です。これも大丈夫か。私は二点言いたいのですが、第一に、活版印刷機を、外国から、あるいは上海から輸入しただけでは新聞は成り立たないのです。刷ることはできますが、企業として成り立ちません。新聞が社会的に成り立つ上で一番大事なのは経済情報。そしてそれに関係して、政治情報、政治というのは経済に直接に関係します。例えば、戦争が起こるというのは株価に影響します。このような経済情報と政治情報を、のどから手が出る程欲しい階層が全国的に形成されていなければ、全国的に数十人しか指折り数えていないというのでは、新聞は社会に定着しません。現実はどうでしょう。近代史をおやりになっている方ならおわかりの通り、日本における新聞の定着は非常に早く、明治初年から一〇年代に、各県の新聞が確立していきます。これは文明開化政策の結果ではないのです。在地で金を出して情報を手に入れようとする層がでてきた。この前提があったからこそ、初めて自由民権運動がでてくるのです。自由民権運動は雑誌と新聞なしでは起こらないのです。とすると、第二に従来瓦版といって、新聞より惨めな形、粗雑な形として言われている江戸末期の印刷物を瓦版と言っていいかという問題に跳ね返ってくるのです。

第一に幕末期には、この時期を扱った方ならご存知でしょうが、瓦版という言葉はないのです。民衆は知りません。我々はみんな知っているのに、何で幕末期の人たちが知らないのか。これは面白いことです。言われているのは「一枚摺」「二枚摺」「一枚半摺」という言い方、あるいはそれらを総括した「摺り物（すりもの）」。「摺り本」とか「本」というのはまとまった出版物、我々が言っているブックです。それ以外の若干枚の印刷物は「摺り物」と概括して呼ばれていました。ただし残っている圧倒的多数は、専門の彫り師が彫る、そしてある部分の絵に浮世絵師が書いた綺麗な絵が入ってくるのです。皆さん方がいろいろな所で展示物を見ていただければ一目瞭然です、粗悪なものもありますが、これは非合法です、その日の内に売って金を儲けようとした者が作ったものだと私は考えています。

では、このようなものがどう機能していたか。江戸の人が買ったでしょうか。大坂の人が買ったでしょうか。彼らも買ったとは思います。しかし買ったのは地方の人も多かったでしょう、というよりは、むしろ江戸からあるいは大坂から隔離したところに、通信網に乗って送り出されるのです。非常に頻繁な書簡のネットワークに乗ってこれが動いています。だからこそ安い、二〇文なり三〇文の値段で買えたのだと私は思っています。

火事の地図があり、あるいは地震の地図があります。あるいは自然災害、あるいはペリー来航だったら一番数が多いのは、江戸湾防備の「御固付（おかためづけ）」です。本来なら幕府が取り締まるべきものなのに、これだけは異常に数が多いです。私の推測では、幕府と江戸町奉行所がむしろ黙認して刷らせたのだと思います。これだけ警備をしているから江戸は安全だよ、と。そしてそのような意図をもった摺り物が、江戸にいる商人、あるいは全国の自分の出身地をもつ人々、坪井信良もその一人ですが、そういう人が自分の書簡に同封し、あるいは別紙として使いました。だからこそ全国に残っている「風説留」に、そのような錦絵・摺り物・瓦版というものが貼り込まれています。手紙を除いてこれが流布するわけがありません。ですから、瓦版から新聞へという図式は、新聞史・ジャーナリズム史が作り上げたフィクションにすぎないとみています。歴史学から考える場合には、「風説留」という、いくら権力が抑圧しても民衆が情報を集めるような新しい段階での産物の「風説留」の段階を入れなければ、私は情報史は確立しないと思っています。これが第二に私が申し上げたいことです。

(3) 過渡期の論理とはなにか？

1　幕末政治史への従来的理解とその問題点

レジュメの過渡期の論理とは一体何かという所に参ります。これも先程から言っているように、私は非常にへそ曲がりなもので、言われている通説、常識だとかはどうもおかしいという癖がついているものです。私は多数派になろうという気は更々ありません。反対する人間が多ければ多い程、自分の考えの間違い、不十分さがわかるわけですから、反論する人が多ければ多いほどいいものという立場で物事を今まで考えてきたし、今後も考えていこうと思うのですが、ではどういうものが主流なのか、これが定番だということを申し上げましょう。私の理解です。幕末維新期、あるいは明治維新というのは大体今のところなかなか上手くいった改革であったというのが、普通の言い方ではないでしょうか。それに対して持ち出されるのがフランス革命とかロシア革命、あれだけの犠牲を出したギロチンや銃殺。それに比べて、数千の流血だけで近代国家ができたのではないかという話です。

天皇制の問題でも、同じこの論理の流れの中に入っています。日本においては権威と権力は分離していたから上手くいきました。というか、スムーズに近代国家に移行したといいます。あるいは私が第二のところで述べたような幕末の発展段階を非常に高く評価するやり方。もう近代が生まれる寸前という、卵で言えば雛が殻をつつきさえすれば、もう近代社会ができるのだ、こういう言い方があります。政治史の場合もそうです。ペリーが来航しても幕府はそれなりに上手くやったではないか、阿部正弘も開国を前提にものを考えていました。まあ一個一個取ると中々議論がやりにくいです。ただしある段階で説明した論理で次の段階の論理を説明できるのですか？　と、私は聞きたいのです。

最後に私が申した通説の阿部正弘の話を申し上げましょう。阿部の動きは日米和親条約の一八五三年から五四年の段階ではそれなりに説明できるかもしれません。しかし、一八五七年から五八年、ハリスが下田から江戸へ強引に出府して、条約交渉を行った時の説明はできないのです。阿部正弘自身が、出府を許すとは日米和親条約に書かれていないのだから、ハリスを絶対江戸にこさせるなという強硬論者だったのです。出府させたら次の段階になるのを一番よく知っていたのは彼だからです。ただし彼は一八五七年六月、ガンで亡くなっています。三〇代の若さで、心労の重なりだろうと私は考えています。心労が重なり、酒を飲み過ぎてガンにかかったのではないでしょうか。彼が亡くなった直後にハリス出府の命令がでます。ただし堀田正睦（まさよし）もそれなりに対応を考えていました。どういう対応かというと、彼が一番信頼していた腹心の岩瀬忠震（ただなり）に命じて、長崎において日蘭追加条約の交渉をさせています。いわば追加条約の枠組みでハリスとの条約を主体的に受け止めようという発想です。

日蘭追加条約の枠組みは三つあります。一つは本州では開港しない。長崎と箱館を開く。第二に自由貿易でなく会所貿易、役人立会。それから第三に、外国の国書を受け取るのは将軍でなくて、その場の奉行とする。こういった形で日蘭追加条約が結ばれるのです。したがって岩瀬も自信満々で交渉をはじめる。あにはからんや、堀田の考えよりも、岩瀬の考えよりもハリスはしたたかでした。結局ハリスのもってきた自由貿易と公使江戸駐箚を前提とした条約案で議論する外なくなります。こうなると新しい国内合意を形成する手段を見付けなければ、堀田も、岩瀬も動けなくなってしまいました。ですから条約勅許案は、岩瀬が出した案なのです。こういう形を以て国内の大名・武士の合意を勝ちとろうとしました。そして、簡単に勅許が得られるという意気込みで上洛した堀田正睦と岩瀬が受けとったのは、条約勅許せずという孝明天皇の回答だったのです。数ヶ月前に予測し行動していたことが、次々にうち破られる時期に入ってきました。しかも文久二年（一八六二）には、島津久光が一千の薩摩の精鋭を率いて上京してきます。それに対し京都所司代の酒井忠義は成すすべがありません。幕府が軍事力で大名の武装集団を抑圧できなくなっているのです。これをどうするか。ペリーが来た時上手くやったという話で、そこまで説明できるのですか？　と、私は聞いてみたいのです。

一つの局部的な説明・議論はやるものではありません。それ程簡単な変革ではなかったのです。幕末維新変革は当初関係した人が誰も想像していない、とてつもない大変革に、結果的に帰結してしまったのです。誰一人思っていませんでした。ではそのようなとてつもない社会的・政治的変革をどう考えたらいいか。これは人によって考え方が随分違うと思います。そして違うのはいいこと、先程言ったように私はいいことだと思っています。私が言いたいのは、その人なりの説明の論理は、少なくともペリー来航から明治一〇年（一八七七）の西南戦争が終わるまで、その人なりの局面規定と政治過程の論理を首尾一貫してつらぬければ、それはそれでいいのです。そういう意味では、遠山茂樹先生の『明治維新』は首尾一貫しています。賛成する、賛成しないにかかわらず、やはりあれが私が胸を借りる材料になっています。ある規定が、次の段階で生きるか、意味をもつか、ということ無しに、私は日米和親条約の研究、彼は日米修好通商条約の研究、それが全部集まっても何になるのですか？　まずい雑炊にしかならないでしょう、ということを前提に、私の考えをのべてみましょう。

２　出発点としておさえるべき五つのポイント

私はこの政治過程を考える上で五つの前提を考えています。ただし、皆さんの中にはかなりの異論があると思います。そして、むしろこれはおかしいと思われる方が私にはためになるので、そういうことを前提にして、第一に私が押さえている点は、ペリー来航、四艘の黒船によって二百数十年間続いた鎖国という幕府の国際政治システムが崩壊してしまったということです。あまりに陳腐ですが、この動きを第一の前提としなければ、幕末の動きは見えてこない、と私は確信しています。

吉田松陰がいい例を出しています。萩の牢獄の勉強会の覚書であった『講孟余話（こうもうよわ）』の中で彼が言っているのは、とても当時の人々には解りやすい例です。「浦賀に関所がある。江戸湾に入る船は総てあの関所を通らなければ江戸に入れない。また必ず浦賀に寄らなければ出られない。箱根の関所以上に非常に恐ろしい海の関所が浦賀だ」と。そして「ここを通らなければ厳罰が待っているというのが幕藩制国家。しかしその浦賀の関所を通さずに、四艘の黒船を品川沖まで入れてしまった。これをどう説明するのだ」と彼は言っています。江戸時代の庶民や武士はみなその通りだと思ったはずです。弱い人間には関所に行けと強制しながらも、強い人間は関所を通さない。ここから吉田松陰の危機感あふれる政治論が始まるのです。それは吉田松陰だけではありません。全国の武士と民衆の憤激と、日本がどうなるのかという全く展望のない危機感が、ここから始まる。これを前提としなければ、私には政治過程の説明がつきません。このように非常に古典的な考えを私は第一にもっています。ここで意見が分かれるのです。私のような少数派と幕府はうまくやったという多数派です。

第二は、注意してもらいたいのですが、どういうように対応していいかというのが全く解らない。マニュアルがあればいい。コンピュータのどこかがうまくいかなければ、マニュアルを見て色々押してみれば、一〇分ぐらいすれば何とか先に進む。そのマニュアルが一切ない。ヨーロッパ・アメリカのマニュアルはつかえません。「自分の頭で考えろ」です。これもしんどいです。阿部正弘もそれで精根つかい果たしました。マニュアルがないということ程恐いことはありません。あらゆる国内の各層が（これは朝廷も含めますが）必死に今の事態から脱却しなければならないともがく。どうするのだ。一年後の見通しを誰ももっていない。ただし、行動をしなければ、ずるずると後退するだけだ。この認識だけは一致していました。

どの回答が実効性があるのかは、現実の政治過程でしか確かめられません。人の頭でいくらやっても確かめられないのです。ですから、私はあらゆる集団に、百姓一揆・世直し一揆も含め、それなりの可能性があったと思います。ではその可能性がどういう政治過程で現実性に転化したのか。あるいは可能性のまま潰えたのかは、一番歴史学が解明すべきテーマなのです。そして一番当初優位に立ったのは言うまでもなく幕府でした。幕府が必死になってこの局面、この屈辱を乗り切ろうとしたのが、安政改革という、あの改革に比べれば享保・寛政・天保改革などは子どもじみたものとなる大改革を、安政時代にやらざるを得なくなりました。異常な時期に入り始めたのです。

第三は外圧の問題です。普通ウエスタン・インパクトと簡単に言いますが、そう単純な問題ではありません。恐いものです。例えば文久元（一八六一）年に対馬を占拠したポサドニクというロシアの戦艦に、数カ月日本全国が翻弄されます。この艦が一艘だけ対馬の浦に潜り込んだのか？　そうではありません。所属していた太平洋艦隊というのは、第二次アヘン戦争をロシアに有利に進めるため、遙か彼方バルト海のクロンシタットから派遣された、臨時編成された艦隊なのです。その艦隊が第二次アヘン戦争の終わった直後に対馬占領をおこなおうとしました。世界史の焦点に極東がなってきます。薩英戦争は一八六三年、四国艦隊下関砲撃は一八六四年。ここでイギリス艦隊は、チャイナステーションと呼ばれる地域に配置されていた全艦隊を日本に集中させました。しかも使われた兵器はアームストロング砲・一一〇ポンド弾というとてつもなく強力な海軍砲です。中にライフルがきざまれ、着地すれば爆発する着発弾を旋回させながら、薩摩の砲台と長州の砲台に正確に命中させました。世界最初にイギリス海軍が使ったのが薩英戦争だったのです。

ですから私が言いたいのは、外圧というものをいい加減に考えるべきではありません。極東に置かれたイギリスなりフランスなりアメリカなりの軍事力のどの部分が日本に持ち込まれたかということを、いつも注意していなければならないということです。

第四は、先程豪農商層と在村知識人ということを言いましたが、彼らはあくまでも支配階級ではありません。大庄屋を含めても、紀州藩では最末端の下級武士にしかすぎないのです。幕藩体制を支配していたのは武士です。これはきわめて単純なことですけれども、単純な話をきちんと位置付けるのはなかなか難しいのです。中国のように封建地主が皇帝を戴いている関係ではないのです。

「自分たちは支配者だ」と思っている二刀を差した武士が大名に結集しています。あるいは幕府に結集し、私はよく冗談で、「幕末の写真を見ろ」と言います。武士の写真と百姓・町人の写真は目つきが違います。笑っている武士は誰もいません。今はそういうことは無くなりました。優しい目の日本人が日本全国一億二〇〇〇万人です。しかし明治初年までは非常に恐い感じをただよわせている集団が支配していて、あまり下手なことをやるとバッサリ斬られかねない、専制的な権力を持っている人たちがいたのです。これを考えないと明治維新はわかりません。

ただし、それは近代的な官僚かというと、それが全く違います。官僚は上の命令に従う、俺の命令は天皇陛下の命令であるとして、一・二等兵を指揮していた軍人官僚ではないのです。江戸時代の武士は、官僚制に一番なじみません。「自分自身が治者の末端だ」という意識が強いから、お殿さまと意見が違えば、下手をすると脱藩して勝手に動き始めます。藤田省三さんが非常に巧い言葉を使っておりますが、「処士横議」という非常に恐ろしいことをやりかねません。ですから、外国の力が強いから、ここで譲歩しなければ、という論理が一番通じないのが、この連中なのです。相手より俺が弱いから一歩譲歩するというのは近代国家だからです。占領されても仕方がない、と思うのです。武士の論理はそうではありません。弱ければ強くする、強くするにはどうしたらいいかというのが、寝ても覚めても頭から去らない、彼らの固定観念になってしまいます。これ程怖い人たちはいない、と私は思います。そういうのが、長州にも薩摩にも肥後にもゴロゴロいます。この様な状態で幕末社会が政治運動に入り始めるのです。別の言葉では、「戦闘者集団」というように言ってもいいでしょう。この連中のメンタリティは、今では想像つかないメンタリティですが、政治的組織化を軍事をつかって組織する、軍事的対立の中で組織する。勝つから戦争をやるだけではないのです。負けてもどこかメリットがある、だからやるのだ。この話ですから、収拾がつきません。これは庶民にはわからない、ただし武士にはスルッと入ってしまうのです。

第五に「攘夷」という言葉で、繰り返し、ファナティズム・排外主義・非現実性の固まりという言い方をされます。ただし、世界の状況を知らないから外国人を闇討ちするというような武士がどれ程いたでしょうか。私は誰もそれ程情報に通じていない武士はいなかったと思うのです。

当時の人々の物事の考え方について、一つの史料を紹介します。これだとなかなか筋が通ります。こういう形で武士も町人も農民も思っていたのだろうと思います。外国人のやり方は、例えば、見ず知らずの魚屋が、ある家の門内に入りこみ、「我々は金銀に困らず不自由無し」、しかも頭がいい。貴様も利口だ、と。「これによって魚を買うべし。双方に利益があらん、もし買わざる時には座敷に踏み込んで暴れんと言うが如し。例えいかなる結構な人にても、怒らざる人やあるべからず。今交易を許さずんば、軍船を向けん、との趣旨。これと同じ」というものです。こういう気持ちで彼らがどこまで押してくるのか。こういう感覚の時に、和親条約の段階では凍りついた、完全な自由貿易の状況が一八五九年七月から始まる。国内の大動揺、経済的混乱は言うまでもありません。

どう対応するか、そして幕府の態度とは違う孝明天皇がいて、彼は修好条約を認めません。こういうことは全国のみんなが知っています。そして、天皇の下に強い国家を作らなければ日本は駄目になるという意識も武士階級を中心に急速に広がっていきます。ですから、私は奉勅攘夷のスローガンが出るあの動きは、孝明天皇が結局条約を勅許せざるを得なくなる一八六五年までの非常に特殊な時期における、国内的論理から発していると考えています。国際的論理ではありません。国内的論理は、世界資本主義市場から日本は離脱する。離脱するために軍事力を用いる、では、どういうように用いるのか。征夷大将軍がもっている軍事指揮権を全面的に幕府に発揮させる。これが、私は文久・元治の動きだと理解しています。

だいたいこの五つの枠組みで、私としては一八七七年の西南戦争までの論理を考えたいと思います。ただし、こういう考え方には、この中でもかなり異論があるでしょう。そして違うことは私はいいことだと思います。

ご存じのように、国内的には圧倒的に批判をあびていた世界資本主義は、そんなに生易しいものではありません。条約が鉄の論理となり、条約の裏付けは軍事力、その論理は薩英戦争で裏付けられ、そして、下関で実証され、翌年一八六五年九月、連合艦隊が大坂湾に結集して天皇を脅かす。ではどういう形で国家の力を結集するのか、新しい方策を再度模索しなければいけません。鎖国から開国という論理ではないのです。これまでの国家権力の結集の方法では無理だ。次の段階の結集のスローガンは、すでに奉勅攘夷ではなく万国対峙。この政治路線を実現しなければなりません。私はここで第二段階に入ったと考えているのです。

(4) 具体例の提示

a 蕃書調所・開成所

この話をやり始めるときりがないので、二つに限定して申し上げたいと思うのですが、過渡期の論理を見る場合によほど具体的に物を見なければいけません。過渡期の中で積み上げられて近代に残されるものは何かという例証だけ挙げます。受け継がれるのは、蕃書調所とか開成所とか、西洋科学と技術を受け止め消化し、我がものにする土俵づくりの成果です。ご存じのように、幕府は全力を挙げ、当時の日本に点在する蘭学者の俊英をすべて結集した組織をつくります。そこで一番最初に何をやったのか。西洋の知識と技術を導入する場合、一番大事なのは翻訳なのです。

そしてそれまでは蘭日辞書は手書きの物しかありませんでした。『ヅーフハルマ』を勝海舟は手書きで写しました。蕃書調所がやる最初の仕事は、この辞書を出版することだったのです。蘭日辞書の出版に続いて問題になるのは英日辞書づくり。これも蕃書調所が介入せざるを得ません。そしてその中心になったのが、当時嫌疑を受けて伝馬町の牢獄に投獄されていた、ペリーが来た時「I can speak Dutch」と言った、長崎通詞の堀達之助。彼を牢屋から引き出して、蕃書調所でチーフにすえて英日辞書を作成した。これがなければ外国の技術・科学を我がものにできません。では次に何をするかというと、語学ができ、翻訳もできる人間を集団的に訓練することです。そのためには辞書だけでは役立ちません。我々が現在空気のように使っている、中学校・高校のグラマー（文法書）とリーダー（読本）。この二種類のものをつくっていく。しかもここで作られたテキストは、開成所だけではなく、全国の藩校、あるいは、各奉行所が作った英学所で使われていくのです。こういう形をとらなければ、日本における英学者の集団は形成できませんでした。これこそが権力が最初にやらなければいけない課題だったのです。そしてさらに現実にぶつかった所から自然科学がめばえてきます。第一は物産学です。外国貿易が始まると、一番大事なのは横文字でくるものが、日本語ではなんなのか、翻訳が実際的な問題となります。これなしに税関は通過できません。このような切羽つまった仕事を前提に日本での西欧科学技術の導入が試みられていきます。このように、過渡期に初めて形成されたものは、しかし幕府が倒れても、そのままそっくり維新後にひきつがれ、まるごと活用されていくのです。

b　一会桑京都政権

過渡期特有の現象としてあらわれ、その後消滅するものもあります。政治機構です。例えば文久から幕末期にかけて、京都が政治の中心になりますが、こうなると従来の京都所司代体制ではやっていけません。文久二年京都守護職がおかれます。譜代の所司代ではありません。家門の会津松平家がすえられるのです。しかしながら京都守護職だけでおさまりがつきません。ここで出てくるのが徳川慶喜です。なぜ慶喜がこれほど朝廷に信頼されたのか。それは彼の血の中に皇室の血が入っているからです。有栖川宮（ありすがわのみや）家からきたお母さん。珍しく大名家では、そのお母さんが慶喜を産んでいます。朝廷内部において信頼が厚くなるわけです。二番目はこれも斉昭の実子だからです。一番朝廷に重んじられていたのが徳川斉昭です。したがって彼は元治元年、将軍後見職をさっさと捨て、禁裏守衛総督摂海防禦指揮という異様な官名を朝廷から授けられ、畿内全体の軍事力の指揮を自分が握ります。京都守護職・京都所司代の両者はその指揮下に入ります。私はこれを「一会桑京都朝幕政権」とよんでいますが、幕府と京都を媒介する媒介組織なしには幕藩体制は機能しなくなったのです。正に過渡期の政治機構です。ただしこれは徳川慶喜が長州征伐の完敗以降、数ヶ月の間をおいて、慶応二年一二月に最後の将軍宣下を受ける時以降も機能するということが言えると思います。どういうことかと言いますと、大政奉還を慶応三年の一〇月に思いついたといわれますが、一橋慶喜は文久三年に京都に行ってから一度も江戸に戻れません。それほど京都は政局の中心になってきました。ですから、幕府側の論理のいきつく先は、朝廷と幕府を合体した、京都政権の形成以外にありえないのです。一番にいい例がさきほどいった開成所の問題です。開成所というのは国家機関のなかで一番大事なものになり、国際情報もそこで翻訳するようになってきています。ですから江戸においては用をなしません。慶応三年にはこの開成所を分割して、江戸と関西に分立させる方針が出されます。すでに西周は将軍のブレインとして大坂に派遣されていました。そして西周と一緒にオランダに行き、ヨーロッパの社会科学のシステムを学んだ津田真道が大坂行を命じられます。ということを考えますと、幕末から維新にかけては複雑な選択肢が形成され、そしてその選択肢の形成と崩壊の論理というのを丁寧に、可能性のレベルまでみていかなければ、過渡期の政治史は理解不能になるでしょう。

おわりに

以上私が少し長々とおしゃべりしたことから結論として言いたいこととして、三つのことを申し上げたいと思います。一つは、あまり最近の論文ばかり読んでいないで、史料をよく読めということです。最近の論文からわかるのは今の人の考え方です。昔の人の考え方ではありません。当時の人は何を考え、どこまでは考え、どこからは絶対に考えない、その境界線はなにか、を知るためには史料を読むしかありません。それが私は歴史学の前提だと思っています。ですから、極端な話ですが、私も含めて論文を書いても五年はもちません。史料は一〇〇年もちます。ですから私は「論文五年、史料一〇〇年」といいつづけているのです。自然科学でも同じです。自然科学の人は行詰まった時には実験しろといいます。歴史学では実験の代わりに史料を読むこと、史料をどこまでも徹底的に探し読むことです。これは自然科学、歴史科学共に同じです。私は科学は自然科学と歴史科学の二つだと思っています。あまり最近の人の論文だけ読むな、これが一番。

第二番目はものごとの幅を広く取ることです。この幅を広く取るか取らないかで話は全然違ってきます。非常に狭い問題設定をして、それだけの史料をよみ、それ以外の史料は見もしない。これではダメです。少なくとも明治維新をやるのだったら、ペリー来航から西南戦争まで考えるべきです。大久保も西郷もみんなその幅で活躍したのです。自分の枠にあわない事象をバッサバッサと切り捨てるのではなくて、全体を掴め、その全体がどういう論理であると動くのか、その動く論理を総体として掴むということが非常に大事なのです。

三番目は、歴史学において大事なのは、その政治の中に社会を掴むこと、動いている個人・集団・階級を掴んだ上で政治過程を考えることです。歴史的叙述・分析の仕方も、大切なことは、歴史はこうなったではなく、こうさせた、という社会の契機はなにか、を解明することです。歴史における社会の契機無しに、歴史は動きません。その意味で私は社会的政治史を主張しつづけます。他方、狭い意味の政治史ではだめだ、といわれつづけていますが、では社会史研究がすすんで、歴史が、歴史のダイナミズムが見えてきたのですか？　政治史への手がかりのない社会史はこれまた最悪の歴史学になるのではないかという恐怖感も私は抱いています。社会史と政治史の分離ではなくその結合が今求められているのではないでしょうか。

三　歴史をどう学ぶか――幕末の大阪

はじめに　歴史学とはどういう学問か

歴史学とはどういう学問か、ということを、まず最近の例をもとに少しお話ししてみたいと思います。

二〇〇一年五月一五日に、森喜朗首相が、神道政治連盟国会議員懇談会結成三〇周年記念祝賀会という場で、「日本の国、まさに天皇を中心とする神の国であるぞということを、国民の皆さんにしっかりと承知していただくというその思いで、我々が活動をして三〇周年になる」と発言した旨は当時、新聞にも報道されていました。その後、記者会見で首相の釈明ということもありましたが、それに関し、私の友人でもある中島三千男さんが次のようにコメントしたことに、私も同感でした。中島さんは、「首相は『意が伝わらなかった』と強調していましたが、総理たる者は、歴史の文脈の中で発言すべきだ」と釘をさしたのです。〝歴史の文脈で考える〟ということになれば、首相が釈明の中で、「日本人というのは、自然の中に人間を超えるものを見る、それが神だ」といったことは、そう単純な、ごまかしのきく話として受けとることは不可能だ、ということにならざるを得ないのです。

一九三七年三月に政府が作定した『国体の本義』という著作がありますが、そこでは、「かくて天皇は、皇祖皇宗の御心のまにまに、我が国を統治し給ふ現御神（あきつみかみ）であらせられる。この現御神（明神（あきつかみ））或は現人神（あらひとがみ）と申し奉るのは、所謂絶対神とか、全知全能の神とかいふが如き意味の神とは異なり、皇祖皇宗がその神裔であらせられる天皇に現れまし、天皇は皇祖皇宗と御一体であらせられ、永久に臣民・国土の生成発展の本源にましまし、限りなく尊く畏き御方であることを示すのである」と明言されているのです。〝歴史の文脈の中で考える〟とは、まず、このような天皇制とのかかわりの中で、神の問題が日本近代史の中で位置づけられていたことを確認することなのです。

ただし、同時に注意すべきことは、よくある議論ですが、戦前のファシズム期にこのような論法があるからといって、戦前の総ての時期に普遍化させるのも、歴史的な文脈での思考ではないということです。

ご存知のように、明治初年に神道国教化政策が展開されました。しかし、この政策は、『夜明け前』の青山半蔵の悲劇を想起するまでもなく、失敗におわりました。それは日本の社会に根づいた仏教勢力の激しい抵抗に遭い、そしてキリスト教諸国の厳しい攻撃を受けたからです。しかも当時の日本は、条約改正という大難問をかかえていました。キリスト教諸国が認めなければ、日本は条約改正を達成出来なかったのです。

天皇の統治権の正統性の証明を、選挙でもなく、治者の道徳・倫理でもなく、記紀神話を源泉としたものから導き出すという天皇制国家固有の課題と、条約改正を是が非でも実現しなければならないという国際政治的課題とを、どのように折り合いをつけるのかが、当時の国家的課題だったのです。

このために、いくつかの「道具理論」を創っていきます。一つは、「神道は宗教にあらずして国家の宗祀、或いは祭祀である」というテーゼです。したがって個々人の霊魂の救済という大切な使命から、神道を強引に引き離させてしまったのです。その上で、帝国憲法上、「思想・信教の自由」を認める旨を明文化します。他方、国家の統治者たる天皇は「天壌無窮の神勅」により保証されている、という意識を社会念レベルから不断に再生産させる枠組みとして、皇室祭祀と恐るべきほどの画一性・階層性に貫徹された神社システムを創出していったのです。さらに総ての歴史教科書は、明治初期から天孫降臨から始まる教科書であり、紀元は西暦紀元ではなく、紀元前六六〇年を紀元とする神武紀元で通されていきました。

個人的な信仰の自由を保証してやっているのだ、と言われている国民と、右のような形で国家の正統性を不断に証明しつづけなければならない天皇制国家との間に、客観的な意味での鋭い緊張関係が成立していきます。そして天皇権威とその根拠への疑念を少しでも抱かせるような言動への激しい攻撃となってくるのです。ただし、国家そのものが最初から前面に出て攻撃に出るという形ではなく、このような攻撃をおこなう社会的勢力を醸成していく、という複雑な動きをとっていたことにも注意すべきでしょう。

一八九一年一月九日には、教育勅語に頭を下げなかったということで、結局第一高等中学校の教員を辞めざるを得なくなった内村鑑三事件が発生しますが、この教育勅語は前年の一〇月に出されたばかりのものでした。そして一八九二年三月には久米邦武事件がおこります。「神道は未開の宗教である」と述べたことが、帝国大学教授の職を失うことに直結したのです。彼は攻撃の中で出された「神話が虚構だとするならば、その神の御子孫たる天皇陛下が現存するとはどういうことか」という質問に答えることが出来なかったのです。信仰の問題が飽くまで個人の内面のみにとどまるだけならば、それは許容されました。ただし、それが天皇制の根幹にかかわる問題の発端になりそうだ、という時には、即座にその場で叩かれるという構造が形成されていったのです。

ただし、現人神（あらひとがみ）という言葉は、明治から大正にかけては、それほど目につく言葉ではありません。古いところでは昭和天皇の大嘗祭の政府説明あたりからではないでしょうか。それが一九三〇年代、社会運動と自由主義思想までが徹底的に弾圧されたファシズム期に至って、この現人神イデオロギーが全面的に展開されるようになりました。天皇制国家と軍部、そして学校の教師たちが、このイデオロギーを国民と生徒に押しつけようとした時、誰が抵抗できたのでしょうか？　この結果、日本は神聖な君主をいただいた、特別な尊い国だという意識が、国民の隅々にまで浸透していったのです。

首相の発言は、戦後史の動向とも深くかかわっています。神道政治連盟国会議員懇談会が創立三〇周年ということは、それが一九七〇年に創立されたということです。一九六八年に、佐藤首相のもとで、日本近代化賛美の「明治百年祭」キャンペーンが大々的におこなわれましたが、その次に出てきたのが靖国神社国営化の動きでした。靖国神社は古い戦死者を祀るだけではない、今後戦死するだろう人々をいかに祀るか、という場の問題と不可分離にからむ神社であり、その点では、この時期に国家がこの問題を真剣に考え始めたということをも意味したのでした。

その後の天皇制関連の問題の展開を追ってみても、一九七九年に元号が法制化され、八五年に中曽根首相が靖国神社に公式参拝をおこない、八六年に昭和天皇即位六〇周年記念式典が挙行され、八九年から九〇年に、神道儀式に則った大喪の礼、即位式、大嘗祭が実行され、九九年には国旗国歌法が成立し、新聞報道によれば、ほぼ一〇〇%の高校で君が代が斉唱される時期になってきました。そして森首相の発言そのものが、国会で「昭和の日」の法制化が論議される時期と重なっていたのであり、さらに現在、憲法改正問題そのものが俎上に上らされてきているのです。

このように考えることが、〝歴史の文脈で考えると〟いうことなのだろう、と私は思っています。いいかえれば、今、自分が、この日本でどこにいるのか、どのような政治的・社会的関係の中に置かれているのか、という主体としての自己意識とその問いかけと切り離せない思考として、歴史的思惟というものは存在しているのです。私たちは色々な立場で生活しています。働かなければ食べることは出来ません。会社に勤め、商店を経営し、工場で労働しています。そのような様々な関係と場の中で、年寄なら、残された人生をどう生きるのか、若者なら、自分の未来を、どのような人間らしい生き方をしていくのかと、ふっと主体的な立場で考える時、その考え方が、私は歴史的な考え方の出発点だ、と思っているのです。

このような、国民の人間らしく生きたいという考え方に対し、確実なもの、吟味しぬかれたものを提供するのが歴史学の最も大切な役割ではないでしょうか。歴史を考え、歴史を認識しようとする主体は、あくまでも今日の日本の市民社会を生きようとする市民一人一人だと私は思っています。出発点であり、そして帰着点であるのは、今日、この時点だ、と私は考えているのですが、「すべての歴史は現代史だ」というテーゼも、その一つの意味はここにあるのでしょう。そして、今日を前提とする限り、歴史学のあり方は通史的なあり方でなければならないというのが私の意見です。過去がいかに今日につながっているのか、という関係を考えることが通史的思考だと思っているのですが、そうなれば、必ず、どのような段階を経て、どのような質の複数の社会を経て今日が成立しているのか、過去の社会と今日の社会との移行期はどうであったのか、ということが、設問の中で考えられ、それなりの解答を出さなければならないと思っています。

しかしながら、現実の我々の歴史学がそのようなあり方になっているのでしょうか。歴史の各時代が現実との関わりを有さないまま自閉的な状況に陥ってはいないでしょうか。古代史は古代史、中世史は中世史、近世史は近世史と、その範囲内でのみの仲間内の「論理」と「見通し」を完結させてはいないでしょうか。あまり大風呂敷をひろげる時間がありませんので、近世史に限って申し上げましょう。近世もよくて天保改革まで、幕末はもう近世ではないみたいです。しかし実際の問題としては、ペリー来航とその後の巨大な外圧に、いかに日本人が立ち向かっていったのか、という場においてこそ、善かれ悪しかれ、日本の近世が生み出した総ての諸関係と思惟様式が試されることになるのです。他にどのような吟味と検討の場があるのでしょうか。

このような考えをしているものですから、人々は、特に近世史の人々にはいやな顔をされるのでしょう。今の近世史には過渡期・移行期の論理が欠如している、大政奉還で気息奄々（きそくえんえん）では嘆かわしい、これで学問が大丈夫なのですか、と嫌味をいっているのですが、私の意見では、正に近世日本の三〇〇〇万の日本人が創り出してきた内容が問われるのがこの時期だ、という意見です。そして私は、今こういう時代ですので、画像とコンピュータ処理という問題に少し取りくまざるを得なくなり、その中で、この大阪は過渡期論・移行期論において、従来考えられてきた以上の大きな地位を占めている、ということを感じざるを得なくなったのです。

1 幕末期大阪の民衆文化を考える――『浪花みやげ』「世態雑観」を材料として

ということで、第一の項目に入ります。天保一一（一八四〇）年だと推定しているのですが、大阪では『浪花みやげ諸番付』という摺物が塩屋喜兵衛という有名な版元から出版されます。ここにコピーしてきたものは三井文庫所蔵のもので、その中には九〇枚が収められています。その後、一冊二〇枚前後を貼り込んだ『浪花みやげ』というものがシリーズで三回出されます。第一編、第二編、第三編とも、いずれも五冊ずつのものです。その一部をこの大阪市立大学も所蔵しています。以前調査に参りました。このシリーズは天保末年から安政元年頃までの刊行と見ています。

ところで、番付というものは大阪でも江戸でもそれ以前からかなり出ています。出ていますけれども、番付集成という形で、全体を通して見られる形にしたのは、この天保一一年が最初なのですね。このようにまとめられると、民衆レベルでの常識事典として立派に通用するものになります。我々が江戸時代の調べものをする時、よく利用するのが、一八世紀初頭に出された『和漢三才図会（わかんさんさいずえ）』ですが、御覧になった方は既に御承知のように、完全な漢文の百科事典です。これでは民衆は使うことは出来ません。このような民衆レベルの常識事典たる番付集成を最初につくったのがこの大阪なのです。言葉は熟しませんが、「番付文化」というものは、この頃から出てくると思っているのです。しかも、この番付集成は全国的に極めて好評で、大阪以外にも残されています。例えば上田の市立図書館には『浪花みやげ』のいいコレクションがあります。好評のなによりの証拠は、これが盗作されたことです。盗んだのはどこか、江戸なのです。江戸でも錦絵の版元で有名な藤岡屋慶次郎が、『松の寿』三冊を出す。これが嘉永元（一八四八）年ですね。内容を検討してみると、大阪で出た少しあとに、ほとんど同一のものを出しています。松竹梅の三冊ですが、今のところ『竹の寿』は見当たらず、『梅の寿』が五冊、これは嘉永四年から五年の間に出されます。それからは続々と江戸で刊行されていきます。『東みやげ』は嘉永四年から五年、『たのしみ草子』春夏秋冬四冊ですが、嘉永五年八月の序文があります。番付集が当時のベストセラーになるのです。その次に来るのが、『江戸自慢』という長いシリーズもので、嘉永四年が最初か、と考えているのですが、次は六年、安政元（一八五四）年と、非常に冊数が多くなっていきます。それだけ江戸の人々が買ったのですね。最後の刊行が、文久通宝の絵がありますから、文久三（一八六三）年。これを以て江戸文化の息は絶え、総ての中心が関西に移ってしまいます。

　次にその内容を見てみましょう。番号順にのぞいてみましょう。最初は「大日本産物相撲」（図版省略。以下同）という番付ですが、これを見ますと、近世日本の社会が生み出した社会的分業というものが手に取るようにわかります。民衆レベルの目でわかるのです。勧進元と差添人は川口大湊と堂島の米市、東の大関は伊豆八丈島の織物、つづいて土佐の鰹節（かつおぶし）、最上の紅花、そして奈良の晒（さらし）です。西の大関は京の羽二重（はぶたえ）、つづいて松前の昆布、阿波の藍玉（あいだま）、丹後の縮緬（ちりめん）、そして次に位置するのが奄美大島の黒砂糖です。日本社会が作り出した社会的分業が手に取るように明瞭になります。

　当然このような社会的分業が前提となって、地域的繁栄というのが出て来ます。それが第二の「大阪より諸国え道中独案内」というものです。行司のところを見て下さい。今では想像も出来ないような地名が二つ入っています。一つは伊豆の下田、二つ目は相州浦賀です。海の街道というのは、陸の街道以上に江戸時代後期の日本人には死活のルートでした。そのことが今日の私たちに全く忘れられています。日本の近世が作り出した大動脈が活動する中で、番付「東の方」では金沢や仙台が、「西の方」では鹿児島や熊本、和歌山、広島が繁栄都市として民衆に意識されてきます。

民衆レベルの国土観、都市観の確立にとどまらず、日本の風土観も民衆レベルのものになっていることを示すのが第三のコピー「大日本名山高山見立相撲」です。高い山はどこにある、といったクイズは今の小学生もやるでしょうが、それが日本人の常識となり番付にまで仕立てられます。勧進元の富士山は当然ながら、大阪で出されたものですから、並んで天保山もかわいらしく差添人になっています。東は鳥海山、浅間山、立山、西は阿蘇嶽、開門嶽等々、このようなものが天保末には日本人の常識になっているのです。

第四のコピーは「大日本国橋見立相撲」です。今はこのような発想は消滅しましたが、当時は一生に一度は御参りしたい、商売でしたら東海道や中山道を通る。そういう人々は大阪では多いのですから、橋となればよく知られていたものなのです。東の岡崎矢矧橋、西の岩国錦帯橋と瀬田の唐橋などは今でも知られているでしょうが、関脇になっている福井の掛合橋などはいかがなものでしょうか。

そして、このような地理的発想というものは、日本の長い歴史とも結びついて、豊かな名所・旧跡の知識にもなっていました。第五コピーの「大日本名所旧跡見立相撲」では、東では富士山、松島、象潟、もう天保期には、大地震で象潟が海から陸に変わっていますが、名所としては依然として残っています。西では琵琶湖、天橋立、宮島、次に大阪の人々が最も親しんでいた象頭山金比羅様、これは瀬戸内航海の神様でした。このように、産業と結びついた風土と歴史の意識が民衆レベルで入ってきています。

次は歴史意識を見るためのコピー「本朝水滸伝豪傑鑑」をのぞいてみましょう。東の小結に注意して下さい。「下総に自立」と注釈されて平将門がきちんと掲せられています。明治に入ると逆賊にされてしまう将門を、当時の人々は別の視角でみていました。勧進元も、右大将の源頼朝はいいとしても、内府重盛と足利尊氏もきちんと入れられています。このような形で日本の庶民が、大阪の市民が物事を考えていたことを我々はどう考えるべきなのでしょうか。

最後は「浄瑠璃外題見立角力」です。みなさんは、この番付の中のもので、どれほど御存知でしょうか。今はほとんど忘れられてしまっている豊かな日本の文芸が、この番付に出てきています。それが大阪の人形劇でも、江戸の歌舞伎でも、繰り返し上演されつづけました。勧進元の忠臣蔵、差添人の絵本太閤記、これはいいでしょう。東の大関が手習鑑、関脇が本朝二十四孝、そして西の大関が妹背山、関脇が祇園祭礼信仰記です。こういう文芸と演劇が耳にこびりつく形で、民衆が知っていたのでした。一枚の摺物ならともかく、二〇枚貼り込まれ、九〇枚綴られた時の、その豊かな常識は、古い言い方を以てすれば、端倪すべからざるものではなかったでしょうか。

しかも大阪は、このような文化を創り出し、江戸に真似させたばかりではありません。幕末になればなるほど、この摺物の中には面白いものが出てくるのです。次の「安政弐卯歳珍事世間噺」を見て下さい。安政二（一八五五）年になると、前年九月に天保山沖に来たプチャーチンのディアナ号の話は、もう掲せなくなります。それほど目まぐるしくこの年は変化しているのです。東の小結には「諸国出蝦夷行御触有」とあります。蝦夷地が上地され、幕府直轄領となったこの年の動きが、大阪の人の頭にスッと入っていることを示しています。前頭には「諸国御台場出来」とあります。江戸品川の台場だけではない、大阪を含め諸国に台場建設の必要性が出てきた、このような一年間の民衆レベルの認識を如実に把握することが、この番付から可能です。

　これと次に紹介する「安政五年歳中珍事見立角力」は、史料編纂所の貼込帳「世態雑観」という大阪の摺物だけを貼りこんだものから取ってきたものですが、この安政五年の中段を見てみると、西前頭「三月堀田様京入」です。条約勅許を得るために老中首座堀田正睦（まさよし）が、幕府内の切れもの川路聖謨（かわじとしあきら）と岩瀬忠震（ただなり）を伴って入京した事実が知られているし、東前頭では「七月江戸外来」です。安政五ヵ国条約がバタバタと締結されます。朝幕関係が未曾有に緊張します。その破局処理が東前頭「九月間部様京入」となるのです。このような形で、大阪の民衆は、政治動向を、よく見つづけているのです。このような状況であるということを念頭に置かなければ、幕末期の大阪というのは、よく理解できないと私は考えているのです。

2　幕末期大阪の政治情報を考える——「彗星夢雑誌（すいせいゆめぞうし）」中の大阪発信者と発信内容

　ここに紹介したように、幕末期の大阪の政治センスは非常に良いのです。大阪の人だけ良かったか、当時の日本人全体が良かったか、意見の分かれるところですが、少なくとも史料を見る限りでは、相当の能力を持っていた人々が大阪には存在していたのです。しかも、私は、これには根拠があったと思っています。御存知の如く、幕末の政争というのは、江戸と京都の争いでした。そして西国勢力の状況、動静は総てここ大阪を経由して伝わっていきました。大阪を通過せずに京都には入らなかったのです。大阪の場自体が、全国の政治動向を集約する最適の場所になったのです。さらに幕末になればなるほど、情報発信基地としての機能を増大していったのです。

　私は以前、紀州日高郡の、今は御坊市に入っている土地でお医者さんをし種痘を施していた、在村医羽山大学（はやまだいがく）なる人物の一〇〇余冊の「彗星夢雑誌」という風説留を調べたことがありました。その時、つくづく大阪の情報は、とてつもない情報だ、と感じたのです。そして大阪からの発信情報というファクターを真剣に考えないと、幕末史はわからないと思いました。

この羽山大学という人物は、情報を集めるために、自分のまわりに、日高・有田両郡をカバーする情報ネットワークを形成していました。それぞれ二郡の人々が情報を持ち寄るのですが、羽山は彼なりに、親しい人を大阪にももっています。屋号が堺屋の樋口彦左衛門という人物がそうなのですが、仕事は金箔関係という以上のことは、「物持番付」などを調べても何一つ出てきません。調べたい人間の一人なのですが、この樋口が詳細極りない良質情報を不断に羽山のもとに送っています。羽山は極上の情報を有しています。これとギブ・アンド・テイクし、等価交換するためには、樋口も大阪で情報ネットワークを組織して良質の情報を集めなければなりません。この樋口ネットの中には紀州出の商人と思われる紀伊国屋源左衛門や、長崎出身の医者で当時大阪の薩摩藩邸に外科医として雇われていた熊本道可という人物も加わっていました。ですから堺屋情報の中に薩摩情報が多いのは、薩州大阪屋敷の情報がそのまま流出していたからです。一例をあげますと、慶応二（一八六六）年四月、第二次長州征伐に薩藩は出兵しませんという、大阪蔵屋敷木場伝内の有名な建白書があります。「天理に相戻り候戦闘、於大義御請難仕、不得止御断申上候」という堂々たるものですが、これが道可から樋口に、樋口から紀州の一介の在村医師にそのまま伝わっていったのです。このような政治的社会的状況の中で幕府は征長の役を展開しなければならなかったのです。

では羽山の友人で、常に情報交換をしていた日高郡大庄屋で歌人の瀬見善水の場合はどうでしょうか。瀬見は立場上日高郡全体の情報を入手しえたのですが、彼もまた大阪に非常によい情報交換の相手をもっていました。佐々木春夫という優れた国学者です。国学というと、すぐに「草莽の国学」と片づけられてしまいがちですが、そんなことでいいのでしょうか。大阪になぜ佐々木ほどの国学者がいたのか、どのような商売をやっていたのか、ということを大阪の人にもう少し考えてもらいたいのです。しかも平田国学の中では非常に大事な岩崎長世という国学者が、元治元（一八六四）年から大阪に入り積極的な活動を展開しています。岩崎は平田国学を伊那谷にひろめた中心人物です。その岩崎がこの年から平田没後門人を大量に入門させるのです。大阪という町と平田国学がどのようにして結びついたのかは、幕末の面白いテーマの一つだと思うのですが、ここでは省略します。

　では日高郡の瀬見なり羽山なりと情報交換を常におこなっていた有田郡の豪商菊池海荘（きくちかいそう）の場合はどうだったのでしょうか。菊池のもとには、不断に大阪の柏岡恕堂という人物が情報を送りつづけています。菊池家の文書によれば「天満与力」となっていますが、関係史料を見ても柏岡の名は見当たりません。高槻藩に複数回言及があり、同藩出入の豪商かとも思われますが、それ以上の手掛りはありません。

　以上、情報発信基地となった大阪が、どのようなネットワークだったかについて、私の気がついた限りのことを申し上げたのですが、それと共に注意すべきは、情報の質の点です。普通経済史ですと、天保改革前後から大阪に商品が集まらなくなり、地方の自立化傾向が強まるといった話になりますが、幕末期の大阪は中々そのようなものではない、と私には思われます。これも駆け足で説明しますが、羽山の風説留の最初のところに、安政三（一八五六）年、大阪の某商人よりの手紙というものが留められています。どのような写しかというと、「両三年已前（いぜん）より、西洋欧羅巴州開闢（かいびゃく）以来無之（これなき）大戦相発候由、其始は都児古（トルコ）国と魯西亜（ロシア）国と年来不絶（たえず）取合、然（しか）るに三四年已前、英国、仏蘭西（フランス）と両国の加勢相始り、追々合戦烈く、已（すで）に昨秋歟（か）一昨秋歟、加挨沙津加（カムチャツカ）にて、英国、仏蘭西両国の軍艦百八十艘、魯西亜に相潰され、壱万四五千人も滅亡いたし、其外魯西亜領へ幾所となく軍艦を以て死亡の数不少、今は英仏両国共、勢大衰へ当惑の姿（中略）、（下田からロシアに戻ろうとした雇船が）洋中に仏蘭西船待受、不意被取（とられ）候由、誠に希代の珍事に御坐候、中々いつ果つべきとも不相分趣（あいわからざるおもむき）、併（しかしながら）西洋紛争の内は和漢共静謐、何卒西洋皆魯西亜も共に滅亡して再び日本洋へ異国船見へ不申様奉祈候」というものです。私がこの史料を読んで驚いたのは、カムチャッカ半島はペテロパヴロフスクでの英仏両国連合艦隊とロシア守備隊との激戦が前者の大敗で終わったというニュースが、どのようにして大阪の一商人のもとに入ってきたのか、ということです。しかも、下田からカムチャッカ又はオホーツクに戻ろうとしたプチャーチン一行五〇〇名のロシア水兵の内、第三陣が乗り込んだグレダ号が上陸地点を目前にして英艦に拿捕された事実が不正確なところを伴いながらも入ってきているという事実なのです。あらゆる新聞的なものが禁止され、流言が厳しく取り締まられていたこの時期に、なぜ大阪商人がこのような幅広いニュースを入手し、紀州に通信することが出来たのでしょうか。中々の力量を有していた訳です。

さて、幕末期の情況激変のきっかけとなったのは、よかれあしかれ一八六〇年三月三日の桜田門外の変なのですが、この事件は、みなさんは江戸の噺と思われるかも知れませんが、それと直結する形で大阪天王寺において高橋多一郎父子が切腹したのが同じく三月のことでした。したがって羽山の風説留には、佐々木春夫が通信した大阪の情報がちゃんと入っているのです。ただし、このような状況ですから、事実と希望的観測が一緒になった形をとっています。つまり、佐々木情報では、「死骸へ菰（こも）を覆ひ候処、むっくりと起上り、天下の為に命を果す我々に尾籠（びろう）と申候ゆへ、蒲団を着せ候得ば、其まま相果候よし」となっているのです。

これ以降は、先ほど述べたように、京都が政局の中心になります。しかも京都を動かす勢力はすべて西です。大阪に上陸し淀川をさかのぼって入京するのが基本的な政治の動向となります。その先駆が文久二（一八六二）年四月の島津久光挙兵上京事件と激派鎮圧のために勃発した寺田屋事件でした。この情報を紀州に送るのが、先の柏岡恕堂ですが、どこから入手したかというと、「大阪町奉行所手先のもの」からというのですから世話はありません。大阪町奉行所の努力して蒐集する情報が、手先のものから流出しているのです。

この恕堂は、手紙で見る限り、それほど激派というわけではありません。かなり穏健な人物なのですが、寺田屋事件のあった四月の手紙では、江戸でおこなわれていた、外国公使館を御殿山に集中化させようとする御殿山普請について、「御殿山普請相止候同様、交易相止り候はば重畳之義とて、諸国主様方御合体の御法令に相成候抔、下々恐入候事乍存、祈り候」と鋭く批判するのでした。ここには、御殿山の公使館建設と交易が止まってくれればいい、といった素朴な形での大阪の人々の気持ちが、そのまま紀州に伝わっているのです。

次の年は文久三（一八六三）年、七月には薩英戦争がおこりました。中国海域にある総ての艦隊を結集してイギリス海軍が鹿児島を攻撃しました。この情報が入るのが薩摩藩大阪蔵屋敷からなのです。さらにこの年の八月には天誅組事件が勃発します。紀州の山々も騒然たる状況になり、日高郡大庄屋瀬見善水も、郡内の総責任者となって龍神というところにまで出向します。そして一部の人々は、脱出に成功し、大阪に潜入してから長州におちのびます。菊池海荘は大阪の恕堂にくり返し、どうなっているかを問い糺しているのです。この間のうけとめ方の中にも大阪の人々の気持ちがよく出ています。誰が出したのか不明の手紙が「彗星夢雑誌」に留められているのですが、それによると、一〇月五日に、大阪町奉行所は町触を出し、これまで市中には各処に張紙が張られて人心を乱してきたが、以ての外だから、今後は禁止すると厳達したが、「市中の人気を騒がし……以之外云々、市中触書写差上申候、浪士張紙、夏中は知らぬ顔して居り、今更厳重の御達し、いわゆる犬の逊吠と申ことと、各々大笑ひいたし候、扨々つまらぬ事に御座候」と、そこには述べられているのでした。

次の年は元治元（一八六四）年、この七月一九日には禁門の変がおこります。この間の情報も入りまじっていて、菊池海荘にしても羽山大学にしても、それらを取捨選択しないと真実は判りません。情報の発信はこれまた大阪からなのです。同月二三日付で大阪の安積某から手紙が来ますが、彼は「暫して会勢追立られ敗北、其際に長兵鷹司殿之小御門押破り六門内へ乱入して、終に存念之通　討取候由、追々加勢、薩、彦、会と三千之軍勢打立々々、互に手負死人数多にて、炮玉は雨霰之如也、長兵は思ひは遂る、強て戦は不好と相見へ、兼て相図にも有之候哉、同様に引取、一九日夕景には長勢壱人も京に居不申、速に引取申候、尤（もっとも）死骸まで不残」と、現実の経過とは正反対の噂を通信しているのです。翌二四日にも大阪から手紙がありますが、そこでは長州の大阪蔵屋敷破却のことが報じられ、「此一条、下々の者誠に恐入、幼童に至までも残念と申、何となく恐入と、ひそひそ咄のみ仕候、其趣意は不申上候、御推察可被下候」と、大阪の人間がどういう気持でこの破却を見ていたか、御推察を願うと結ばれているのです。

慶応二（一八六六）年の大阪情報はどうでしょうか。この年の四月、先程述べた熊本道可という人物が手紙を送って来ます。「長と薩と同意の風説も粗有之（あらあらこれあり）候、外諸侯方も、表は関東に随順いたし有之候得共、内心いか成事に候哉、是又難計（はかりがたく）相見候」というのがその内容ですが、この一月、西郷と木戸が京都で結んだ薩長密約の話が、道可を介して紀州の人間までが知るところになるのでした。これも大阪だからこそ可能となった情報発信なのです。

幕末の最終年たる慶応三（一八六七）年はどうでしょうか。この九月に先程の樋口が、「薩摩は兵庫開港は弥（いよいよ）御不承知之趣、朝廷へ御達しに相成候由、風説に御坐候」と羽山のもとに連絡しています。この時期でも、大阪の人は、まだ薩摩が兵庫開港に反対だという考え方をしているのですね。これからも判るように、幕末期の「攘夷」とか「壌夷思想」は、そう単純に考えられる問題ではなかったのです。別のいい方をすれば、明治元（一八六六）年の開国和親の新方針が出された時の、日本国内の衝撃と、それへの政府の必死の対策が、これまた大問題にならざるを得ない所以となるのでした。

3　幕末期の一つの可能性——京都大阪政権への道

これまで、幕末期の大阪の民衆文化と大阪の政治情報について話してきました。しかし、この時期の大阪のもっていた可能性はそれだけにとどまらなかったのではないか、ということを、次に申し上げたいのです。大阪の研究者は経済史なり社会史は一生懸命になるけれど、政治は江戸で幕府なのだ、というステレオタイプの思考がこびりついてはいないでしょうか。率直にいってそれはまずいのです。一八六〇年代の政治の中心は京都です。江戸はその地位を喪失してしまいます。先程の番付集も文久三（一八六三）年以降は出す力量を失ってしまいました。これが故に、家門の松平容保（かたもり）が六二年に京都守護職として、大兵を率いて入京せざるを得なくなったのです。さらに六四年、禁門の変の直前には、一橋慶喜自身が、禁裏守衛総督摂海防禦指揮という官職を朝廷より授かるという異例の形を以て、京都の全軍事権を握ることになります。江戸の留守を守っている幕閣と、一面では客観的に対立することになるのです。私は、こういう政権を、「京都一会桑政権」というカテゴリーでとらえないと、この間の政治過程は正しく位置づけられないと主張している者の一人ですが、では、慶喜が禁裏守衛の時だけか、というと、そうではないことが、問題の核心なのです。その行きつく先は、慶応二年一二月に慶喜が一五代将軍になった以降の新事態なのです。お気づきのように、慶喜は将軍になっても江戸には帰れません。一日でも帰ったら状況が逆転する可能性があるからです。では、関西での本拠地はどこか、それは大坂城なのです。将軍が大坂城を本拠地にするということは、老中が大阪に常時詰めていなければならない、ということを意味します。そして事実、慶喜が最も依頼していた備中松山の板倉勝静（かつきよ）という優れた老中は、京阪詰めたることを、慶応二年に命ぜられていますし、若年寄で優秀な上総大多喜の大河内正質（おおこうちまさただ）も同じ年に京阪詰を命ぜられます。

このように、幕府が余儀なく江戸と京阪に分立せざるを得なくなる時、京阪で何が最も必要になったのか、それは世界情報なのです。したがって、慶応三年になると、江戸の開成所で翻訳していた各種の世界情報報告書の内の一部が必ず大阪に急送されることになるのです。

これは翻訳だけの問題にとどまりません。世界情報を入手するということは、欧米の政治と経済に通暁した人物が将軍の側近にいることが強く求められることになるのです。したがって、最初に大阪に呼ばれるのが、開成所の西周（あまね）であり、それは慶応二年の末のことです。

ですから、西が議会制度の草案を作ったという事実は、ある意味では極めて当然で且つ必然の話であり、そして、作成した場が大阪であるということも理の当然で、決して江戸ではあり得なかったのです。新しい政治システムをいかに立ち上げるかは、この大坂城においてしか考えられなかったのです。

しかも、この開成所の最新の知識人問題でさらに重大な事実は、西と共にオランダに長期に留学していた津田真道（まみち）という、西に勝るとも劣らない優秀な美作出身の蘭学者も、この九月、大阪に来ることになっていたのでした。開成所のトップメンバー二人が大阪に来るという構想は、ひいては開成所が江戸と大阪の二分立体制になっていくという可能性をはらみつつあったのです。

ただし、政治構想や情報の側面からだけで私はこの問題を考えている訳ではありません。国家権力にとって最大の課題は外交問題です。国家組織の分立問題は外国奉行所の分立問題にもなっていく可能性を有していました。したがって、外国奉行の中での切れ者、慶応元年にフランスに全権使節として派遣された柴田剛中（たけなか）は、外国奉行のままで、慶応三年五月、大阪町奉行所に任じられるのです。江戸では考えられない話です。しかも柴田は七月には兵庫奉行をも兼帯することとなります。また石河利政という外国奉行も、慶応三年一〇月には兵庫奉行を兼帯します。この過程で兵庫商社という幕府独占貿易商社構想が浮上してくるのでした。

このような外国奉行所の動向は、当然優秀な通訳確保の問題と連動してきます。外国奉行所の擁している通訳の中で、外国人も認める第一級の人物が森山多吉郎という人物でした。この森山が慶応三年の九月には、兵庫奉行支配組頭として兵庫の地に来るのでした。

以上のような動きを考え併せる時、慶応三年一〇月一四日の大政奉還という大事件は、一面では、土佐や薩摩の軍車的圧力に屈したという側面をもちつつも、他面では、朝廷と融合して徳川の長期政権を、大阪を本拠地としてつくり出そうとした幕府側の構想にも、十分留意しつつ検討していくべきだ、と私は考えているのです。

4　維新期大阪の研究はこのままでいいのか？——幕末維新期研究と日本資本主義発達史研究を同一視する誤謬について

第四の項目に入りましょう。かなり刺激的な表題をつけました。先程、今の近世史は、自分の研究の勝負どころとして幕末期を位置づけていない、悪い言い方を以てすれば、自閉的状況に陥ってはいないか、と申し上げました。しかし、このことは、私の属している近代史についてもいわなければならないのです。

近代史の出発点は一八六八年、それ以前には一ミリも遡及しません。しかも、その発想たるや、日本資本主義発展の出発点を、この明治初年にみいだそうという非常に視野狭窄的な発想に凝り固まっているのです。しかしながら、幕末維新期という、とてつもない大変動に、関心を持ち、あるいは参加した人々、その中には先程の大阪の商人たちも入るのですが、そのような人々は、日本資本主義を発達させようとして、あのような行動をとったのでしょうか。日本資本主義発達史という座標軸を設立することによって、維新変革という大変革を考える座標軸が、微妙な形でずらされてしまってはいないでしょうか。これで果していいのだろうか、という危惧感を私は常々いだいているのです。

例えば大和十津川の人たちも、この大変革に積極的に参加しました。彼らは一面では山林地主や山林経営者ですから、大和川を通じて、大阪に豊かな材木を移出する商人ですが、他面では、南朝以来の伝統を有する勤王家集団でもありました。この人々は、都が京都から東京に移されるのを前以て知っていたら、あのような行動を果してとったのでしょうか。

あるいは、信州や美濃に見られるような、各地の国学を学び、「御国の御民」として、草莽として活動しつづけた人々も、自分たちの階層が、日本の主体となる社会を構想しながら（この当時の政治行動はそれなりの国家構想なしにはありえませんでした）行動したのでした。それが、明治国家のように、中央集権化され、上からの近代化が強引に押しつけられる、ということを前以て知っていたら、果して御一新をあれほどまでに歓迎し得たでしょうか。

歴史を無葛藤的に、自然成長的に考えよう、見てみようとすると、歴史の中で最も重大なこと、大事なことを発見することが、逆に極めて困難になる、別のいい方を以てすれば、日本近代への複数の可能性ということに、民衆史の立場からすれば、どうしてもこだわらざるを得ないのです。

すこし、具体的に話をしてみましょう。ヨーロッパ史やアメリカ史と違って、日本的近代の成立という問題を考えようとする場合には、歴史における断絶という問題を真剣に念頭におかなければならないのです。梯子がどこかでズレてかけられてしまったという問題です。

大阪の例では、近世史では「大阪は天下の台所」です。しかし、廃藩置県で藩が消滅し、米は生産地で換金されるようになります。それ以前、大阪の各藩の蔵屋敷に関係していた豪商は、どうなったのでしょうか。

江戸では化政文化を担っていた札差たちは、明治元年の徳川幕府の解体ですべて雲散霧消し、史料もほとんど残存していない状況です。転身は不可能でした。新政府にとり入った小野組や島田組でさえ、明治七〜八年に、音を立てて没落してしまいました。大阪でも幕末から維新にかけて、諸大名への債権を有していた豪商たちは、最近の債権は低金利の新公債、弘化〜慶応期の債権は無利息の旧公債、天保期より以前のものはすべて廃棄されてしまいました。その価格は、旧公債は明治一〇年現在で一〇〇円に対し二五円、新公債は一〇〇円に対し七〇円しか価格はつきませんでした。いいかえれば、大阪の相当部分の豪商が明治政府に踏み倒されたのです。

ただし、バランスをとるために述べておきますが、近世末期までの日本社会がつくり出していた社会的分業体系は、流通する商品が別なものになろうとも壊れないということも事実なのです。社会そのものは後退しないのです。

あと一つ言っておくことがあります。最近『平野弥十郎日記』を読んでいて驚いたのですが、この大阪の公債を買占めに、東京から人が来ているのです。田川儀三郎という人がその人ですが、日記では「此家は東京築地三丁目、活版所田川健蔵氏の弟にして、兄よりの依頼にて大阪地方へ手を廻し、此節専ら公債証書を買入」とあるのです。明治九年という時期に、安い安い公債を、大金かけて東京から買占めに来た、この資本家とその金の出所ということも、極めて面白い明治初年の日本史を考える手掛りとなるのです。

このような、過渡期の複雑な動きを経て、はじめて近代日本資本主義の担い手たる大阪という都市が確立してくるのです。明治元年から、発達するところだけつなぎあわせていくと、近世史と全く切断された自閉的な資本主義発達史にしかならないのではないでしょうか。

おわりに　歴史学徒の任務とは何か？

最後に「おわり」に入ります。私は、「はじめに」で述べたように、歴史認識の主体は研究者でもなければ、一部の人々のものでもない、日本の国民それ自体が主体だ、という意見の持ち主です。歴史研究者は、個人的には、その個別の興味・関心にしたがって、社会とは無関係に研究を行っているのかも知れませんが、学問と社会との関係を構造的に捉えるならば、それは国民の負託を負い、国民の要求にしたがって、始めて成り立っているものだと私は思っているのです。この学問は、あまり役に立たないと思われたら、その根拠を剥奪される可能性を、ほかの学問と同様、歴史学も十分有しているのです。

では、国民に信頼される過去の証人としての務めを忠実に果すためには、どのようなことが求められているのでしょうか。私は三点あると思っています。

第一は、過去の史実の隠蔽や偽造、特定の政治目的のために一面的な歴史観を権力的に押しつける動きに対し、毅然とした態度をとり、正しくないことに対しては戦うことです。ただし、このことは同時に表裏一体の関係として次のような義務を我々に負わせてもいるのです。即ち、過去への手掛かりとなる史料、それは文学史料だけではなく、絵画史料等々多岐にわたりますが、その保存と整理、目録づくり、公開への努力という課題が我々に厳しく課せられているということです。従来は「歴史研究と歴史教育の結合」という言い方がされてきましたが、現段階では不十分な定式化になりました。文書館・歴史資料館、あるいは歴史博物館というもの、そして、それらの有する歴史情報の組織化ということが、市民的な歴史認識のための不可欠な構成要素に現在なってきているのです。

第二は、国民の負託を受けた、我々の専門家としての力量、換言すれば、職人としての技能を高めていくことが、今強く求められているということです。過去の、閉ざされた秘密を解き開くプロフェッショナルな技術が我々に要求されているということなのです。そして、この課題は特に大学に課せられているのです。国民のために史料を読み解く上で、特に膨大に存在しながら、ほとんど手のつけられていない書状のあの山をどうするのか、地方(じかた)文書だけを読んでいるだけでは、村はわかりません。これは地方文書の整理に関係した人間なら最初にぶつかる問題です、しかも、我々の先輩までは、草書体で書くことが教養でしたが、我々の世代からは、既にそのような教養は失われています。意図的に、この書状を解読する力量を養成すること以外に方法はありません。この意味では、大学の人間の集団的な検討とカリキュラム作りが客観的に求められているのです。宝の山を目の前にしながら、今は鍵が開けられない状況なのです。

同様なことは博物館に関連しても存在しています。即ち、文書だけでは歴史を解明出来なくなってきています。道具とか用具、持ち込まれる色々な設計図という諸資料について、我々は読み解く力量をつけなければならないのです。歴史の基礎だ、と史学概論では繰り返しいわれ、社会的分業を形成するものだとも繰り返していわれている技術と技術の歴史について、十分我々は教育態勢をつくってきているでしょうか。二一世紀の学問として歴史学を発展させるためには、我々の学部・大学院教育の中に、技術史のきちんとしたカリキュラムが要求されているのです。

第三は、今日、くりかえし申し上げた論点ですが、通史的観点からの研究の必要性ということです。通史的観点とは概説と異なります。必ず現代、我々の今いる場を含み込む観点です。ただし、それは近いから現代的だということは必ずしも意味しません。

例えば環境史という新しい学問が成長しはじめています。この学問で一番大切なことは農耕導入以前の日本の風土というものを常に考えつづけることなのです。農耕というものが、いかに日本の自然と風土を改変してきたかという形で問題を設定出来ることは環境史の重要なメリットであり、そこから農耕以前の縄文社会と文化が、現代との対比で科学的に解明されていくこととなるでしょう。

あるいは、十分大学ではやられてはいませんが、文化史的研究、特にデザイン史研究では、江戸期の着物の柄とデザインは恰好の対象となるのです。

このような問題設定をしない限り、現代史も同じ病理に陥ることになります。占領史研究が占領史研究で自足しかねません。

近世史で今論議されている話題の鎖国か海禁かという問題も、研究の進展という側面の外に、各時代史の自立化の側面が存在してはいないでしょうか。この点についてはさまざまな見解の人々が存在しているでしょう。私の意見は、日本の開国は幕府崩壊と結びついているというものです。開国なしに崩壊はありえませんでした。開国が原因で、瞬く間に、誰も想像しえないままに崩壊してしまったのです。慶応三年まで幕府が壊れると誰も思ってはいませんでした。それが壊れたのです。とすれば、鎖国を前提として初めて成立し得た幕藩体制とは何かという設問が、必ず通史的設問においては発生せざるを得ないのです。いいかえれば、近世国家と近世社会の質と構造が問いかけられざるを得ないのです。このような設問は海禁というカテゴリーでは果して可能なのでしょうか。その社会の質と構造を問いかける能力こそが、我々の現在生きている、この社会という極めて特殊歴史的な性格を認識する能力と力量との前提になる、と私は考えています。

四　服部之總の維新史論——松尾章一『歴史家服部之總』刊行に寄せて

松尾さんの大著が刊行されたことを機に服部さんの維新史論について私の考えを述べてみたいと思います。私も今年で七二歳になり、戦前に比べ、波乱の少なかった戦後七一年も、ほぼ五年単位で変わって来ているとの実感を、つくづく抱いています。その意味では、一八六八年の明治維新から一九四五年の敗戦までの約八〇年間は、維新変革、自由民権、日清・日露、第一次大戦、大正デモクラシー、そして満州事変からの一五年戦争期と、戦後には比べものにならないほどの激変をしてまいります。そこでは政治史だけではなく、一般民衆のものの考え方、思想そのものも大きく変わってきたのではないかと私には思えるのです。

ただし、ほとんどのものは変わるたびに、新しいと思われたものが古くなり、より新しいものに取り替えられてきているとはいえ、ごく少数のものは年が経つにつれ、その価値が明らかになり、より新しくなるものなのでしょう。大塚久雄さんはギリシャ語には、年を経るにつれ古くなる意味の新しさと、年を経るにつれ磨かれ新鮮なものになる新しさという二つの言葉があるとおっしゃっていました。私は一九三二年から岩波書店で刊行された『日本資本主義発達史講座』が明らかにした、天皇制と総括される戦前国家構造の特質解明というものは、この種の、年を経るにしたがって新しさを増し、戦前戦中期の日本の国家・社会・文化を学問的に検討する上でのキーワードだと、これも歳を経るにつれ痛感するようになっています。

往々にして、この『日本資本主義発達史講座』は明治維新論をめぐっての講座だと思われがちですが、全体の構成をみればわかるとおり、発刊された一九三二年、満州事変そのものをふまえた政治・社会・文化・

外交、そして軍事を組み込んだ総体的な、現在進行形の日本資本主義分析そのものになっているのです。

ところで、歴史の分野でも研究者の世代によって歴史意識が変わっていくことは仕方のないことだと思っています。私などの世代は、戦中を少年として体験した松尾さんたちの世代とはちがい、戦後第一世代の研究者と呼ばれています。私は、一九七〇年代半ば以前に歴史研究に入った者と、それ以降に入った者との質的ギャップはかなりなものがあるという印象をもっています。彼らの史学史的区分からいえば、それは「戦後歴史学から現代歴史学への発展」ということになるのでしょうか。私のような戦後第一世代の者からみると、本当にそのように発展しているのかどうか。過去のいい成果、その中には私のこだわっている天皇制という方法論的カテゴリーも入りますが、客観的・理論的な成果をふまえた「発展」になっているのかどうか。必ずしも私にはそうは思えないのです。

歴史学という学問は、過去を扱う学問ですから、決して後知恵で批判してはなりません。その段階で何を明らかにしたのか、何が明らかになったのか、言い換えればその対象の時期と時代をあくまでも現代史として扱わなければならない学問だと考えて、私は研究を進めてきました。

服部之總を含めた「講座派」の研究者群を非難する常套的な手段としては、一国史的発展段階論に過ぎないという論があります。しかしながら、研究対象にしている地域や国家のその時点での社会的分業体制の段階を実証的に明らかにせず、その国家の国際関係を論ずることは可能なのでしょうか。しかも日本の場合、ペリーによって鎖国体制がうち破られるまでには相当に発展した鎖国下の非領主的国内分業体制がつくり出されていたのです。この一国史的発展段階の内実を歴史学的に明らかにせず、「成熟した伝統社会」といった非学問的な方法論で維新変革を語ることは、発展ではなく退歩だと私は思っています。

また、一国史的発展段階論の非難の中に、絶対主義とかブルジョア革命といった分析道具は古くさいという言い方もなされていますが、これも私は後知恵の批判だと思っているのです。

私のように、幕末期から明治前半期を実証的に分析しようとしている研究者からすると、当時の知識人は、「遅れたアジアと進んだ欧米」という図式を徹底的に使用していました。マルクス主義者だけがそうではなかったのです。そして欧米における時代区分自身が絶対主義王政からブルジョア革命への移行という二段階の把握でした。

江口朴郎さんがよくおっしゃっていたことですが、よかれあしかれ、このような学問的前提と欧米がつくり出した学問的道具をもってしか分析することができず、基本的には、アジアに関しては「アジア的停滞論」をもって分析せざるを得ない時代的制約の中に服部之總もいたのだと、私は思っているのです。「進んだ中国と遅れた日本」という逆説的表現が可能になったのは、一九四九年、中国の人民革命の成功による、世界史の展開はより豊富なものだという認識が日本の知識人たちに可能になったからであり、それゆえに石母田正さんが『歴史と民族の発見』（一九五二年）を書くことになったのだと私は考えているのです。

「講座派」とひとくくりにされるマルクス主義者たちの中で服部さんが際立っているのは、第一に、絶対主義成立とされる明治維新の捉え方の極めて柔軟な態度だと私はみています。彼は他の論者と異なり、明治維新を自由民権との繋がりの中であくまでも捉えようとしつづけました。彼が自分の現代史として対象にした一九三〇年代の内在的理解を、この二段階の複雑な絡み合いの中に、その統合の中においてのみ理解しようとしつづけました。今日残念なことに、明治維新を論ずる者の中に民権を論ずる者はなく、民権を論ずる者の中に明治維新を論ずる者はいません。このような現状は服部史学からの発展ではなく明確な退歩だと私はみています。

第二に、「厳マニュ段階論」を提起したことです。羽仁五郎の直弟子を自認する井上清さんは、遠山茂樹さんの明治維新論をハッキリと批判対象に据え、『日本現代史Ⅰ　明治維新』を一九五一年に東大出版会から刊行したとき、彼は中国の民族革命をふまえつつ、「経済的・文化的および政治的力量の民族的集中」というカテゴリーを駆使して理論構成をおこないました。これに対し服部さんは、一九五二年の福島大学経済学会講演において「彼は実はマニュファクチュア論的叙述を行っておるのであります」と断言しています。ただし戦前の服部さんの明治維新論では、民族問題をこのように捉えていたわけではないと私は考えており、井上さんのこの提起が、『資本論』で服部さんが依拠した「一六世紀中葉から一八世紀最後の三分の一世紀まで持続した厳密なる意味のマニュファクチュアの期間」という記述のもっていた、その豊富さと多面性をあらためて彼に認識させたのではないでしょうか。オランダ、イギリス、アメリカ、フランスの絶対主義期からブルジョア革命期における民族形成と、国民文化の展開、国民国家の確立という、欧米で最も豊かな政治的、社会的な時代が産業革命以前のマニュファクチュア段階にあったのだという事態は、マルクス主義に関心のある者にとっては過去のものではなく今日的課題でもある、と私は思っているのです。

ところで、通史的把握と通史叙述は、それを把握しようとし、叙述しようとする研究者が、その瞬間立っているその歴史的場からしかおこなうことはできません。これは歴史学の必然です。すべての過去はその場において改めて相対化されます。私は一九三〇年代に言われた天皇制の絶対的支配なるものが必要以上に明治維新と直結され、完結的に説明されすぎたと今日では考えており、絶対主義成立とブルジョア民主主義革命の截然とした二段階論で説明することは、実証的に無理があるという立場に立っています。

過渡期論を理論化するためには、永いスパンをとらなければなりません。日本の中世から近世への移行を一六〇〇年の関ヶ原からとるにしても、その完成は一六四〇年代の時期になります。過渡期の四〇数年間の間に初めて幕藩制国家の最低限の基礎が、朝廷と幕府の関係にしろ、将軍と大名との関わり方にしろ、主従制と国郡制の重層的なありかたにしろ、鎖国という国際政治の枠組み形成にしろ、つくられていきました。その意味では、時間をかけつつ精緻でガラス細工のような国家構造が近世成立期に作られていったわけです。

この芸術作品ともいえる近世幕藩制国家がペリー来航によってゆり動かされた後は、マニュアルのないまま、万国対峙が可能な国家と社会の形成の過程に突入しました。それは一八七一年、廃藩置県で一段落するのではありません。廃藩置県は一八八〇年代まで続く過渡期の中のもっとも過渡的段階にあったのではないか、ペリー来航の一八五三年から国会開設を約束せざるを得なくなった一八八一年までをひとくくりにして幕末維新変革を理解できないものかと、今考えている最中です。そしてその検討の際、服部之總は種々の論点をどのように位置づけ、どのように評価し、いかに批判していたのでしょうか。ひとつひとつ確認していくことが今日的段階においても、もっとも生産的な方法ではないだろうか、このように私は考えているところです。

第２章　地域からの明治維新

一　東濃と『夜明け前』の人々

はじめに

　私の研究分野は、幕末維新期の社会と政治です。奇妙に聞こえるかも知れませんが、母親というのは、他の人からみると本当にそうかなと思うにしろ、自分の子どもが誰よりもいい子だと思っています。しかしそうでなければ、赤子から子どもに、子どもから大人には育ちません。これは人間社会が、昔から今、そして社会がある以上、未来も一貫して、それが真実だと私は思っています。

　それと同じといっては何ですが、研究者は私も含め自分のやっている時代が歴史の中で最もおもしろいと思い込んで研究しています。どんな研究者にしてもそうです。ほかの人から見ると、果たしてそうかなと内心は思われるかもしれませんが、この思いがなければ、あらゆる手段を使って史料を探索し、水に汚れ、中にはネズミの糞が混じっている汚らしい史料の塊を整理し、数百点、数千点に及ぶ史料の目録などを採ることは決してできません。

ところが不思議なことですが、この時代が最もおもしろいと思わせるものが歴史書かというと、必ずしもそうではないのです。他の研究者の中にも私のようなケースがあるかもしれませんが、私の場合には、歴史論文なり歴史書でこの時代を好きになったわけではまったくありませんでした。二つの文学作品、これは皆さんも多くお読みになったことと思いますが、一つは子母沢寛の『新選組始末記』、一つは島崎藤村の『夜明け前』が、この時代に私を引き寄せてくれました。

戦前の一般的な大衆小説家なら、新選組を幕府の犬、朝廷を抑圧し続けてきた旧権力の手先というレッテルを貼って書いていましたが、子母沢寛はそうではありませんでした。子母沢寛は、政治に関わる説明をすべて括弧に入れ、近藤勇とか、土方歳三とか、あるいは沖田総司（史料では沖田だけが剣術の名手と書かれていますが）などの個々の剣客の生き様を見事に文学的に形象化しました。

あの本はいろいろなところがおもしろいのですが、私がとくに印象深いのは、沖田総司の最期です。沖田総司は肺病病みでした。腕は立つけれど、慶応四年、戊辰戦争の始まった一八六八年三月、近藤勇たちが甲陽鎮撫隊を組織して甲州勝沼に行った時にもついていけませんでした。あるいは土方歳三が再起を図るために会津に落ち延びた、この逃避行にも彼はついていけませんでした。江戸も当時は外れの千駄ヶ谷の町家に潜んでいました。その潜んでいた町家の庭先に黒猫が出てきます。それが気になって仕方ありません。切ろうとして刀をとって、二尺の近くまで寄っても、ひょいと猫が振り返って、それで猫が切れないのです。世話をしていた女性に「ああ婆さん、俺は切れねえ。俺は切れねえ」、二日続けて言って死んだ。事実か小説か、どうなのでしょうか。そしてこれが想像ではなく、子母沢寛の時代、彼がこの材料を集めた昭和初年というのが新選組に接触した人間が肉声で語れる最後の時代だったのです。やはりこれが、私をあの『新選組始末記』に強く惹きつけるものになっています。

一方、島崎藤村の『夜明け前』は、幕末維新という時代を、吉田松陰や西郷隆盛や勝海舟といったサムライ階級ではなく、被支配階級の角度から初めて描ききった画期的な歴史文学です。しかもその中に、宿場の問屋という雇用者と、牛方という交通労働者の階級的な対立もきちんと書き込むという、昭和初年という時代の時代背景にもしっかり目配りをした小説でした。またこの小説のタイトルから自ずから理解できるように、当時常識的に万邦無比の国体と日本人の尊王主義のもと、明治維新が断行され、統一国家が成立し日本は世界に冠たる一等国になったのだという理解、このされかたが果たして正しいのか、民衆の立場からみた場合、真の解放であったのかどうか、ということに対しても藤村は問題提起をしました。維新史の理解、それをみる枠組みを質的に変えたという点において、この小説はどんな歴史書や歴史論文よりも、ダイナマイト的役割を果たしたのです。

ただし、私のようなクソ実証主義の凝り固まりの人間からみると、小説家が頭で作り出したものならばまったく関心を引きません。見事な仮説ですねと、見え透いたお世辞を言うだけです。しかし藤村の場合は、そうではありませんでした。血のつながっている自分の父親、どんな親しい友人や知人も知り得ない、感じ取ることもできない肉親の父のその生涯を核に、あの歴史小説を作りあげました。そして一八八六（明治一九）年、馬籠の座敷牢で狂死した最晩年の父・島崎正樹の話も、自分の姉（新藤兼人さんの映画『夜明け前』では乙羽信子さんがこのお粂役を演じています）からも直接聞くことになります。歴史との接点をきわめて強く持った小説として『夜明け前』は、『新選組始末記』とともに私を幕末維新期研究に導いてくれました。この藤村の『夜明け前』は、今述べたようなさまざまな理由で、発表された直後から新劇にも取り上げられ、戦後には新藤兼人さんの映画『夜明け前』（これは滝沢修さんが半蔵役をやっているものです）にもなり、あるいはもう少し後、ＮＨＫテレビでは加藤剛さんが青山半蔵役をやるなど、広く国民的な教養になっていきました。

小説『夜明け前』のハイライトはいくつもありますが、その一つの山場が、平田国学を学んで『夜明け前』の地域、具体的には美濃国恵那郡、信州木曽谷、そして信州清内路で結びつけられていた南信の伊那谷、この地域の人々と横浜開港の関わりを描き出した場面です。藤村は、馬籠とその西にある平場の中津川において平田国学を普及させた師匠を、宮川寛斎として登場させています。これは、中津川の漢方医馬嶋靖庵をモデルにしています。実際にこの馬嶋靖庵は、島崎正樹を育て上げた優れた学者でもありました。小説の中でこの寛斎は、自分の弟子の中で最も優れた三人の、小説では青山半蔵、浅見景蔵、そして蜂谷香蔵という三人の弟子を「三蔵」と呼んで愛しています。青山半蔵は島崎正樹、浅見景蔵は中津川本陣・市岡殷政、そして蜂谷香蔵は中津川の酒造家で、牛方騒動においては中津川宿の問屋職を委任されることになる間半兵衛がモデルになっています。この中で、史実としては年齢が近い関係上、間半兵衛と島崎正樹が最も仲のいい友だちでありました。小説では横浜開港直後に、この宮川寛斎が生糸を多量に仕入れて横浜に赴き、生糸交易で巨利を得る場が描かれています。安政六年一〇月、横浜開港の数カ月後ということです。

これに対し、馬籠の本陣青山半蔵のところに訪ねてきた中津川の蜂谷香蔵が、半蔵に対し「今になって、想い当たる。宮川先生も、君、あれで中津川あたりじゃ国学者の牛耳を執ると言われて来た人ですがね、年をとれば取るほど、漢学の方へ戻って行かれるような気がする。先生には、まだまだ『漢ごころ』のぬけ切らないところがあるんですね」と批判し、半蔵が相槌を打つ場があります。この部分は極めて映像的な場面です。したがって劇に一番したくなるところです。日本人の脳裏に、強くこの場面は焼き付けられてきました。未だにこれが史実だと思っている方もいる、恐ろしい話ですが。あるいは事実ではないとわかっていても、この二枚舌を使った間半兵衛は陰謀家だと非難する人もいます。イメージというのは、私は本当に恐ろしいものだと思います。この小説を史実とどう関係させて理解するかというのが、今日の私のお話になります。

（１）繭買いの人々

今日では養蚕とか製糸というのはほとんど姿を消しましたが、戦前、昭和恐慌までは日本の基幹的産業でした。ただしこれは横浜開港があったから盛んになったわけではありません。近世後期、日本では社会的分業が進み、国内市場が鎖国下のもとに相当程度豊かに形成されてきました。そして、今言った『夜明け前』の世界においては、基幹産業に既になっていました。

藤村は『夜明け前』を執筆するにあたり、馬籠大黒屋の大脇兵右衛門の著わした「大黒屋日記」を克明に研究しています。よくぞ読んだというほど読んでいます。あの字は難しい字です。よくぞ読んだというほど研究して、それをあの小説の骨格にしていますが、その中にもこの繭買いの話がでてきます。ペリー来航以前の話です。これは一八五三年の五月二四日の項に、「十八屋九三、伊那へ繭買いに参り、立ち寄り候」とあります。

また翌年、ペリーが帰った安政元年六月一日の項には、「十八屋九三、長野村まで蛹仕入れ、二十両渡す、尤も半兵衛方より頼み状など参り候につき、相渡す」と書いてあります。この半兵衛が、『夜明け前』の蜂屋香蔵、間半兵衛です。間家は酒造業が本業ですが、このように大黒屋兵右衛門から仕入れ資金を二〇両借りながら手広く繭買いをしているのです。なぜ「大黒屋日記」に、十八屋半兵衛なり、その弟の九三が出てくるかというと、この大脇兵右衛門の妹さんのおライさんは中津川の十八屋に嫁いでおり、おライさんの子どもがこの半兵衛と九三なのです。したがって兵右衛門にとってはかわいい甥っ子二人です。「大黒屋日記」はこのように馬籠の史実とともに、中津川宿の動きがとてもよくわかる絶好の史料なのです。

では、間半兵衛はこの繭をどうしたのか、ということです。経済史的に製糸マニュファクチュアを営んでいたかというと、これは服部之總さんの維新論になりますが、その事実を示す史料は一切ありません。私は無理をせずに、間半兵衛はこの段階では、近在の女性たちに賃引きさせて糸を買っていたと思っています。しかも自分個人がやったのではなくて、手広く資金を集めて、無尽なり、親戚から金を借りて繭買いをやり、賃引きさせ製糸をさせた、そしてそれはペリー来航以前からのことでした。

(2) 安政六年第一回横浜交易

屋号を十八屋という間半兵衛、つまり『夜明け前』の蜂屋香蔵は、このようにペリー来航以前から本業の酒造業を中津川宿で盛大に営むとともに、製糸業にも手を伸ばしていた意欲的な商人でした。横浜が開港され、生糸がとてつもない高値で取引されているという話を聞いて、手をこまねく人間ではありませんでした。小説では、中津川の漢方医馬嶋靖庵がモデルの宮川寛斎だけが横浜交易に赴いたとされていますが、実は馬嶋靖庵とこの蜂屋香蔵なる間半兵衛が、二人で大量の生糸を集荷して、九月二日、中津川から横浜に旅立つことになります。

この安政六年の横浜交易は大成功を収めました。間半兵衛は、この年の一一月一日、馬籠に立ち寄って伯父の大脇兵右衛門に交易の成功を報告して、中津川に戻っています。「大黒屋日記」の記述ですと、

十八屋半兵衛　九月二日出立、糸持参、江戸神奈川に交易に参り候処、糸売り払い、よほど利分も有(これ)之(あり)候につき、しばらく滞留いたし、彼の地所々見物もいたし、十月二十三日、江戸出立、昨夜宮川泊

まりにて今朝立ち寄り、江戸話あらまし承り、早々帰宅致され候

となっているのです。

なぜ馬嶋靖庵と間半兵衛が二人で組んだか、という問題です。馬嶋靖庵というのは、木曽川を挟んで中津川の北岸にある苗木という一万石の遠山藩、ここの藩医の弟なのです。そして名古屋で眼科の修行を終えた後、間半兵衛のお姉さんのおキクさんと結婚し、この中津川宿で医者になります。したがって十八屋間家の家族の一員として、半兵衛と、この横浜に来ているわけです。したがって馬籠本陣に来て、我が師宮川寛斎の「漢ごころ」を批判する場面はフィクションであって、史実ではありません。

(3) 馬嶋靖庵と間半兵衛の気吹舎入門

ただし、藤村がこのように描いたことも充分理由があったのです。彼の父、島崎正樹は熱心な平田国学者で、幕末期から寺から離檀して神葬祭を行いたいと強い運動をしていましたし、中津川宿の間半兵衛も馬嶋靖庵も、中津川本陣の市岡殷政にしても（今行っても本陣というと市岡さんの所へタクシーで連れて行かれるのです）これまた熱心な平田国学者でした。小説の中で、継母に気を遣い、馬籠の本陣と馬籠村の庄屋の仕事にのみ自分の活動を規制している青山半蔵が、中津川の友人たちは自由に国事運動ができてとても羨ましいと羨望するほど、積極的に中津川の国学者たちは動いていました。

また、昭和初年の平田国学者のイメージは、国家神道の影響もあり、攘夷主義者、排外主義者、熱狂的な尊王イデオロギーの持ち主だというイメージで凝り固まっていました。ただしこのイメージは昭和戦前期のものだけでなく、今日でも日本人の圧倒的多数が刷り込まれているイメージになっています。ですから私が

平田国学をやっているというと、右翼をやっているのかという人間もいるほど刷り込まれているのです。さらに藤村個人にとっては、あのお父さんというのは小説に描かれているとおり、経営事務の才能があまりなく、強烈な敬神家でもありました。藤村にとっての平田国学のイメージを、彼の父が作ってもいるのです。したがって「大黒屋日記」を克明に読み、この記述を知った上で自分が納得する歴史の流れにするためには、小説の描き方のようになったのは私は無理もないと思っているのです。

私はとくに幕末維新期をやっているせいなのか、日本人には、すぐ人の行動をその人の思想やイデオロギーと結びつけて考える通弊があるとつくづく思っています。良かれ悪しかれ、そういう通弊が我々日本人にはこびりついています。思想やイデオロギーの前提としての社会の構造、あるいは政治史的展開ということへの配慮が極めてとぼしいことの裏返しでもあります。

史実としていいますと、江戸鳥越秋田藩中屋敷にあった平田国学塾、一般に気吹舎（いぶきのや）と呼ばれているものに入門するのが、馬嶋靖庵がこの一〇月七日、間半兵衛が江戸を出立する三日前の一〇月二〇日のことです。横浜の生糸交易をやりながらのことなのです。この段階ではしたがって篤胤（あつたね）養子の平田鉄胤（かねたね）も篤胤嫡孫の延胤（のぶたね）も、横浜交易反対を入門の条件にしていたわけではない、いやまったくしてはいません。それは、なぜか。

第一に、気吹舎は秋田藩邸におかれているように、政治活動をする組織ではまったくないのです。気吹舎は日本の古代のあり方、平田国学の表現では「古道学」を学ぶ学塾として藩邸内に存在を許されていました。幕府から睨まれるとどうなるかというのは、平田篤胤自身が突如、天保一一年、一八四〇年一二月の暮れも暮れ、幕府から秋田に追放、しかも著述差し止めという厳しい処分をうけたことから、骨身に沁みて理解していました。更にこの安政六年一〇月という時期は、幕府がしゃにむに無勅許開港路線を突き進んでいた時期でもあります。そして、この秋田藩は外様大藩であっても、譜代藩以上に親幕的な大藩でした。このような状況の下で交易反対など気吹舎が言うはずがありません。イデオロギーの問題ではなく、政治そのものの問題なのです。

第二に、横浜交易に従事する間半兵衛や馬嶋靖庵の側にも、この気吹舎に入門する必然性がありました。これまで十八屋が営んできた製糸業と生糸販売は、鎖国下の国内市場に向けてのものでした。横浜交易ではじめてこの二人は外国との交易、少し堅い言葉を使わせてもらえれば、世界資本主義そのものと対応し、対峙しなければならなくなりました。それ以前数年間、この二人は平田国学を学んできましたが、はじめて国家とは何かということを、自分たちの経済活動の中で深刻に考えざるを得ない立場におかれたわけです。

商人として利益をあげることは商人としての生命です。しかし、自分の私的利益追求が、日本という国としての善、国家としての利益になる場合はどういう場合かということが、鋭く問われはじめました。私はこの二人が直面した課題は、極めてプリミティブな形ではあるものの、ポリティカル・エコノミー、日本語では単純に経済学といいますが、英語では必ずポリティカル・エコノミーというところの、国民国家が自らの学問としてどうしても持たなければいけない基本課題そのものだと私は思っています。しかも無勅許開港の真っただ中、京都の朝廷は依然としてこの開港を認めてはいませんでした。国家意思を決めるのはいったいだれかという、国家論そのものもここには提起されていたのです。

現実の動きとして、この八月二七日、水戸藩家老安島帯刀（あじまたてわき）は切腹しています。八月から一〇月、吉田松陰、橋本左内を含め、死罪の人間がでる中で横浜交易をしているということも頭におかなければなりません。武士ではなく商人だから、そんな政治のことは関心がなかったのではないかとお考えになる方がいるかも知れません。しかし、今日の状況を幕末の状況に遡らせることは、私は非常に危険だと思っています。商人の質は、今日よりよほど良質でした。中津川の人々はペリー来航以降、政治情報を意欲的に収集していました。

ただしその史料は安政五年三月、孝明天皇の「条約勅許せず」の勅諚から消えています。再び出てくるのは桜田門外の変、一八六〇年三月三日のあの事件から記録を再び取り始めます。安政大獄では一通の手紙そのものが、飯泉喜内のように首を切らせることになります。中津川の人々は嫌疑がかけられかねないすべてのものを、綴じ込んである風説留から抹殺したと私は考えています。これは何も中津川の史料だけではありません。今言った気吹舎の史料もまさに同じ事実を示しています。平田篤胤生前からずっと気吹舎は日記を克明につけてきました。いつ終わるか。安政六年八月二日、安政大獄の審理が終了し判決がさしかかる、その時点から一切日記はつけられません。

ところで、中津川の商人たちにとっては、この時点で商業活動と国家の利害というものをどのように理解していたのか。南信州の中心は、ご存じのように堀氏の治める城下町、飯田です。その重立で生糸交易にも関係した人物に奥村邦秀という青年がいますが、間半兵衛らが横浜交易に赴くに際して歌を詠んで送っています。「糸もて横浜辺にゆく人に」と詞書きがついています。「神国の　糸引きはえて　えみしども　まつろひきねと　わがせとけかし」。横浜交易への進出と日本国家の商業的発展を結びつけた歌です。反対している歌ではまったくありません。この奥村邦秀という飯田町の若き重立は、飯田町の中で最初に平田国学に入門します。安政六年一一月のことになります。

（4）万延元年第二回横浜交易

前年一〇月、江戸の気吹舎に篤胤没後の門人として入門した間半兵衛と馬嶋靖庵は、次の年も横浜交易に赴きます。気吹舎で止められたわけではないことが、ここでもわかります。意気揚々として行く。ただしこの時には、間と馬嶋は一緒には行っていません。馬嶋は三月七日、少し早めに行っています。間半兵衛は、自分の弟九三と行くのが閏三月二一日。第二回目の横浜交易には馬嶋は長期には横浜に滞在しませんでした。四月二二日には、馬籠を通って中津川に戻ります。ただ一人で通るわけではありません。馬に千両箱をつけて通ります。二四〇〇両。大脇兵右衛門にどう言ったか。「生糸値段、売上は多分利得の趣き、小判も三両二朱ぐらいにて候」と馬嶋は語っているのです。四月段階では生糸交易も順調でした。また、幕府が小判流出を阻止するために貨幣改悪の最中、そのため以前の良質な小判を商人たちが買い集めている、その投機にもこの人たちは関係しているのです。

しかし、結局第二回目の横浜交易は失敗しました。この年の一〇月一〇日、間半兵衛と弟九三は馬籠に寄って中津川に帰ります。伯父さんにどう言ったか。

> 横浜交易所にて糸商いに相成り候処、最初は利分沢山に有之候えども、ドル銀追々と値下げに相成り、莫大の損分相掛かり、其故拠なく長滞留に相成り、やむを得ざること、江戸表にも罷り出で、掛け合いつけ候えども、ドル銀漸々三十二匁ぐらいのところに仕切り、始終の損分に罷り成り、よって思い切て五日江戸出立

と語っています。

四月段階でこの横浜のメキシコドルの相場は銀四四匁、それがぐっと下がって三二匁ぐらいにしかならないという大損失。いまでいえば、ドルとかユーロのあの為替差損とまったく同じ経験をこの人たちはしたのです。世界資本主義を相手にした交易の困難さ、その容易ならない困難さを間半兵衛は痛感したに違いありません。

（5）文久二年時の状況

少し硬い言葉を使いますが、世界資本主義に巻き込まれた日本は、国内市場をそれに対応させるために、松方デフレが終わるまで長期の過渡期に入り始めました。生糸の値段が上がると同時に、生活物資もご存じのように高騰し始めます。開港が原因だとの反応は当然のごとく出現し、そして交易に対する反対論も、それまで国内政治にまったく関心を寄せてこなかった一般民衆の側からも強く出されるようになりました。幕府は軍事力をバックにした国際政治の圧力のもと、やむなく安政五ヵ国条約を締結したのですが、外を立てれば内が立たない、という事態に直面します。今度は内政をいかに立て直すかということが主要な課題となってきました。朝廷との分裂を修復し、再度、公武合体・朝幕一致体制を作らなければならないという緊急性より、桜田門外の変直後から皇女和宮降嫁の交渉は幕府と孝明天皇・朝廷との間での最大の課題となります。

条約面でも江戸と大坂のマーケットを開く、あるいは、兵庫と新潟の港を開くということを認めたら、国内の反発はさらに収拾しようがなくなるという危機意識から、この一八六〇年七月からプロイセンのオイレンブルグ使節が横浜に来て条約締結を求めても、このオイレンブルグの要求を頑として飲まなくなりました。この苦境の中で、文久元年末の開市開港延期交渉と歴史学ではいわれていますが、福沢諭吉も加わった遣欧使節が派遣されることになります。気吹舎でもこのような国内の状況をふまえた上で、交易に対する厳しい考え方を徐々に、この万延元年の後半からとることになりました。政治に影響されての態度表明です。

間半兵衛という人は二度目の失敗から、三度目に横浜には行こうとしなくなります。ただし気吹舎の硬化していく姿勢に同調したかというと、必ずしもそうではない、ということが私にとって極めて興味深いことです。時期も時期、文久二年一二月一七日付の、江戸城で将軍家茂（いえもち）が勅使三条実美に奉勅攘夷の請書を提出した後、この時点で武州児玉郡の坂本彦左衛門という横浜交易を営んでいる人物からの書状が間家にあります。

この度買い取りに相成り候曽代糸（これは美濃の糸です）五百十枚より二十枚までに、売り込み相成り候やに察し奉り候、益田糸（これは飛騨の糸です）の儀も四百五十枚より四百六十枚位には、売り込み相成り候やに存じ奉り候、左候えば飯田糸に作り直しの儀も、四百八十枚より九十枚位には売り込み相成り候やに察し奉り候、先だってお頼み申し上げ候曽代糸、十六梱早行江戸着に相成り候様、御取り計い下さるべく候、跡荷物十二梱の儀も、正月四日出しにてお送り下される様、御対談に御座候

となっています。間半兵術はこの武州の生糸横浜交易商人を介して、横浜貿易をしっかり続けているのです。他方で幕府の文久改革に賛成し、長州藩と深く結びついて国事運動もしているのです。彼の考えではサムライはサムライとして、日本の独立を守る戦いをしろ、自分は商人として貿易によって国の富を増大させるという論理をとっていたと史料の中から私は考えています。そしてこのような行動をとっている間半兵衛は、気吹舎から破門されることはまったくありませんでした。中津川の門人拡大の働き手として、また気吹舎出版物資金提供者として数十両から百両という金を出すのです。気吹舎は深く間半兵衛に感謝しているのです。

（６）尾張藩の中津川交易商人処罰

むしろ処分してきたのは中津川を支配している尾張藩の方でした。横浜開港当初は、交易をするな、交易

は悪いものだ、などとはまったく言わない藩だったのです。安政大獄で徳川慶勝が隠居させられ、代わりに藩主になった徳川茂徳は幕府政策の忠実な実行者でした。文久三年九月になって、尾張藩の内紛により、この茂徳に代わって慶勝の子元千代が藩主になります。この時はじめて奉勅攘夷の幕府政策を適用しようとして、横浜交易に従事した中津川の商人を処分することになるのです。法律を作る前に行ったことを作った法律で処分する、近代法にはありえないやり方です。そして文久三年一〇月、問半兵術は三〇日間の閉門に処せられました。

(7) 京都への生糸売り込みと禁門の変

間半兵衛は、国がそういう貿易をしてはいけないという方針をとった文久三年からは、幕府の方針をうけて横浜交易に関係することはしなくなります。しかし生糸交易を止めたかというと、全然やめていないのです。京都に池村久兵衛という染物屋の平田国学者がいました。この池村久兵衛は通称伊勢久と呼ばれて、間半兵衛と非常に関わりの深い人です。それが文久三年一一月、八・一八クーデタの直後ですが、次のような手紙を送ってきました。

> 諸品益々高値、なかにも呉服糸類、別して大高値、近辺にも残り物御座候はば、五ヶにても十ヶにても、お買い入れ御登せ下されたく、尊王の有志がかようの儀申し上げ候ては、お聞き取りも如何と存じ候えども、当時の形勢にては、冬中または早春位までは静か、変事有間敷候と見込候

京都には諸国の大名とサムライが未曾有の数で結集しています。式服がいる、礼服がいる。そこで生糸で

す。外国貿易で殺される危険を冒して横浜に生糸を積み出すよりも、よほどここ京都の売り値の方が上がってしまっているのです。文久三年一二月の伊勢久の「横浜に有之候糸、追々入京仕るべくと専ら噂致し候」という書状からもその様子はうかがえます。

間半兵衛は京都の伊勢久と手を組んで、数千両の金を集め、生糸を美濃どころではなく、信州また良質の糸ができる甲州にまで買いに行きます。そして、この中津川での生糸買い入れを一緒にやるのが、明治になると中津川最大の製糸業者になる勝野製糸の勝野七兵衛、屋号大坂屋七兵衛が間と組んで動くのです。ただし、この京都に登せた糸はどうなったのでしょうか。それは禁門の変、元治元年七月一九日のあの京都大火ですべて燃えてしまいました。

（8）条約勅許と交易意欲

孝明天皇と朝廷は、幕府こそが国内政治でも国際政治でも主導的に能動的にイニシアチブをとらなければいけないと期待をかけていました。しかし客観的には、幕府も、またその膝下にある諸藩も依拠することはできなくなりました。鎖港など夢のまた夢ということが、歴史の展開のなかで理解されるようになります。そしてその最後の仕上げが、慶応元年一〇月五日でした。大坂湾に連合艦隊が結集する中で、結局誰も頼むことができなくなった孝明天皇が、万策尽きて条約勅許をせざるをえない一〇月五日になりました。これ以降、歴史の新しい展開軸は薩長同盟による万国対峙の時代に入ります。

この慶応二年九月当時、堺に北辰一刀流の剣術使いが道場を開いていました。宮和田又左衛門光胤（みやわだまたざえもんみつたね）という、下総相馬郡の剣客です。息子勇太郎は足利等持院事件で伊勢の菰野藩に幽囚されており、自分の妻と一緒に堺に来て生活し息子の安否を確かめていたのです。この又左衛門も平田国学者で、出は相馬郡宮和田村の名主、しかも旗本用人をやっていた才覚ある百姓でもあります。その彼が九月に伊勢久に手紙を出しているのです。どういう手紙を出しているのでしょうか。

この程、堺より酒醤油長崎に積み出しのところ（長州戦争が勝海舟の斡旋で休戦になりました。下関封鎖が解除されたのです）、残らず下関にて長崎より高値で買い取られ、酒は如何程にても後積み来たり申すべき旨申聞かされ、堺に帰りし趣きも承り申候、よっては品によりお取りはからい方も御座候やと存じ奉り候間、右通舟の件、商用でき次第、中津川間氏まで早速お知らせ成しくだされたく、願上げ奉り候

堺から中津川には直行の飛脚便がないようです。京都にはあります。京都の伊勢屋に、下関に酒を持ってゆけば高値で売れるということを中津川の間に伝えろというのです。酒をどう持っていくのでしょうか。木曽川を下して名古屋に持っていき、名古屋から堺に回さなければなりません。たいへんなことだと思うのですが、ただし商機があるとすぐにお互いに連絡し合う、その機敏さ・敏速さには舌を巻きます。幕末期の百姓や商人出身の平田国学者というのは、このような人々でもあったということを念頭におかないと、歴史を認識する上で大きい誤りを犯すことになると私は思っているのです。

（9）勝野製糸と横浜

先ほど言った明治維新以降発展する勝野製糸、今はアピタという大きい建物にかわっていますが、中津川の一番いいところに製糸工場を造り、そしてこの勝野製糸の史料は横浜開港資料館がきちんとお持ちになっ

ています。それだけいい製糸工場だったのです。

間半兵衛は明治になると製糸業には手を出しません。ただし弟の野呂万次郎という人物が、すこし西の御嵩という町に養子にゆき、そこで野呂製糸という大きい製糸業をはじめ、明治二三年には水車仕掛けの工場を造ります。勝野製糸は昭和恐慌で潰れますが、この野呂製糸は作っていた生糸がよほど良かったのでしょう、昭和一七年企業整理でやむなく野呂製糸の操業釜数の権利を譲渡するその時まで、二〇〇名の従業員を使って優秀な生糸をこの横浜に売り込んでいました。

おわりに

『夜明け前』という小説は、島崎正樹という誠実でしかも愚直な平田国学者の軌跡としては極めて深く書き込まれたものになっています。今後も私の座右の愛読書になりつづけるでしょう。ただし、島崎正樹を主人公にすることではなく、彼もその一員とした『夜明け前』世界そのものを、伊那谷、木曽谷、そして東濃というこの『夜明け前』世界の人々を、集団論としてつかまえようとする時には、この『夜明け前』という小説のもっている歴史の能動的動きが、その数倍数十倍のダイナミックさをもって我々に迫ってくるでしょう。これが、私が十数年間、この地域に入って調査してきた率直な印象です。ご静聴ありがとうございました。

二　松尾多勢子と平田国学

はじめに

ただいまご紹介いただきました宮地です。このような記念すべき日にお招きいただき、ありがたく存じております。

私は出身がこの信州ではありません。また、平田国学というと、日本古代文献の研究者か、あるいは宗教としての神道や神葬祭を研究する者が関心をもつように思われがちですが、私は国文学の人間でも宗教史を勉強している者でもありません。私が平田国学に関心を寄せるようになったのは、私の専門の明治維新史とかかわっているからです。

ご存知のように、幕末維新史というと、長州では吉田松陰や高杉晋作、薩摩では西郷隆盛や大久保利通、土佐では板垣退助や坂本龍馬となります。その内の龍馬は郷士身分だったとはいえ、土佐藩では立派なサムライ、幕府側では勝麟太郎、しかもこの勝は微禄四一石取りとはいえ、れっきとした御旗本身分、皆サムライなのですね。明治維新後も、したがって藩閥権力とよばれ、薩長土肥（前）の士族集団が権力を独占し、その結果、自由民権運動がこの信州も含め全国的にくりひろげられ、その巨大な圧力のもと帝国議会と帝国憲法が不十分ながらもようやく出来ました。

しかしながら、明治維新は果たしてサムライ階級だけでおこされ、成功したのだろうか？　私はもう少し、日本全体にかかわる大変革として、ペリー来航以降の幕末維新をとらえられないだろうか、私の父方も母方も百姓出の家だからかも知れませんが、そういう気がしていたのです。

ところで、サムライがなんら関与しないのに、幕末から維新の時期にかけ、異常なまでに活発な地域が日本に一つあります。それがこの伊那谷、西の木曽谷、そして岐阜県東部、即ち東美濃で、あちらでは東濃(とうのう)といっている、これらのまとまった地域だけが、どうもおかしいのです。島崎藤村の『夜明け前』を読んで、なんとかこの地域のことを調べられないかと、かねがね思っておりました。

思っているとなんとか叶えられるもののようで、ある時私が日頃の思いをしゃべっていたら、「それなら私が紹介してあげる、みんな親戚なのよ」という女性が現れました。中津川の旧家出の菅井深恵さんという方です。文字通り、この女性の「お導き」で、中津川と馬籠につれていってもらい、ほうぼうのお宅で大切に保存されてきた幕末維新期の貴重な史料を見せていただきました。

これは面白い、『夜明け前』は歴史文学の傑作ですが、史実はこの小説よりも何層倍もダイナミックであることが教えられました。史料を読むことの醍醐味は正にここにあります。私は菅井さんの「あすこもここもみんな親戚なのよ」という話が当初半信半疑だったのですが、実際に調べ出すと、今回の松尾多勢子もそうなのですが、この伊那谷から東濃にかけては、当時の地域の重立(おもだ)ち、つまり名主・庄屋、宿駅の本陣・問屋の家々というものはなん世代もかけて、お互いに結婚し、養子のやりとりをして、正真正銘、「あすこもここもみんな親戚なのよ」という事態を創り出していることが、改めて認識させられました。悪いことは続きますが、いいことも続くようですね。一九九八年夏に「お導き」で中津川と馬籠の調査を開始しましたが、二〇〇一年秋には、東京代々木にある平田神社の平田国学関係史料、一般には気吹舎(いぶきのや)史料とよばれているものが、きちんと整理するなら、見せてもいいということになり、早速この仕事に取り掛かりました。

平田神社に伝わってきたこの膨大な史料は、実は一八六八年、明治元年に、江戸開城のため江戸が火の海になるのではないかと心配した伊那谷の門人たちが、人と馬とを動員し、江戸の平田家から、座光寺村の北原稲雄さんのお宅にまで運び込み、五年後、政情が安定したあとで、一点の紛失物も無く平田家に返却した正に同一の史料を、一三〇年後に、私たちの研究グループが、もう一度整理し、目録を作成することになった訳です。

このような流れで平田国学の史料を見てきましたので、伊那谷に現存している史料に関しては、高森町の資料館にある片桐春一郎史料及び下伊那教育会が管理されている市村咸人先生の蒐集史料以外は未だ調べてはおりません。以上のような調査結果を踏まえ、二〇〇四年八月に飯田市で「下伊那の国学」と題してお話しましたが、本日は松尾多勢子に焦点を絞っておしゃべりさせていただきます。不十分な点・不正確な点は、のちほどご教示いただきたく存じます。では、本題に入ることにいたしましょう。

(1) 松尾多勢子の取りあげられ方

松尾多勢子(たせこ)と私どもは呼びならわしていますが、当時の多勢子さんの書かれたものには、実家の竹村姓が使われており、「竹村たせ子」となっています。近代に入り戸籍制度が法制化され、結婚した夫の姓を名乗ることになったので、松尾多勢子といわれるようになったのです。フェミニストの方々は、家制度のせいだ、封建制だと非難されるかも知れませんが、中国でも朝鮮でも、女性は結婚してももとの姓のままなので、私は必ずしも夫の姓を名のることは古くさいもの・封建的なものを押しつけられたのでなったとは考えていません。日本的ななにかが、そこには働いた結果だと思いますが、事実としては、ご本人は明治初年までは竹村姓を名乗り、そう自署していたということだけは、前以て述べておきます。

松尾多勢子という女性は、明治維新後、戦争が敗戦で終わるまでは、それなりにもてはやされた方でした。

女性でありながら勤王の志厚く、京都で国事活動に奔走し、岩倉具視の深い信頼を獲得した郷土の偉人だ、という形で盛んに宣伝されました。市村咸人先生の『伊那尊王思想史』は、きちんと史料を踏まえた抜群の良書ですが、時代柄か、そのような色彩をやはり帯びたものになっています。

敗戦後は、戦前戦中に持ち揚げられ、日本の国家主義・軍国主義イデオロギーに動員され利用されたものは、総て悪いもの、検討するに値いしないものとされてしまい、誰も見向きもしなくなりました。

さらにまずいことには、戦時中の軍国主義・ファシズムの淵源は総て明治維新にあるとして、明治維新が害悪のみなもととされ、それをくつがえす目的の民権運動が挫折した結果が天皇制国家なのだ、とされる傾向が強くなり、松尾多勢子は勿論のこと、平田国学に対しても、品の良い表現ではないのですが、誰も「鼻もかけなく」なりました。

しかしながら、このようなものの考え方、総てをその出発点に原因をなすりつける日本人がよくやるやり方は、結果論的なやり方であり、それが原因ではないところにまで遡及させる遡及主義的なやり方だと、私は常々思っているのです。軍国主義が創られたのは明治初年では全くありません。明治一〇年の西南戦争で官軍を支援した日本人は多くありませんでした。多くの人々は藩閥官僚軍よりも西郷軍を声援していたのです。

だからこそ、戦争直後に徴兵忌避の傾向が極端に強くなり、それは徴兵する兵隊の身長基準を引き下げざるを得なくなる程になったのです。軍がその力を増し、天皇の統帥権を自己の利害のため利用するようになるのは、日清戦争後、つまり日本が大陸に植民地と勢力圏を獲得し、日本人自身が経済的政治的に、これらの地帯に結びつきはじめた時以降のことです。

他方幕末維新変革は、日本の独立を守り、それを確立するためのものでした。植民地獲得とは何の関係もありませんでした。逆にこの当時の日本人は、英国から独立した英国植民地アメリカの独立戦争の歴史と英雄ワシントンを、今日の日本人どころではない正確さで知っていたのです。歴史というものは、広い視野で見なければ、本当に理解されるものではありません。不当に無視され続けてきた松尾多勢子を日本史の中にきちんと位置づけ、立派な伝記を書いたのは、日本人の女性研究者ではありませんでした。米国人のアン・ウォルソールさんです。彼女は『たおやめと明治維新』を英文で一九九八年に出版し、その翻訳書が二〇〇五年に刊行されました。

アンさんの問題意識は、戦後の日本人歴史研究者よりとても素直なものです。封建制を打破し、国家を独立させ近代化させるには、いかなる国家でも多大な犠牲を払っている、そのほとんどは男性であるにしろ、どんな国でも自覚した少数の女性がこの大事業に貢献している、日本人で突出しているのは松尾多勢子なので、この女性を研究してみようというものでした。広い視野と正確な問題設定そのものが良質な研究を生み出す、その好例がアンさんのお仕事だと私は評価しています。

私は以前からいってきた標語に、「論文五年、史料百年」というものがありますが、これだけでは史料に基づき史料を踏まえた歴史研究の座右銘には足らないと、最近では、このモットーに加えて、歴史研究をするものが決してしてはならないこととして、「浅知恵・後智恵・世界史の無視」という標語を、なによりも自分自身を戒めるため、呪文のように唱えているところなのです。

(2) 多勢子が現れる前提（一）「夜明け前世界」の特質

優れた女性というものは、凡庸な社会から突然変異で生まれるものではありません。土壌というものがあります。松尾多勢子という女性を歴史的にとらえる場合には、二つの土壌を踏まえなければなりません。

第一は、この伊那谷・木曽谷・東濃という一つのまとまった地域、私は「日本の青春地帯」と呼んでいる地域ですが、私のように全国各地の史料を見ながら維新を考えていこうとする人間には、とても特殊な地域だという印象が極めて強いのです。この「青春地帯」には、恐ろしいサムライの姿がないとはいいませんが、非常に乏しいのです。大きな城下町がありません。飯田にしろ高遠にしろ小藩です。あとは飛地か相給地（あいきゅうち）か旗本所領地です。この旧伴野村は尾張藩の支藩高須藩飛地伊那郡一万五一一九石の一つ、一〇二一石高の大村、高須藩は竹佐村に陣屋をおき、ごく少数のサムライで、この広範な飛地を支配しなければなりませんでした。

また下伊那には市田村に陣屋を置いた奥州白河藩の飛地が一万四〇〇〇石もありました。陣屋の人数はこれまたとても少数です。

私が最も驚いたのは、尾張藩の重臣で、かつ旗本の千村平右衛門家の伊那谷支配の形でした。伊那郡で数千石を旗本として支配し、その代官所を飯田城下の荒町においていましたが、本来は榑木（くれき）山支配のために役所が置かれていたため、支配の村々は上伊那では小野村、下伊那では甲州に近い大河原村、木曽路に近い清内路村といったように、山沿いにてんでばらばらに散在し、これで代官が支配出来るか、とびっくりしたものです。

しかもこのお驚きにはおまけがついていました。千村平右衛門家は尾張藩の重臣として美濃の久久利（くくり）に知行地をもっていました。支配下の村々の名主・庄屋は飯田の荒町役所で用が済まない時には、はるばる美濃久久利の千村家役所まで足を運ばなければなりませんでした。そうなると、どうしても中津川宿に昼休みとか一泊するかしなければなりません。清内路村の原信好も、大河原村の前島八郎九郎も、小野村の倉沢義随といった伊那谷平田国学のそうそうたる人々は、国学に入る以前から、政治的にも経済的にも中津川の本陣市岡長右衛門殷政、酒造家で問屋となる間半兵衛秀矩といった人々と面識となり懇意にならざるを得なかったのです。意外と人々の結びつきは、当時でもこのような広がりを持つことになります。

今、千村家のお話をしましたが、木曽谷と中津川を支配していたのち、千村家と同一の性格、つまり尾張藩の重臣でありながら、中山道の要所福島関所を幕府からまかされるという大任を旗本として負っていたのが、山村甚兵衛家でした。中津川は山村家の所領であり、山村家の出張機関が置かれていましたが、御他聞に洩れず、幕末期の山村家も財政的には窮迫しており、中津川の豪商たちに財政的援助を依頼し、無尽を組んでもらい、金の融通を受ける状態に陥っていました。

今述べたような支配の状態だったので、この地域の名主・庄屋、本陣といった人々は、自ら行政能力を発揮し、村民たちを武力無しに納得させなくては、領主への仕事を努めさせることは全く不可能でした。どのようなことを話せば相手が従うのか、ということをいつもいつも考え、そのための勉強をしていなければなりません。小前百姓や宿駅の人々も、以前のように、家柄で平伏するような弱腰の者はいなくなってきました。実力行使することも稀ではなく、一揆をおこされたり打毀しに遭っても、直ちにサムライの大集団を呼び寄せることは不可能です。

このような、いわば修羅場の中で鍛えられるレベルの高い村落指導者層というものが、歴史的に必然的にこの地域に形成されていきました。そして、このような人々に頼ってこそ、大名とサムライたちは、はじめて年貢を取り、夫役を徴発することが出来たのです。

近江の平田国学者西川吉輔がいみじくも表現しているように、伴野村の中で国事周旋家がかくまわれていても、そこは高須の領、「軽輩は察せず、重役は察して咎めず」ということになり、これが「夜明け前の世界」の実態となっていたのです。決められた年貢と夫役以上のものは、領主とサムライは余程の理由がつかない限り、はたりとることは出来ず、その他のことには目をつぶるという状況だったということを押さえておいて下さい。

（３）多勢子が現れる前提（二）歌と国学

ここで述べた村々の重立ちの人々が歌、つまり和歌を詠むような時代になってきたことが第二の前提になります。いうまでもなく和歌は日本人の伝統的な文芸であり、古代から詠まれてきましたが、村々の重立ちが詠むようになるのは、地域の経済的発展と関係し、江戸時代でもそれほど古い時からのことではありません。市村咸人先生の御本でも、伊那谷にどのような歌人が出たか、いかなる人々が和歌の指導者になったかということが詳しく書かれていますが、広まったのは近世後期、一九世紀に入ってからのこととされています。今でしたら、歌の好きな人は新聞に投稿したり、ＮＨＫに投書して放送で自分の歌と名前を読んでもらうというやり方になっていますが、この時代には地域にサークルが出来、中心的な人がその歌会を主催し、繰り返しお互いに歌をつくり、見せ合い、競争する中で歌詠みとしての腕を磨いていきました。そして地方を遊歴する著名な歌人が来れば、歌会に来てもらって指導してもらい、当然謝礼を払うということも出てきます。

中津川にある史料ですと、一八五〇年、嘉永三年、有名な放浪歌人で万葉集の専門家でもあった安藤野雁（あんどうぬかり）という人物が中津川に滞在し、島崎正樹と間秀矩（はざまひでのり）の歌の優劣を裁定していますが、このような不断の訓練が参加者の力量をグンと引き上げていったのです。

この歌のことで、いくつか注意すべきことがあります。現在ですと、歌は好きな人はつくるし、関心のない人は見向きもしませんが、当時は婚礼の時、古希の時、人の亡くなった時など、なにか人生の節目になる時には、歌を短冊に書いて相手に渡すのが一つの礼儀であり、重立ちとしての一つのたしなみとなっていました。それは直ちにつくらねばならず、また、短冊に書く際は、この文字の美しさも一つの試金石となってきます。うたづくりにいやおうなく励まざるを得ないということになる訳です。

次に、歌は男性の独占物ではありません。伝統文芸として小野小町や和泉式部など、女性が和歌の出発点から深く関わっているものであり、まして人生儀礼・年中行事に関しては、男性以上に心を配らなければ面目の立たないのが女性でした。この歌会にはその亭主役の家の妻も出、娘も出、またこの歌会には他所の家の女性も参加しました。そして歌をつくる能力には、男性と女性に差がある訳ではなく、力量のある女性の作であれば、男性もそれを認める、そのような開かれた席が歌会の席でした。この中で歌の大好きな多勢子が忙しい育児や家事の差配、養蚕、製糸、機織のあいまをみつけながらその力量を磨き、磨けば磨くほどその力量をさらに向上させたいと願うのは、人の心として至極当然のことでした。

あと一つは、歌の道が国学への道を開いていく、ということです。歌の出発は、いうまでもなく万葉集であり、そして古今・新古今と続きます。いかなる和歌といえども、この伝統と断絶することは出来ません。自分の「てにをは」はこれでいいのか、正しい掛り結びはこれで大丈夫か、格変化はこれで正確なのだろうか、この言葉は何を意味したのか、万葉仮名の「を」はどんな字を書けばいいのか、といった歌を創作する実践そのものが、国学の勉強と国学の師匠を必要としてきます。特に幕末期は、人々の気持ちが昂揚し、五七五七七の三一文字では自分の感情を表現するには足りなくなり、特にある事柄をうたいあげよう、ある事件を叙事しようという場合には、長歌をつくる技量と、その長歌の真珠の結晶としての末尾の反歌をいかにつくりあげるのか、という課題をかかえることになり、万葉集の本格的な勉強をしなければなりません。歌を見事に詠み、歌を作る人々を指導し、しかも国学に造詣の深い人物が、この歌会の社会から強く求められてくることになります。

（４）岩崎長世という人

ここで岩崎長世という歌人で平田国学者でもある人物が登場することになります。市村先生の御本にも詳しく書かれていますが、この伊那谷に来たのは嘉永期頃、はじめは能楽とか笛とかを教えていたようです。しかし飯田に定住したというわけでなく、先程の安藤野雁同様、遊歴の歌人で芸能者、そして平田篤胤生前からの古参の気吹舎門人でもありました。ですから、居る場所は甲州でもあり、江戸でもあり、越後でもあり、京都でもあるのです。それに伴侶も同行している、今日では既に考えることの出来ないスタイルで生活をし、しかもこのような遊歴の夫婦ものを、一週間でも一ヶ月でも泊めて世話する在地の豪農豪商たちも各地に出て来た時代でもありました。

私が調べた限りでは、この伊那谷で本格的に歌の結社に入って指導を始めるのは、一八五六年、安政三年頃からではないでしょうか。それ以前には歌に関しては今のところ史料が見当たりません。ただし歌の指導と平田国学の普及を岩崎はきちんと区別していました。関心のない人々には話しても受け容れてもらえないものだからです。

（５）平田国学と「夜明け前」の人々

平田国学というと、篤胤が彼の復古神道の基礎を築いたのが一八一〇年から二〇年頃ですから、随分と年はたっていますが、一八四〇年、天保一一年一二月、幕府から著作禁止、秋田への追放となったように、「儒教仏教無しにも国は治まる」とし、日本の上代に理想世界があり、それが儒教と仏教の伝来により堕落させられていったとする復古神道の考えとその普及は権力側から危険視されつづけていました。それが変化し始めるのは世界史そのものが変化していったからなのです。

まず一八四二年、アヘン戦争により大清帝国がイギリスに大敗すると、それまで大名とサムライ階級の支配イデオロギーであった儒教の学問的権威が動揺し出しました。「孔子・孟子の教えで日本は維持出来るのか」、深刻な自己反省と自己への問いかけが開始されます。

さらに一八五四年、嘉永七年、日本はアメリカの軍事的圧力の前に鎖国体制が維持不可能となり、強制的に開国させられました。この時からアメリカはどこにあり、イギリスはいずこに位置するのだ、ということを探求する「世界地誌」の時代が始まります。その中で西方極楽浄土の世界といわれ、お釈迦様が誕生し、有難い教えを広めた仏教の聖地インドという国は、実はイギリスに侵略され、全土が植民地にされてしまっているという事態が日本人全体の知るところになりました。仏教の教えに対する大きなダメージとなります。

では、儒教でもダメだし、仏教の祖国がキリスト教国のイギリスに支配されてしまったならば、日本人は何を精神的拠りどころに、この恐るべき欧米列強の圧力と闘い日本を守っていかなければならないのか、真剣で深刻な自問自答の時代に入りました。

とはいっても、このペリー来航の時代に伊那谷や中津川に平田国学が広まった訳では全くありません。ペリー来航に対し毅然たる態度をとり、日本を守る責任を負っているのは、国を守るのは我等の責務と、それのみを理由にして重い年貢と夫役を取り立てているサムライ階級なのです。ということは、この時期、平田国学に関心を寄せる人々にはサムライが多かったということを意味します。西郷隆盛自身は平田国学に入門はしませんでしたが、江戸の気吹舎に初めて顔を出すのが、ペリー艦隊が条約を結んで江戸湾を引き揚げた直後の一八五四年四月であり、その後も三度ほど、薩藩士の入門者をつれて気吹舎を訪問しているのです。

この伊那谷でも、最初の入門者は一八五七年、安政四年、山吹村旗本座光寺家重役片桐春一郎でした。彼は一方で豪農的生活をしているとはいえ、他方では旗本重役、いざとなった際、戦闘出来る軍勢をつくっておかなければなりません。この軍事改革問題がからんでいたからこそ、この地域最初の没後門人となるのです。

私は、『夜明け前』の人々の入門状況からして、そのきっかけは一八五八年、安政五年三月の孝明天皇の態度だったと考えています。つまりハリスの開国要求を単独では拒むことが不可能と判断した幕府が、孝明天皇に条約勅許を求めたところ、逆に勅許せず、諸大名の意見を取り纏め、再び伺いに上京せよとの、条約勅許不可の勅書が出されたことにあると思っているのです。

こうなると、それまで空気のように、天子様と将軍様が一体となって「御公儀」があると思い込んでいた村落指導者層が、日本の国家意思を決めるのは一体誰なのだ、ということを自分で考え自分で判断しなければならなくなります。日本という国のなりたちと、それが今日どういうことになっているのかという自問自答の努力は、同年六月一九日の無勅許条約調印、八月八日の水戸藩への密勅降下、九月から全国展開する安政の大獄という、江戸時代未曾有の国内政治の大動揺により、より真剣なものとなりました。客観的には、このような状態を前提に岩崎は見どころのある自分の歌の弟子たちに、平田国学の基本文献を紹介し、儒教・仏教伝来以前の日本の理想の姿を学ぶ「古道学」への学習を勧めていくのでした。

さらに、この平田国学の普及は、一八五九年、安政六年六月からの横浜開港もからむことになります。開港によりもうけ口が出現したと、中津川の間半兵衛秀矩と姉婿で漢方医の馬嶋靖庵は、大量の生糸を仕入れ、横浜に出、同地で外商と交易し、その帰路江戸の気吹舎に自身で出頭し入門するのです。なぜ生糸貿易をする人間が入門するのか？　この二人も岩崎から歌を習い平田国学を学び始めていました。しかし横浜で世界を股にかけて活動してきた外国商人とちょうちょうはっしと駆け引きをする中で、日本は容易ならざる相手と商売をするようになりました、このような外国に負けないために日本はいかにあるべきか、商人の私的利益追求が、日本国家にとっての善、よきこととなるのはどのような関係においてかが、改めて彼らに鋭く提起されたのです。問題はより深い処に据えられました。

そして、間半兵衛たちの仕入れた生糸の中にはここ伊那谷の生糸も多く含まれていたことからすれば、この問いは伊那谷の人々自身の課題にもなったのです。他方、気吹舎も、この時点では交易反対の態度を未だとってはいませんでした。入門後の間半兵衛は翌一八六〇年、万延元年に入っても、大量の生糸を仕入れて再び横浜に赴くことになります。

(6)『古史伝』刊行の意味

理想社会としての日本の上代にいかに復古するか、別の表現を以てすれば「新しきいにしえ」をどのようにしたら、支配階級ではない自分たちが創り出せるのか、この真剣な問いかけの中に松尾多勢子もいました。伊那谷でサムライではない百姓身分で、はじめて気吹に入門するのが、一八五九年、安政六年一月の清内路村の原信好、翌二月には座光寺村の北原稲雄、この年一〇月に間半兵衛と馬嶋靖庵、そして翌一一月には間に生糸供給で協力した飯田町の奥村邦秀、翌年の一八六一年、文久元年八月には多勢子が北原稲雄の紹介で入門します。普通でしたら、今日でも、つれあいが入ってからなら私も、ということになるでしょうが、夫の佐次右衛門は入らないまま、一八六三年、文久三年三月、岩崎長世の紹介で多勢子の長男松尾誠哉や、山本村の実家竹村家の跡を継いだ次男の竹村太右衛門が入門します。多勢子の能力を認め、束縛しなかった夫佐次右衛門の存在は忘れてはならないことだと私は思っています。

「夜明け前世界」の人々にとっては、平田国学というよりは復古神道の教えを広める方法は、篤胤著作のうち、未だ刊行されていないものを出版させるのに自分たちが協力することだと、意見が一致するのです。

このことは今日でも続いていますが、学術書の出版は困難な事業で、本屋さんの喜ぶことではありません。気吹舎の出版物は、それ以前も総て門人や支援者の財政援助ですすめられ、さらに出版では数百両の借金がかさみ、平田家はながらく多額の借財で苦しみ続けています。しかも仏教が国教、儒教が国定教学という時代にあっては篤胤の本でも儒教・仏教を正面から批判したものは、要望があっても出版を控え、写本でのみ流通させていました。

ただし、この「夜明け前世界」の人々の出版支援の時期には、時代状況が大きく変化し、より自由に復古神道と平田国学が普及出来る時代に差しかかってきていました。したがって一八六二年、文久二年八月に作成された『古史伝』刊行助成者募集の文章には、「神代の事実を拝し奉り、神に、君に、国に、親に忠孝の道を発し、各(おのおの)御姓名を顕(あらわ)さば、恐れ乍ら天皇命(すめらみこと)の大御手(おおみて)に触(ふれ)させられ、何国何郡某所の何某はかく古道に志(こころざし)あり、御国恩を思ふ者ぞと、叡慮(えいりょ)に叶い申す可(べ)し」と、呼びかけ人の気持ちを正直に吐露しています。

松尾多勢子は始めよりこの『古史伝』第一帙(ちつ)の刊行に全面的に協力し、第一帙第三巻は座光寺村の中島小三郎、同村の佐々木宇佐衛門と多勢子の三名の提供資金によって出版費用がまかなわれ、第一帙全四冊は、一八六三年、文久三年七月に刊行されました。一帙当たりの総費用は慶応年間では百数十両という多額のものとなっており、この文久三年でも一帙数十両から百両程度に達していたのではないかと私は推定しています。自分の名前でこの金を出すことが、多勢子には可能だったのです。

（7）多勢子の率先上京

『古史伝』出版への多大の協力だけなら、「夜明け前世界」の人々の一員として位置づけられるだけになりますが、一八六二年、文久二年九月の多勢子の率先上京になると、話はそれにとどまらなくなります。少しその経緯を見てみましょう。

『古史伝』刊行助成者募集の呼びかけ人は、岩崎長世の他、座光寺村の北原稲雄、大河原村の前島八郎九郎、山吹村の片桐春一郎、清内路（せいないじ）村の原信好と、平田国学の伊那谷への導入者の人々ですが、あと一人は中津川に本籍を持ちながら、一八六一年、文久元年秋から伴野村に移り、松尾家の侍医的役割も果たしていた馬嶋靖庵です。彼は文久二年四月から一八六四年、元治（げんじ）元年七月まで、伴野村滞在中の漢文日記をつけており、それによると、多勢子が伴野村を出立したのが八月六日、行き先が「石曽根村」（実家のある山本村の字名、実家を指す）となっています。この段階で多勢子が京都に上る計画を立てていたかどうか、私にははっきりしません。実家にとどまったのち、八月末に娘の嫁ぎ先の中津川に赴きます。長女は本陣の市岡家に、次女は中津川庄屋肥田馬風の子どものところに嫁いでいますから、母親としては大きな顔をして、閏八月（この年は八月の次に閏八月がありました）一杯から九月一〇日まで、四〇日の長逗留をし続けていました。

丁度この時期、江戸では天皇と朝廷の圧力により未曾有の大変革がおこされていたのです。島津久光と薩摩のサムライに護衛された勅使大原重徳（しげとみ）が江戸に下り、幕政改革を要求、七月には将軍後見職に一橋慶喜を、政事総裁職に松平春嶽を任命させました。安政大獄で処罰された当の本人たちです。注意してください。当然無勅許で開港したことは「違勅行為」だったということを幕府自らが認めたことに論理的になるのです。追い打ちをかけるように、八月下旬、長州藩世子の毛利定広（もうりさだひろ）が、安政大獄以降、幕府によって処分された人々の総ての赦免と名誉回復を要求する勅書を江戸にもたらします。このような重圧を受け、幕府は閏八月二二日、参勤交代制度を三年に一回とし、人質として江戸に置かせていた大名の妻子の本国への帰国を許しました。江戸時代の平常のあり方が、上から下まで京都の圧力によって覆されてしまったのです。

京都と江戸の力が逆転し、京都が今後政治の中心となると、「夜明け前の世界」の平田国学関係者の中で、誰よりも鋭く感覚的につかんだ者が、数え年五二歳、長男に嫁をとり、息子夫婦に家政を委せ、娘二人は縁づかせ、母親としての大任は果たしたものの、気力も体力も未だ十分余力をもっていた松尾多勢子だったのです。多くの人が反対したことでしょう。しかし多勢子は断固として上京する決意を実行に移しました。京都には何かが興っている、上京するのは歌の勉強だけではない、日本政治の大変動と平田国学でいう「いにしえへの復古」運動がうごき出したことを女性特有の鋭さで直感し、その動きを自身の身体でつかみとりたかったのです。

しかしながら、多勢子にとって京都の長期滞在はもとより初めての経験となります。この際、上京したら誰々に頼るとよいと、各処に紹介状を書き紹介の労をとってくれたのが間半兵衛でした。彼は二回の横浜行きで江戸の平田国学者と広く交わっており、また一八六二年、文久二年六月下旬、江戸から上る長州藩主一行と京都から急行してきた桂小五郎が中津川で今後の長州の政治方針を協議した時、井上馨や世良孫槌（気吹舎門人で間とは既知の人）も含めた長州藩の人々と彼は深く接触していたのです。

多勢子は九月一〇日、間の紹介状を携え、得意先を伊那谷や中津川にもつ京都の染物屋伊勢屋久兵衛の番頭を案内役として京都に上り、到着直後の同二三日、半兵衛にこう御礼を述べています。

とうりゅう中、又たびだちのだんにて、いとあつう御心ぞへ給（たま）へられ候しは、海山いや申尽すべくも侍らず、（中略）京に行、せら様に御たいめんいたし、石州家中ふくは文三郎という人にもたひめつかまつり、大原さま・白河さまえ二十三日参代いたし候よふ仰、有がたき御こととぞんじまいらせ候、かかるみちは、ねがひつるところ侍れど、かうはやからうとはおもひよらず

文中の福羽文三郎は石見国津和野藩士で平田国学者、間の紹介状と多勢子が女性ながら気吹舎に入門しているということは、京都の門戸を多勢子に大きくときはなつことになります。

しかもこの九月二一日には薩長土三藩主の建白に基づき、攘夷を将軍に命ずる勅使が江戸に派遣されることが朝廷で決定され、翌一〇月、勅使三条実美江戸下向と、誰も想像も出来なかったことが次から次とおきていきます。政局の中心が京都に完全に移ったのははっきりしてきたのです。長州藩の人々は多勢子に心遣いをしてくれるし、京都商人で平田国学者の長尾郁三郎や近江八幡の平田国学者西川吉介とも親交を結びはじめます。平田国学というものが、多勢子にとって世界を広げる魔法の鍵になってきたのです。

しかしながら、これだけ京都に長逗留すると、中津川や伊那谷の男どもがなにやかやといい出したのでしょう。肥田に嫁いでいた次女のつがから、母親の行動が笑われていると述べた、母親を非難する手紙が、一一月下旬に多勢子のもとに届きました。その返事を多勢子は一一月二七日付でつがにこう出しているのです。

仰せのとうり、私のように京都へ参り、ふらつき候ようになり候ては御気のどく様、歌は何れ成ともよろしく、さりながら、私も歌のすきばかりにて、ただ今京都にてなんぎいたすとも思い侍らず、これはものずきと申候ような心いたし候、たんと御わらひ被下べく候、誠にみづから吾心しれぬように

> 思われ候、まづまづ気ちがいとぞんじ候、江戸人たちとも、さようのことなぞ申合、わらい申候

と開き直っているのです。昔も今も、このような手紙は娘から母親に出す性格のものでしょう。それが多勢子母娘の場合逆転してしまっています。それほど復古に期待する多勢子の心情は心からのものだったと私は考えています。

　事態はさらに前に進みます。一二月五日は、勅使に対し将軍家茂は「臣家茂」と自署した奉勅攘夷の請書を差し出し、日本全国に勅を奉じて攘夷する旨を触れ、二〇〇年以上とだえていた将軍上洛が一八六三年、文久三年二月と決まり、諸大名も家来を率いて続々と上京、気吹舎の当主平田銕胤（かねたね）も篤胤嫡孫平田延胤（のぶたね）も、年末から年始にかけ京都に到着、数多くの気吹舎門弟たちも次々と上京してきました。多勢子は毎日のように師の平田銕胤について京都の各所を巡り、一月一六日と一九日には、これぞ女性の特権でしょう、女性間でのなんらかの手蔓をつかみ、紫宸殿にまで登って、朝廷の節会の舞を見るまでになっていました。この一月一九日、中津川の二人の娘に、そのことを報告する手紙を送っていますが、その末尾には、

> 外にも思いよらぬ身のさいはい、いろいろ御座候へども、かえりの時と申残し候、今さらにいかでやむべき中々に、思いのぼりしやまときちがい、私のようなきちがいのやまいは、みなみな様、かならずかならず御よう心被成（なさる）べく候、此文みなみな様へ御めにかけ被下（くださる）べく候、母より

と結んでいるのです。最早勝負あったという感じの手紙です。

　伊那谷や中津川で上京に反対し、あるいは非難がましい意見を述べていた男性たちもシャッポを脱ぐほか

はありませんでした。あの岩崎長世も反対派の一人でしたが、中津川の市岡殷政にあて、一八六三年、文久三年二月七日、

多勢子刀自弥益御盛の由、ただ今にては御同様引留候は失策と覚申候、小生も見合、上京仕度渇望仕候

と書き送ることになります。岩崎はまた京にいる多勢子のもとに手紙を送り、

昨年は御出立のみぎり、御とめ申上候は今更おそかりしと後悔いたし候

と、謝罪しています。そして岩崎は直ちに上京するのです。

こうなってくると、将軍上洛、五カ国条約の破棄、列強が拒絶した際の軍事的対決という国内の興奮状態が「夜明け前世界」にも見事に伝播し、上京できる条件のある人々は次々に上京することになりました。中津川の間半兵衛とその愛娘お光、本陣の市岡殷政とその妻、間半兵衛の本家間杢右衛門家のあととり息子亀吉、伊那谷からは多勢子の長男の誠哉、次男の竹村太右衛門、さらに松尾家出入の飯田の久保田禎三の総人数八名は二月二三日、中津川から京に向けて出立することになるのです。

(8) 等持院足利三代木像梟首事件の政治的意味

みなさん御存知のように、この二月二三日八名出立の前日二二日、足利等持院事件がおこり、京都の大騒

動となります。今日では木像の首を抜くなど、平田国学関係者は稚戯に類した愚劣な行為を行ったと、馬鹿にするのが通例ですが、私はこのような判断は、先に述べた歴史的にものを考えない浅知恵の一例だと思っています。二月下旬、京都は将軍上洛をめぐって政治闘争が火花を飛び散らしながら展開しているまっただ中にありました。

朝廷がイニシアチブを握って将軍を迎えるのか、大軍を率いて上洛する将軍が京都の政情を一挙に逆転させるのかというツバぜりあいです。焦点は幕府の公約した攘夷の期日をいつにするのかにかかっていました。幕府としては一般的に誓約しても期日は決めず、状況次第というところに持ち込みたいし、対外的強硬姿勢を早急に確立すべきだとする長州藩激派や諸国から上京してきた草莽国事周旋家たちにとっては、将軍上洛以前に朝廷自身が攘夷期日を設定し、参内する将軍にその期日を勅命を以て下すべきだ、ということになります。

この異様に緊迫する京都政情の中で、激派のデモンストレーションが計画され、正に絶好のタイミングとして二月二二日が選ばれたのでした。殺人を犯したわけでは全くありません。前年七月以降の京都での天誅の嵐の中でも、京都町奉行所はなんら手を出すことは出来ず、「死骸の片付役所」と悪口をいわれていました。このようなこれまでの経緯から、事件にかかわった平田国学者の人々も弾圧されるとは夢にも思わず、二月二四日角田忠行は多勢子と嵐山で花見をし、二六日忠行は多勢子や岩崎長世と能狂言を観ているのです。のんびりしたものです。

しかし事態はこれまでとは異なってきました。京都町奉行所や京都所司代の上に新設された京都守護職会津藩主松平容保（かたもり）は、将軍上洛は三月上旬、京都の事態をこのままに放置しておくことは絶対に許されない、将軍を攻撃したり非難する勢力を厳重に取り締まらなければならないと決意を固め、京都町奉行の反対や朝廷内の反対を押し切り（この押し切りに数日かかりました）二月二七日、会津藩兵による強行捕縛に踏み切ったのです。誰も予想していなかった武力行使により関係者二名が殺害され、他の関係者たちは各所で捕らえられましたが、彼らと親密だった松尾多勢子は長州藩邸に機敏に逃げ込みました。これは前年九月以降、長州藩の有志者たちと親交を重ねていたが故に可能となったことであり、多勢子の賢さに感心すべきでしょう。他方『夜明け前』では暮田正香となっている角田忠行は素早く京都を脱して信州に逃げのびます。

多勢子の息子たち二人は間半兵衛と必死になって行方を探し、井上馨が間に立って、二人は長州藩邸で母と面会します。厳しい会津藩の捜索をかいくぐるため、大津には出ず、逆に大阪に出、そこから大和路に入り、名古屋からこの伴野村に戻ったのが、馬島靖庵日記では五月六日となっています。こののち多勢子の声望は高まりこそすれ、落ちることはありませんでした。あだ名は「勤王ばあさん」ではありません。「女丈夫」と呼ばれることになるのです。

（9）筑波西上勢と松尾家

多勢子という女性は決して出しゃばりではありません。自分でしか出来ないこと、自分の判断が他の人々と異なる時には、率先上京のように主体的に決断しますが、そうでない時には男性を立てます。翌年の一八六四年、元治元年一一月下旬、武田耕雲斎の筑波西上勢千人弱が天龍川沿いに下って来た時は、長男の誠哉を表に立たせました。

これも市村先生の御本で詳しく書かれていることですが、座光寺村の北原稲雄と今村豊三郎の兄弟二人が、武田勢とそれを迎え討たねばならなくなった飯田藩との間に入り、また、飯田城下の商人たちとも話をつけ、飯田で激戦となることを回避させ、飯田藩が幕府から委ねられている清内路の関所を開放させ、西上勢一行を中山道に赴かせる、飯田城下の商人たちからは、戦禍を免れることへの礼金として三〇〇〇両を武田勢に提供するという約束をとりつけました。中山道を西に行かせる上では事前に中津川の同志に連絡し、相互に相談し合っての働きです。

ところで、松尾家ではこの時角田忠行を匿っており、この角田も藤田小四郎と直接面会し、事が順調にはかどることに大いに協力していますし、松尾誠哉も北原兄弟に劣らず、この危機回避に尽力したとは、一一月二四日付の中津川の市岡・肥田・間三名宛の次の手紙からも明らかとなります。

一翰呈上、然ば東国義軍大勢、昨二十三日片桐宿にとまり、今二十四日駒場陣営屯申候、然処、小子今夜藤田小四郎殿へ拝晤を得、八月十八日以来関東義挙逐一拝承、実に愉快と申もあまり有之事に御座候、（中略）駒場駅より岩村へ御出陣の模様のところ、御地（中津川を指す）の時情追々申上、且尾張なと聊御懸念無之にもあらず、右に付、にわかに木曽路御通行の趣、（中略）いづれにも二十六日に御地泊と可相成候、右御動揺被成間敷、くれぐれ此段申上候、上京との思召のところ、御地にて京、大坂の時情等御内慮可有之、程能く御周旋願い奉り候

伊那谷の平田国学者総出の奮闘で、なんとか筑波西上勢を無事に生かしたいとの気持ちがひしひしと伝わる手紙です。この伊那谷・中津川のやりとりの中で、二六日は島崎正樹が本陣を勤める馬籠に一泊させるという花を持たせ、二七日には中津川で昼休みの大款待をおこない、しかも幕府からお咎めを受けないよう、中津川の市岡・肥田・間の人々は尾張藩より武田勢内情を探索すべしとのお墨付きを事前に貰っていたのです。

三〇〇〇両は結局渡されないまま、西上勢は中仙道を西に進むことになります。伊那谷と飯田の町の人々にとっては、飯田藩が迎え討ったら、当然城下は火の海にされてしまうところを、平田門人ということが武田勢からも信用され、彼らのお膳だて通りに清内路を通過、馬籠・中津川に出ることになったので、平田国学の声価は盤石の重みを持つことになりました。飯田藩では、そのような大胆不敵な政治工作は、逆立ちしてもなしとげることは不可能でした。しかも飯田藩は、藩そのものが、清内路関所を守る責任者二名に、西上勢を通過させよと命令しておきながら、幕府から厳しく糾弾されるや、二人の関所責任者に一切の責任を負わせました。その結果一人は切腹しましたが、あと一人は、あまりの藩の身勝手に怒り心頭に発し、息子と共に高野山にまで逃げ延びますが、藩の捕吏に捕縛され、飯田城下に引き戻された上、切腹させられることになったのです。伊那谷の人々は、「すまじきものは宮仕え」と、サムライ世界のご都合主義と非情さに、改めておじけをふるったはずです。

　等持院事件ののち、平田国学者に対する追及を厳しくした飯田藩により、飯田城下に滞在できなくなった岩崎長世は、一八六三年、文久三年七月飯田を離れて京都に上り、翌年七月の禁門の変に際し京地の借家が焼かれて大坂に移り、同地で大坂の町人たちを気吹舎に入門させる努力をしていましたが、その岩崎は、一八六五年、慶応元年三月七日付で、中津川の市岡殷政(いちおかしげまさ)に、こう手紙を送っています。

> 飯田辺浪士通行に付、下郷何(いずれ)もご両人、倉沢氏など周旋、誠に愉快の儀御座候、是又きらいの平田門人の庇護にて、災厄を免れ候儀は、君子の義に及ばず、ことさら金策違約など、沙汰の限に御座候、（中略）浪士通行の節発砲無之(これなく)候は、平田門人云々などにて減石(げんこく)ならずやと、弥(いよいよ)心配仕候処、其は咎には無之(これなく)、何方(いずかた)町在共、平田門人の者にて厄除致候、厄除平田明神とても致さうな物と存居候、御領主

　は気毒、又割腹の由、きのどく、脱走も一理有之由承候、如何、浪士あわれ、田沼の為に無慚なる由、
　惜む可く歎ず可し

と、文中の「厄除平田明神」などいい得て妙な表現です。事実、この慶応元年より、伊那谷・木曽谷・東濃の平田国学の声望は、サムライへの評価がゼロに接近するのに反比例してグングンと上昇し、気吹舎への入門者が増えていきました。そのなによりの象徴が、一八六七年、慶応三年の「夜明け前世界」の人々全員による高森での本学神社の建設であり、一八六八年、明治元年八月、伊那県が成立する中での地域に根ざした政治展開の試みとなっていくのです。

おわりに

　私は松尾多勢子という女性は、本来の意味での賢い女性だったと考えています。今日では保育所・幼稚園から色々なことを共通してしかも画一的なことを教えられ、本来的な賢さが逆に磨滅させられていく傾向にありますが、明治の前半期までは多勢子のような女性があちこちにいたのではないでしょうか。大勢の男性の中で唯一人の女性として活動しても、どんな噂もされず、うしろ指を指されないことは、身の処し方が極めて賢くそして美しくなければありえないことです。そして、女性ながらも、多勢子の発言は非常に重いものとして男性たちに受けとめられたということも、大事なことです。

　先程申しましたように、出しゃばりではないが、決定的な瞬間では自身の決断で動き、そのための資金的な背景も、養蚕・製糸・機織という女性が中心となって創り出す労働の中でしっかりと持ち合わせていました。戦前・戦中的な、時の政治に利用される形ではなく、その時代の歴史の流れの中に、無理なく自然な形

で松尾多勢子という一人の農村女性を位置づけ再評価すべきではないでしょうか。これが私の結論となります。

三　下野（しもつけ）の幕末維新

はじめに

論題は「下野の幕末維新」となっていますが、ここで論じようとするのは幕末維新期下野史の概説ではありません。私がこれまで当該時期の下野に関し、折にふれ史料を見、そこで興味を引かれてきたいくつかの事件・人物に筋をつけ論理を組みたててみると、どのような歴史像を構成できるのか、という一つの試論であり、全体構図を提示するという意図を有してはいないことを冒頭にお断りしておきます。

私が下野に関する史料を本格的に調べ出したのは、一九八〇年代におこなわれた都賀（つが）郡の壬生町史編纂に関与してからでした。西国に較べ、この時期に関してはそれほど面白い動きは出てこないだろう、との当初の予想が見事に裏切られ、ここ野州三万石の譜代小藩にも、当該時期の激動する政治が見事に刻印されていることが判明し、そして、壬生藩尊攘派のリーダーが、代々の鳥居家家臣では全くない百姓身分出身の松本誠庵という独眼流の医者であることに強い印象を受けたのです。

私は栃木県の地方史を専門とはしていないため、しばらく関心が薄れていましたが、一九九八年夏より、島崎藤村の歴史文学の傑作『夜明け前』の歴史的背景を探るべく、東美濃恵那郡中津川での史料調査を始める中で、全く意想外のことに、この松本誠庵の書状を二通まで発見することが出来ました。当該時期の下野は、地方史の中にうずくまっていたのではなく、全国的政治動向の渦中において活動していたのでした。下野を全国史の中に組み込むことが可能かも知れないとの思いを新たにした後、二〇〇三年から四年にかけて、新選組を歴史学の立場から解明する作業にとりかかりました。歴史学的な新選組研究の第一次作業は、新選組を産み出した母体である、一八六二年末から六三年二月にかけ結成され、関東全域を徴募区域とした浪士組という組織の実証分析でした。ここでもまた、下野地方、特に西南部からの応募者の数に改めて驚かされました。そして二〇〇五年二月一八日、佐野市での田中正造に関する講演会の準備をする過程で、下野、特にその西南部での歴史的動きの特質に確かな手応えを感じることが可能となったのです。したがって、本論は下野全域というよりは、下野西南地域のもっていた歴史的な面白さに焦点が当てられることとなります。

(1) ペリー来航と下野の諸藩、旗本領

一八五三年のペリー来航というと、江戸湾周辺ならともかく、海に接点を有さない下野には、それほど大きな影響はなかった、と速断するのは大きな誤りです。浦賀や江戸と同等の衝撃をペリー来航は下野地域にも与えたのです。都賀郡の壬生藩にとっても、いつ何時戦争にならないとも限らない緊迫した状況下で、先立つものは軍備増強の為の金でありました。一〇日程で四艘の黒船が退去したといっても、〝来春国書の返答受領すべく再来せん〟と明言しての退去であり、その間に体制をつくらざるを得ないのです。この年一〇月、壬生藩は藩領全域に対し一〇〇石当り六両の御用金を賦課し、その外に領民に無尽を組織させて三〇〇〇両を調達、さらに壬生町の豪商などから四〇〇〇両弱の御用金を別に取りたてたのです。

ただし、戦時体制は財政問題だけではなく、戦闘に動員する夫役問題をも産み出してきます。壬生藩は一八五四年一月(ペリー艦隊再来の月)、各村に郷仲間と郷足軽の徴発を下命しました。郷仲間は封建的夫役として軍需品・兵糧運搬労働力として使役されるにしろ、郷足軽は壬生藩士と共に戦闘に参加する兵力として徴発されたのです。

ところで、このような事態は藩領にはとどまりませんでした。旗本領でも全く同様でした。旗本板倉小次郎の知行所都賀郡上田村では、一八五四年一月、七名の軍用歩行人足を江戸に差出すように命ぜられ、同村では、人足は一ヶ月交代、一日手当銀三匁宛（費用は村方高割で捻出）、手疵を負い死去の節は村方一統にて措置すること、大病の際は駕籠にて、村方負担にて引取ること等々の村方儀定を作成します。

ペリー来航時の非常事態は一過性のものではなく、幕末の進展とともに恒常化し、村民はその都度、対処に苦慮することとなります。旗本横山左内の知行所都賀郡安塚村では、一八六三年一月、将軍家茂の上洛に供奉する横山家長男の仕度金として、一〇〇石に付五両の御用金が賦課され、他方、幕府軍制改革の一環としての農兵取立ての費用として、兵賦金の名目により、一八六三年と六四年の両年、三両二朱宛取りたてられ、さらに朝敵となった長州追討に横山家の新当主が従軍するため、一八六五年一月と四月、一二両と一八両の金が村に対し高割りで拠出するよう命ぜられることとなります。

何の目的での御用金か、幕府は直面する事態を解決する能力があるのか、そしてこのような状況を創り出した英米仏露とはどのような強国なのか、下野の百姓も町人も、いや応なく自分自身に突きつけられた切実な課題として真剣に考え、学習していかざるを得なくなってくるのでした。

（2）在村漢学塾の族生（そうせい）

周知のように、江戸後期からは、名主・僧侶・神職・浪人・藩の祐筆等により、町にも村にも寺小屋が存在しはじめ、町や村の上層町人・百姓の女子も含めた子弟は、読み書き、そしてソロバンを習っていました。そして、先にみたような全国的政治状況の中で、このような在地の教育機関の一部では、在地の豪農商の新たな自己学習の意欲に対応する動きも顕著になってきたのです。田中正造の家は安蘇（あそ）郡（現在の佐野市域）

小中村旗本六角家領名主を勤める家柄でしたが、田中家は福山藩浪人儒者の赤尾鷺州を自村に居住させ、自家の児童はもとより、自村と近隣の村々の子弟をも彼のもとで学ばせていました。初等教育中心だったとはいえ、儒者である限り漢籍を教授する力量は当然有しており、学力のある豪農の子弟には素読レベルより上の漢籍講釈をもおこなっていました（正造は素読段階で終了しています）。そして、より以上の能力と意欲をもっている若者は、おそらく鷺州の紹介状を携えて、江戸の儒者の漢学塾に入門することとなったのです。鷺州の息子の清三郎も儒者となり、安蘇郡田沼町で開塾、佐野郡石塚村の安達幸太郎も鷺州に学んだ後に自村で開塾、例幣使街道の宿場町八木宿の織田龍三郎も彼の教えを受けた上で、江戸の名儒大槻盤渓塾でハイレベルの漢学教育をうけることとなりました。

　都賀郡では西水代村の医師兼在村儒者峰岸休文塾が有名でした。休文のパトロンになったのは同村の豪農田村治兵衛です。治兵衛は豪農であるとともに、文化と武芸に深く心を寄せ、邸内に馬場・道場・宿舎等を設けていたといいます。この治兵衛が休文に学塾施設を提供したのです。休文塾で出色の誉れを得た者が都賀郡瑞穂村の国分義胤（彼の父も同村で家塾を営んでいました）と都賀郡富田宿の名主松本新右衛門二男松本暢（誠庵）でした。国分は休文塾を卒業した上で江戸の太田玄齢塾に学び、松本は江戸の田口文蔵塾で薫陶を受け、その後壬生藩医石崎正達の娘婿となって壬生藩士の身分を得ることとなります。

　下野西南地域の、このような初等教育と中等教育が結合した多くの儒者の学習塾の在り方を、最もリアルに今日に伝えているのは、社会主義者の先達として大きな役割を果した片山潜の回想録でした。彼は東京において、旧仙台藩士で儒者として著名だった岡千仞塾の学僕をしていましたが、一八八三年夏、師の紹介で都賀郡藤岡町の森鷗村（千仞の旧友）塾に赴き、鷗村学塾の幹事となりました。この年の秋には、塾生二人と遠足し、太平山より足利に出、足利学校を尋ねたあと、同町の画家田崎草雲のもとを訪れ、上州の新田神社や高山彦九郎を祭る神社に参拝して藤岡に戻っています。片山が鴎村塾幹事を勤めた時期には、既に初等教育は小学校の担当分野となっており、鴎村塾は中等教育を受けもつ漢学塾に特化していましたが、

予は学生等の質問を受け、又外史論文などの講義をやった。先生の門下生は読書が一番の仕事で、十歳か十二歳の少年が「文選（もんぜん）」などの如き六ヶ敷きものを読むのには一驚を喫した

と回顧しています。この森鴎村も藤岡町の豪農、一八四四年に一四歳で名主見習いとなりましたが、旗本領主と闘い、一八四九年、父と共に罷免され、投獄九年の苦い経験をもった人物です。出獄後江戸に出て藤森天山や安積艮斎（あさかごんさい）に学び儒者となり、一八六六年帰国して安蘇郡葛生村に家塾を開き、翌六七年、郷里に戻って鴎村学社を開設、下野西南部に族生していた在村漢学塾の経営者の仲間に加わったのです。

このような在村儒者の政治思想は、幕府のお膝元ということもあり、水戸藩に近接していることとも関係して、尊王攘夷、尊王翼幕を核心とする水戸学思想でした。ペリー来航以降は、彼らは極めて明確な政治的立場をとり、塾生たちをその思想で教育しました。下野西南部の豪農商の子弟は、領主より御用金を課せられて泣寝入りする受動的被支配身分的立場にとどまらず、自らが在地の政治に関与し参画する政治主体として、幕府と諸藩の動向を凝視し、その政策を批判する能動的立場に移行し始めるのです。

(3) 平田国学の浸透

平田国学とは、儒教や仏教の教理の混在を徹底的に排除した復古神道理論を創唱し、対外的危機に対処すべく、その拠りどころとして、儒仏渡来以前の日本の始原的政治状態を理念型とし、その解明をおこなうべ

く古道学研究を提唱した平田篤胤の学問をいうのですが、幕藩体制のもとでの正面切っての自説の主張がいかに危険であるかは、篤胤も、その養子銕胤・嫡孫延胤もよく理解しており、その国学塾気吹舎も極力政治的な動きを避けつづけていました。平田国学の学習者も、当然のことながら、篤胤生前においては、それを自己の家職にとっての必須の知識・学問と見做した神職が多かったのです。しかし、ペリー来航後は、仏教の祖国インドは英国によって完全に植民地化され、儒教の祖国中華帝国も英国によって完敗してしまった今日、日本を西洋列強の侵略と植民地化から守るには、なにを拠りどころにすべきなのかを模索しはじめた武士層に浸透し出しました。ただし神職でもなく、日本を守る職業的身分的国家義務を負っている武士でもない被支配層上層部に浸透を開始したのは、実は一八五八年になってからのことです。

この年三月二〇日、日米修好通商条約案に勅許が下るのに露ばかりの疑念と不安を持たずに上京した老中主席堀田正睦に対し、国体維持の不安を明言し、条約は勅許せずとの意思を孝明天皇は表明、しかも第二次アヘン戦争に完勝した英仏連合艦隊の来襲におびえ、やむなく幕府は日米条約に同年六月一九日に調印、ここに無勅許開国路線がとられるに至り、全国的規模で、日本の国家意思を決定するのは朝廷なのか幕府なのかの問題が提起されました。自分で答を見出し、自己の国家理論を持たざるを得なくなったのです。ここにおいて、日本国家の中核に天皇をすえる平田国学が浸透する契機が出現します。

ただし、注意しなければならないのは、平田国学での天皇中心の国家理論なるものは、単純な天皇への一心随順を説くものでは決してなかったということです。天皇を中心とする国家と国土を支える基底にあるのは、六〇余州の日本を下より維持し活力を与えつづける、国々の「御民」たちなのです。水戸学においては、「尽忠報国の士」を表面に押し出し、儒教的士太夫理論によって、豪農商層をも武士的身分と武士層雰囲気を有する士的カテゴリーに同質化する方向にもっていこうとするのですが、平田国学においては、武士階級・大名身分の成立以前の政治社会を理念型とする以上、理論的に徹底化すれば、天皇の対概念は「御国の御民」「神国の神孫」以外に存立する根拠が崩壊します。ここにおいては在地での政治の末端を担う豪農・豪商の政治的主体性が純粋な形態をとって出現し、天皇と「御国の御民」の中間に介在する大名・旗本・武士層に対しては、彼らの対外的危機へ対処する力量の不足と拙劣な政治運営は激烈な批判の対象になり始めるのです。

　下野において儒教的教育（藤森天山塾に学んでいます）を受けた上で気吹舎の門人になったごく初期の人物（入門は一八五八年九月、一九歳）は安蘇郡船越村の旗本領名主の家柄である亀山家の嫡男勇右衛門嘉治（一八六一年名主職を父から継ぎます）でした。彼はその直後に親類の都賀郡真名子野上村の中野玄達常信の気吹舎入門の紹介者となり、翌五九年には自村の二名をも入門させています。彼の並々ならぬ学習意欲は、五九年一二月一四日付で平田鉄胤に宛てた次の書状（必要部分のみ摘記）からも伺うことが出来ます。

○鬼神新論の儀、書写の用費如何程位御座候哉
○先頃罷出候節拝見仕候空翠雑話・三教眼目答書の類、最早御取寄被遊候哉、御窺申上候、若御取寄に相成、有合候はば、此度御遣し可被下候、則代料は権八より可相納候
○先頃頂き候西籍概論の中に、筆工の書違いと相見候字、幾等も有之候、尤多分の違いも無之、天と夫と違、粧と粒と違い、駁と取と違、テヲ如此の違数多有之候、尤申上候は恐入候得共、ただ不申上候て捨置、段々写し候ては、仕舞には大間違も出来候物に御座候間、無余義申上候
○三教眼目答書の類、有合不申候砌は、何ぞ御見積、初学の弁埋よろしき書御遣し被下度奉願上候、学事を弘め候に、其道具少なく、甚当惑仕候

○其後野上常信事罷出候哉、一向私方へも音信無之、私方よりも参り不申候、尤書状は差出候得共、三四里も隔り候間、届不申候哉否一向に相分り不申候間、此段御窺奉申上候
○先頃入門仕候両人、何歟国産之品にても相送り可然様存候処、彼両人一向其儀に心付ず罷在候（中略）、扨是に付、先例塾料の儀は、先頃出府の節申上候通り、来春までには急度為相納可申候間、先例被下置候摺物之儀、為頂申度奉存候、其上此度被下置候御返書の内へ、彼両人へ随分出精勤学可致旨、一言被仰聞候はば、一同恐悦可仕と奉存候間、此段何分宜敷様奉願上候、是も学問の弘まり候為に御座候間、何卒奉願上候

この勇右衛門は、名主を務めながら、同時に寺子屋の師匠ともなっており、彼の好んで作った歌の中に、その風景が詠み込まれています。

つくし

朝香山、手習ふ子らが春の野の
　　めにつくつくしをるをふさわし

また、寺子の中で幼く病死した者への哀悼の歌にも、詠む者の心に迫るものがあります。

わか家に、としころきかよひて、まめやかなる、おいう・荘兵衛となんいへるか、こそのくれ、みまかりぬるをいたみて

なかまごが、うすつく餅をくはすして
　あかぬ旅路にあはれゆくなる

これらの歌によると、勇右衛門は子どもたちへの教育のかたわら、一緒に遠足にも行き、また正月を迎えるに当って、寺子屋で共に餅つきをして楽しませた、良き〝お師匠さん〟でもあったのです。

そして、この地域の気吹舎への入門は、親類の中野玄達の仲介により、急速に増加していきました。

（４）坂下門外の変と下野政情の変化

幕末の政局は、無勅許開国路線を幕府が強硬に採ったことにより、一挙に緊迫し始めました。同年八月には孝明天皇の意を受け、水戸藩に幕府を難ずる密勅が下され、この意外な進展に驚愕した幕閣は翌九月、京都と江戸の両都市において反対派捕縛・投獄の政治粛清を開始、翌年には死罪・切腹等の極刑が「公儀を憚らず不届至極」との罪状を以て強行され、満天下は寂として声も出せない状況に追いこまれたかに見えました。この政治的閉塞感をどんでん返しのように打破したのが、一八六〇年三月三日、世に桜田門外の変といわれる水戸浪士の大老井伊直弼（なおすけ）暗殺でした。政治的雰囲気は瞬時にくつがえり、幕府批判の声は公然と語られ始めました。大老の路線を継ぐ者は出てこなかったのです。彼が譜代大名の切り札だったからです。次の総責任者老中安藤信正は、世論に配慮し、政治的舵とりの修正を試みようとします。

ですが、幕府がイニシアチブを掌握しながら軌道修正しようとする試みもまた、一八六二年一月一五日の坂下門外の変と呼ばれる安藤暗殺未遂事件によってピリオドをうたれました。

一般的な幕末維新期下野史では、ここで下野グループの登場開始となりますが、下野西南部には直接それほどの関りを有してはいなかったのです。前年五月東禅寺事件での生き残りの水戸浪士が宇都宮藩の尊攘派メンバーと提携しておこした事件だったからです。ただし平田国学との関りでいえば、一八六三年九月、四三歳という高年令で気吹舎に入門（紹介者は北辰一刀流の剣客宮和田又左衛門光胤）した下野真岡の横田藤四郎の長男藤太郎（二三歳）が、事件直後、襲撃への関与を疑われて幕吏に捕縛され、獄死しています。

西南部も含め下野の政情が変化するのは、やはり坂下門外の変をきっかけに生じた全国的な政治状況の大転換をうけてのことでした。

幕府政治のもとでは、政治担当有資格者は、極めて限られた人々しか存在していませんでした。決断力ある井伊直弼が横死し、政治家的力量を有していた安藤信正が、襲撃・負傷という不名誉によって失脚すると、跡を引き受ける実力ある者がいなくなりました。政治的空白が生じたのです。この絶好の好機を見逃すことなく、二〇〇年以上堅く守られつづけた武装兵力を以ての京都入京禁止の原則をふみつけ、京都所司代の存在をも無視し、政局のイニシアチブを掌握すべく、この年四月、一千の兵を率いて上京を決行したのが、薩摩藩主実父、無位無官の島津久光その人だったのです。久光は、一方で突出行動に出ようとする藩士有馬新七等を寺田屋の上意打ち（寺田屋事件）で粛清し、他方、孝明天皇の意思を伝える大任を授けられた公卿大原重徳を護衛しつつ、幕政改革を外部から幕府に押しつける主役ともなったのです。ここにおいて、老中より上位の政事総裁職に松平春嶽を、将軍後見職に一橋慶喜を就任させることに成功します。この春嶽も慶喜も安政大獄での被処罰者だったのです。しかしさらに政局は久光の予想をも遙かに越え、同年末には勅使三条実美が江戸に下向して奉勅攘夷の勅命を将軍家茂に認めさせ、天皇との攘夷方策協議のため、将軍が一八六三年二月、二百数十年間とだえていた上洛を決行するという、一年前には誰一人予測すら不可能だった破天荒の進展となりました。そして、政治の発信基地は、ここに江戸から京都に移行します。

このような大変動に下野も対応せざるを得ません。さもなければ幕府以上に、事態にとり残されることになります。将軍家茂が奉勅攘夷の勅命をのんだ一八六二年一二月、壬生藩では藩内尊攘派が、自藩を時勢に対応させることを不可能にしたとの罪状を掲げ門閥家老二名を自刃に追い込み藩政の実権を掌握、全国的動向に即応すべく大胆な藩政改革を決行します。その指導者の一人が松本暢（養子に入って石崎誠庵と称していた）だったのです。

(5) 浪士組徴募と下野

幕府による奉勅攘夷の奉承と将軍上洛は、将軍警固のための剣客集団の徴募・浪士組結成という事態をも産み出しました。譜代武士層以外の草莽層剣客の糾合、東国在野志士たちの調達、意気軒昂たる西国尊攘派に対する東国尊王翼幕集団の組織化が意図されたのです。在野の儒者兼剣客の清河八郎と幕臣尊攘派グループの山岡鉄舟が中心となり、在京時将軍家茂の護衛を目的とし、「尽忠報国」をスローガンとして、関東一帯から各流派の剣客たちが徴募され、一八六三年二月江戸に集結、中山道経由で上京することとなりました。この二百数十名の剣客の中に、後日新選組を組織する武州多摩郡の近藤勇・土方歳三、白河藩浪士の沖田総司、水戸藩浪士の芹沢鴨もその姿を見せていました。この上京浪士組の中にわが下野のメンバーは二一名も加わっていたのです。内訳は、足利郡が七名とその過半数を占め、安蘇郡一名、都賀郡一名、あとは塩谷郡二名、那須郡一名ということとなります。

浪士組組織では、一〇名前後が一小隊を編成し、剣術の実力ある者が小頭となって小隊を統轄しました。下野出身者で小頭を勤めた者は三名もいました。

四番組第一小隊の小頭は足利郡江川村の剣客斎藤源十郎（四一歳）、この第一小隊には同郡小俣村の大須賀友三郎（五一歳）、安蘇郡閑馬村の長島伝次郎（一四歳）、塩谷郡柏崎村の長島吉郎（二三歳）の三名が所属していました。

四番組第二小隊の小頭は足利郡大前村の青木慎吉（三二歳）、この第二小隊には同郡葉鹿村の石井新左衛門（四三歳）と同じく葉鹿村の栗田真三郎（三一歳）が所属していました。

五番組第三小隊の小頭は都賀郡下福良村の村上常右衛門（三五歳）が任命されました。村上は、浪士組が江戸に戻った後、新徴組に改組されますが、そこでの剣術教授方をも勤めており、相当の使い手だったことがわかります。

なお、小頭ではありませんが、七番組第一小隊には足利郡小俣村の上杉岩吉郎（三八歳）と同村の藤本広輔（二八歳）が所属していたことも注目していいと思います。

以上の基礎的データから判明することは、まず、下野西南部での剣術遣いの多さです。いずれも武士身分ではありません。この地域は幕領・小藩領・旗下領が交錯しており、在地の治安維持からいっても、村の中に剣術にすぐれた人材が求められます。前に在村儒者の族生を論じましたが、同じ地域での漢学塾の多さと剣客の多さは、ある意味では、在地秩序の維持を領主に頼ることが困難である地域での盾の裏表の関係といってもいいのです。

次に注目すべきは領主の問題です。江川村も大前村も葉鹿村も旗下土井万之助の知行所でした。領主が同一の場合、旗下領においては村が隣接していなくとも、相互の連絡と交流は、年貢・夫役・御用金等の関係から極めて密接でした。この三ヶ村のメンバーは浪士組に参加する以前から親密な関りを有し、剣術についても互いに深くかかわっていた、と考えて間違いないと思われます。一方、三名も加入した小俣村の場合には、足利藩領七三二石の他に旗下の知行所が小笠原銀次郎の一二八石、松平侶之允の二三四石、神谷徳太郎の五七石、さらに前橋藩領八五石と、非常に入り組んだ相給村であり、この事情も、三名の浪士組への加入の背景にあったと考えていいと思います。複雑な相給村の場合、村上層部の相互の纏りと自律的な村落維持の努力が、思想面であれ、治安保全面であれ、他村以上に必要となるからです。

（６）筑波挙兵と下野

この時期の政局の変動はめまぐるしく、年単位ではなく月単位でかわっていきます。将軍上洛までは行い得たものの、攘夷決行となれば全責任を負うことになる以上、幕府は上洛以上の行動には踏み切ることが出来ず、西国諸藩の激徒が結集する京都で孤立化を深め、六月に将軍は東帰、天皇親征を呼号する尊攘激派の掌中に政局の主導権は握られたかに見えました。ですが、攘夷の立場は微動だにしないものの、下から上をつき上げつづけようとする激派の政治方法に孝明天皇の意を汲んだ中川宮が会津・薩摩両藩の軍事力に依拠して、八月一八日、長州勢力を京都から一掃する八・一八クーデタの首謀者となり、この動きと連動し新選組の結成とさらにその内部での芹沢グループに対する粛清がおこなわれるのです。

ただし、奉勅攘夷体制がこれによって崩壊した訳では全くありません。孝明天皇を始め京都の朝廷勢力は、幕府主体の対外強硬政策の実施、具体的には横浜鎖港政策の実現を強く求めました。八・一八クーデタにも全く関与できなかった幕府は、急速に衰えつつあった自己の国家的威信を、天皇と三〇〇〇万の日本人男女に約束した鎖港の実現によって回復しなければならなかったのです。二度とも天下に公約した約束を反故とするならば、幕府の存立理由が消滅してしまうからです。この点を最もリアルに認識したのは、尊王翼幕を思想的基盤とした水戸尊攘派の人々でした。

このために、天狗党とよばれた水戸尊攘派の人々は、一八六四年の三月下旬、筑波山に結集し、横浜鎖港のための同志糾合運動を開始、四月一〇日日光に社参のあと、四月一四日より下野都賀郡太平山に屯集、下野の草莽有志に筑波勢への結集をよびかけるのでした。

この水戸尊攘派のよびかけに呼応したのが、船越村の亀山勇右衛門、真岡町の横田藤四郎とその一子藤三郎（一八歳）、都賀郡真弓村の川連虎一郎（二一歳）、足利郡大前村の青木彦三郎（変名西岡邦之助、四〇歳）の面々でした。川連家は真弓村を含め都賀郡関宿藩飛地十数ヶ村の支配を預る大庄屋の家柄であり、青木家は旗下領主土井家の地代官を勤める、いずれも豪農でした。大前村から浪士組に参加、小頭となった青木慎吉は、彦三郎家と同族の者だったと思われます。

船越村の亀山勇右衛門は、自己の参加を師の平田鉄胤に報じていますが、共に筑波勢に加わったものとして、勇右衛門の手の者として、小林幾太郎・桜井栄吉・嶋村万吉・稲垣定之進の四名、実兄（ただし別家を継いでいた）の園田七郎、七郎の手の者として稲垣才助と佐瀬宇之松、勇右衛門親族園田源五郎、勇右衛門地頭松平家元家来松澄左次郎、佐野人正田金一郎の一〇名の名を報じています。

しかしながら筑波勢の目論見は破産してしまいました。

第一に、横浜鎖港を二度目の上洛（今回は海路）で孝明天皇に約束した将軍家茂が六月江戸に帰るや、江戸の幕閣は強く反対し、結局家茂は鎖港政策を放棄しました。

第二に、対筑波勢宥和派が幕府から放逐された結果、水戸藩に命じて筑波勢を取締らせるという従来の政策が放棄され、関東・奥州諸藩による筑波勢追討軍が組織され、七月七日、筑波山麓の高道祖村での両軍の戦闘以降、筑波勢は反幕勢力として徹底的な武力鎮圧の対象となりました。

第三に、筑波勢自体、内部統制がとれず、六月六日夜、田中愿蔵グループが栃木の町に放火、同町の大半を焼いてしまう暴挙をおこなったり、山田一郎グループが各地の富豪から金銭を強要するなど、自己の支持基盤の拡大と真向から相反する行為を重ねたのです。この過程で筑波勢の水戸藩関係者は、その主敵を水戸藩親幕派とするようになり、水戸藩以外の参加者は二階に上って梯子をはずされてしまった状態となりました。そして最後のダメ押しとなったのが七月一九日、京都での禁門の変の勃発でした。これにより長州藩は追討対象の朝敵とされ、東国の筑波勢は孤立無援の状態に陥ったのです。下野から参加した人々も、亀山や横田のように筑波勢主力にしたがっていく集団と、筑波勢から離脱して、再起を図ろうとする集団に分裂し、後者の途を選択した青木彦三郎や川連虎一郎は、それぞれ悲惨な末路をたどったのです。

　武田耕雲斎・藤田小四郎方の筑波勢主力は那河港での包囲を脱し、上京して自らの真意を伝えるべく一〇月二三日北上を開始しました。筑波西上勢の動きがここから開始します。亀山、横田も加わった西上勢一行は常陸の最北端から下野の黒羽に出、それより上州から中山道に入っていきます。

　この行程途次の一一月四日、亀山は郷里に那須の高久より次のような書状を差出すのです。

　攘夷の儀は、不思寄も却て浮浪の徒と汚名を被らせられ、剰　幕府より討手を受け、同所（那珂港）において諸侯の兵と屢戦い候、乍然高運にして一度も敗走致さず、悉く諸侯之寄手を破り候段、兼て御聞及も可有之と奉　存候、然る処、此度秘策有之、水戸大発と合兵いたし、武田伊賀守殿・山国兵部殿・田丸稲之衛門殿等大将として総勢都合三千余、是より北国を志し、兼て有志の大諸侯へ依頼し、追日天朝へ貫き、天下の大事を為し候存意に御座候、定て私出国以来、日々御非難も可被遊候得共、私においては農家より出候身分にて、右大軍之輜重府重役、俗に云う小荷駄奉行被仰付、小生一人にて三軍の大切の衣食を預り、配下三十人余、従僕三人、乗馬有之、縦令当世に賊名を受候共、勤王の兵、何ぞ其名なからん、滅幕の後、天下に輝かさんこと、実に本望の至に御座候間、必御心配被下間敷候

（中略）、扨（さて）二人の小児の儀は、てる子は質朴なる婿を取、是を以て家名相続致させ候様御頼み申上候、兼介儀は成人までに貧苦を厭はず学問致させ、私の志を継ぎ、是又天朝の為めに相果候様御取立被下度奉願上候

我子等よ父は何（いず）くに人問はば

天津御空にけ（消）ぬと答えよ

一一月八日、西上勢が都賀郡大柿村に宿るや、亀山は真名子村の中野玄達の家に泊り、翌九日、本隊が安蘇郡葛生町に止宿するや、この日彼は船越村に赴いて妻子・親族と会っています。おそらく筑波西上勢の中に安蘇郡出身の亀山勇右衛門がいることは、下野西南部の有志者全員が知っていたと思われます。亀山の遺児てる子が後年苦労して亡父の伝記を編纂した際、〝史料蒐集助力者〟の中に田中正造が加わっており、正造の写真も同書には掲載されているのです。

西上勢の一行は苦しい進軍を続けざるを得なかったのです。幕府の厳命により、進む先々では諸藩兵が敵対し、上州では高崎藩との間に下仁田で激戦（一二月一五日）し、信州に入ってからも、北信から諏訪湖に下る和田峠では、松本・諏訪両藩との間に和田峠の激戦（一一月二〇日）をおこない、この戦闘で、横田藤四郎は一八歳の一子藤三郎を戦死させました。藤四郎は遺体が掘り出され、幕府に両藩手柄の証拠として提出されるのを恐れ、息子の首を切って桶に入れ、西に向う自分と共に携さえていかざるを得なかったのです。

（7）亀山・横田と中津川宿

西上勢約一千の軍勢は、木曽谷は福島の関所を避け、天龍川渓谷の伊那谷を下り、飯田周辺まで行った後、

伊那郡平田国学者たちの斡旋で、尾張藩との衝突を回避すべく、清内路峠を越えて中山道に再び出、一一月二六日、『夜明け前』の主人公青山半蔵のモデルとなった島崎藤村の父島崎正樹の馬籠の本陣に宿泊、翌二七日、中津川宿で昼食・休憩ということとなりました。西上勢の一行は、中津川宿で初めて親身で温かい世話を得、全国の政治情報を入手することが可能となりました。ここ中津川宿の本陣（市岡殷政）、庄屋（肥田通光）、問屋（間秀矩）を先頭に、宿の有力者全員が平田国学者かその同調者だったからです。中津川宿の有力者は、商人らしい気の働らかせ方で、領主の尾張藩からは西上勢の動向探索方の肩書を事前にかちえており、予想される幕府の糾弾にも、しっかりと手を打っておいた上での宿を挙げての款待でした。

しかも中津川宿の平田国学者たちは、西上勢の中には気吹舎同門の横田藤四郎と亀山勇右衛門の二人がいることを知っていました。気吹舎の同門ということは、この時期になると、学問での志を同じくするだけではなく、政治的立場をも同一にしていることをも意味してきたのです。それ故にこそ、中津川をはじめ全国の平田国学者たちは、気吹舎門人帳の写本をそれぞれ作成するのでした。

横田藤四郎は、この中津川宿において、ようやく息子の首の埋葬を同志の人々に依頼することが可能となりました。息子の首が掘り出されず、息子の霊魂が安らぎの地を得るだろうことの確信が持てたのです。中津川宿の同志たちは、危険を顧みずその約束をしっかりと果し、その祭祀に当っては京都の白川家から横田藤三郎の神霊号をも獲得しました。京都でその斡旋に当たった平田国学者近藤治部は、一八六五年三月二〇日付の中津川宛書状の中で、

　横田氏の神霊号云々、当節は神霊御勧遷に相成、賑々敷（にぎにぎしく）御祭礼之御儀に奉存候

と、藤三郎の墓の祭りを共によろこんでいます。

この墓前祭は一八六五年、慶応元年だけのことではなかったのです。藤三郎の命日の一一月二〇日には、中津川の関係者によって、今日に至るまで、この墓前祭は毎年おこなわれ続けているのです。

また中津川宿の同志は、横田藤四郎から彼の郷里宛書状をも託されました。彼らは江戸の師匠平田銕胤に宛てこの書状を送り、書状を預った銕胤がきちんとその頼みを果した事実は、

先達て市岡主（本陣当主市岡殷政、『夜明け前』の浅見景蔵のモデルになった人物）より真岡への御一封、其後同志の人へ相托し差出申候

との返書からも明らかです。

この一一月二七日、亀山勇右衛門も中津川宿の同志に頼み事をしました。自分には懐中に二〇両程ある、これを平田篤胤主（うし）の著作出版の費用に宛ててほしい、との依頼です。この時既に亀山の心中には、眼前に死が迫りつつあることがはっきり意識されていたことであろうと思います。中津川宿の同志は、この約束をも忠実に果し、銕胤のもとに、勇右衛門のことづてと共に、この二〇両をも送ったのです。誠実な銕胤らしく、一八六五年一月七日付の返書において、「亀山より上木料二十両拝受」と受領の報知をした後、ただちに篤胤著作の中で未だ出版していなかった『鬼神祈論』の出板作業に取りかかり、三月中旬には製本を完了するという猛スピード、三月一四日付の中津川宛書状の中で銕胤は、

先般義勇士の助成に依（より）て鬼神新論上木（出版）相成申候間、一部上進

と書籍を同封して報知します。しかも鋳胤は、亀山勇右衛門の遺志を明かにすべく、亀山勇右衛門が執筆した形の跋文を自ら認めたのでした。犯罪者として幕府からにらまれ、この二月に越前敦賀において斬首された亀山の名を堂々と明記した書物を出版する勇気を平田鋳胤は有していました。立派な弟子たちと立派な師を、当時の平田国学は擁していたのです。

下野佐野郡小中村六角家領名主の田中正造が、江戸の気吹舎に赴いて入門するのが一八六五年閏五月六日（正造二三歳）、この日、出版されたばかりの、彼がよく知っていた亀山勇右衛門の名が刻された『鬼神祈論』一部を、田中は気吹舎において購入したのでした。

（８）水戸学から平田国学へ

一八六二年末、将軍家茂の奉勅攘夷の奉承より大きく変動した下野の政情は、一八六四年後半より急激に逆転し、古い幕府優位・各藩佐幕派門閥優位の政治体制が復活しました。壬生藩においても、一八六四年七月一三日、一年半前に成立した藩内尊攘派主導体制が崩壊、そのリーダーであった大島金七郎・角田要人・増田鏘太郎・佐藤弥継、そして松本（石崎）誠庵等は一気に失脚しました。

その直後の七月一六日、松本は藩主に同伴し大坂加番に赴き、一八六四年六月、中山道経由で帰国途次に面識となり、日本の将来と政治の有り方について語り合った中津川宿本陣の市岡殷政に宛て、次のような書状を差出すのです。

其節は種々御厚配の段、千万難有奉多謝候、御蔭を以無事帰郷仕候、然処、太平山義挙以来、近隣

尽く混雑、其後筑波山割拠、御目代高崎侯并上野州辺諸藩追々打手に差向候処、去八日打手面々大敗北（下妻の戦闘においてである）、散々に引取申候、右に付諸藩、義不義之論沸騰、已に拙藩抔にても正義家一統夫々に罪を得、已に拙子も当時慎み罷在、誠に俗議輩は困り入申候、尤も不遠脱走、天下の大事心掛可申奉存候、扨御尊下諸知己の御方々によろしく御一声奉希候、様子に寄候は、以後一戦の上蟄伏の時分、尚又御厄介と相成候哉も難図、何分宜布奉願候

一八六五年二月の敦賀での西上勢三五二名の斬首という事態後、状況はさらに悪化し、松本等が切腹に追い込んだ旧門閥家老グループが関係者殺害に動き出した一八六五年一一月、松本は、西水代村豪農田村治兵衛の財政的援助を得て脱走、中津川を経て上京、政治的活動を試みるのでした。

この敦賀での西上勢大量処刑は、関東での水戸学の政治思想としての終焉をも同時に意味しました。尊王攘夷・尊王翼幕を根幹的思想とする水戸学は、ペリー来航より絶大な影響力を関東の武士層・豪農商層に与え続けてきました。その最後のチャンスが、幕府が天皇に約束し、全国に公約した横浜鎖港政策への政治的支援であり、具体的には水戸尊攘派を中心とする筑波山結集の動きだったのです。

この動きが、結局のところ、幕府の追討対象とされ、諸藩の絶えまない攻撃の対象となってしまいました。唯一彼らの行動と心情を理解し支持したのは、中津川や信州伊那谷の平田国学者の面々だけだったのです。そして亀山や横山の意図に反し、中津川や伊那谷の平田国学者たちの願いと祈りをも裏切っての敦賀での悲惨な結末となってしまったことにより、水戸学には未来がないことが、あまりに明瞭になってきました。その思想を奉じ、その行動に忠実に従った結果がこの事態となったのです。

ここにおいて、一八六五年には関東の政治思想は大きく変化していきました。関東豪農商層と青年層の水

戸学から平田国学への移行です。幕府へはいかなる幻想をも抱くことが出来ないとの現実認識からする天皇を中心とする国家構想の受け入れ、幕府・諸藩・旗下領主に対する激烈な不信と批判、そして、大名・領主層ではなく、自分たちこそが自分たちの生活している地域での政治的主体なのだという自覚がその骨格をなしていました。平田国学一般、というよりは幕末期平田国学の特質がここに現われています。

その象徴的人物が、田中正造でした。正造は自ら出府し気吹舎に入門した一八六五年から、領主六角家の不正に対する正面切っての堂々たる戦いを、野州安蘇郡・足利郡六角家知行所村々の代表者として開始するのです。

（9）出流山事件と下野

一八六六年一月、薩長同盟を木戸孝允との間に結んだ西郷隆盛は、その後京都に滞在して、幕府や一橋・会津・桑名勢力に対抗する勢力の代表的人物となって活動し、翌六七年後半に入ると、いよいよ討幕行動に路み切り、関東の政情を討幕派に有利に転換せしむべく、江戸・関東攪乱策動をしかける目的をもって腹心の益満休之助と伊牟田尚平を江戸に下向させるのが一〇月三日、同月一四日の大政奉還直前のことでした。

しかしながら、人は他人からいわれた程度では、自分の命を捨てはしないものです。

やはり、関東有志の面々が江戸は芝の薩摩藩邸に集結を始めるのは、大政奉還の報が京都から届いた以降のことです。これ以後になると、朝廷に政権が返上された以上、それを関東においても一刻も早く実現させなければならず、そのさきがけとなるのが自分たちなのだ、という青年が当然のことながら輩出されます。藩邸に集った若者の主導者となった人物が相楽総三と落合源一郎、いずれも正式な門人ではありませんが、平田国学に深く傾倒していた関東の草莽の志士たちでした。

このさきがけとなる武装蜂起をどこで決行するのか？　その地として多くの候補地の中より選ばれたのが下野国都賀郡出流山でした。

出流山蜂起の組織化に赴くのが竹内啓（たけのうちひらく）と西山謙之助等でしたが、竹内も平田国学への傾倒者、西山にいたっては、一〇月下旬退塾するまでは、気吹舎の内塾生だったのです。

どうして出流山が選ばれたのか？　その理由の一つとして、私は、下野西南部での体制の変革を求める草奔層が他の地域よりもぶあつかったからだ、と今のところ考えています。田中正造の関係者だけをとってみても、同門の赤尾清三郎・安達孝太郎・織田龍三郎が蜂起に参加し、赤尾鷺州の門人だったかどうかは不明ですが、小中村とは目と鼻の先の安蘇郡堀米村の島定右衛門も同じく蜂起に加わりました。正造自身も、蜂起に参加する可能性があったことは、対領主闘争で江戸に出府していた彼に、母親から出流山事件が起った、嫌疑がかかるから小中村に戻るなとの急報がなされた事実からも推察できます。

実は、このようなネットワークはより広いものでした。職責上巳むなく幕府側に動員された小中村旗下佐野家領名主で、正造と共に鷺州に学んだ石井郡三郎は、捕縛された同門織田龍三郎の命を救うのであり、また斬首された赤尾小三郎の遺児赤尾豊の面倒を、小中村の隣村並木村の名手亀田甚三郎が見ているのです。亀田は正造にとっての名主役の師匠であり、明治初年、堀秀成という著名な国学者にしたがって国学を学び、明治一〇年代には神道教院を開設、その死に至るまで神道教化活動を続けることとなる人物なのです。

出流山蜂起に戻っていうと、この蜂起に対し、一八六四年六月六日の栃木町焼打ちという筑波勢内一部集団による愚劣な行動が決定的に否定的に作用しました。栃木町の町民は蜂起勢の動きに、当然のことながら反対の態度と行動をとることになり、蜂起勢の事前の楽観的予想に反し、早期の敗北と赤尾小三郎も含めた蜂起勢の大量処刑という結末を迎えることとなったのです。

(10) 御一新と下野の志士たち

出流山蜂起が失敗したといっても、政治の激動はくいとめることは不可能でした。旧幕体制がいつまでも続く訳はないのです。旧幕追討の東征軍が一八六八年二月から三月にかけ、江戸に向け東海道・甲州街道・中山道の諸道から進撃、この中で上野の地は一時期、世直し一揆があれ狂う無政府状態となりました。

この幕府崩壊、維新新政権樹立の転換点において、いかに下野に新体制を創り上げるのか、一八六四年後半期からの政治反動を経験した下野においては、宇都宮藩以外に目立った勤王藩は存在してはいなかったのです。

このような不利な状況下にあって、中央政権の中で、しっかりとした政治的地歩をかちとった人物が少なくとも一人はいました。松本暢（誠庵）です。彼は脱藩後上京、色々と画策したものの、手掛りのないまま、尾張藩を頼っていたのです。彼は一八六六年五月二三日付の書状で中津川の平田国学者たちに左の如く述べています。

> 其時分は種々御厚志、千万奉深謝候、御別後上京之所、在京之諸友人彼是散乱し、相のこり候分は皆々前議相変、右に付、志願の節も相違仕、此程は名古屋城中鷲津と申人に偶居罷在候、少々是には策も可有之と奉存候、不遠（とおからず）御地へ罷出申度、何卒其節はよろしく奉希（ねがいたてまつり）候、是非漸時御地にて安地をなし申度（たく）、御周旋伏（ふし）て奉願上候

書状中の鷲津毅堂は一八六五年一一月まで江戸で生活していた尾張藩儒者であり、江戸において彼と松本は共に儒学を学ぶ者として旧知の間柄であったに違いありません。そして尾張藩は王政復古の際には維新政

府の側に立つことになりますが、青松葉事件で多くの親幕派門閥家臣等を強引に切腹させなければならなかったように、藩体制そのものは守旧的体質のままであり、その尾張藩が時勢になんとか乗り遅れまいとするならば、武士身分以外の藩内有志・草莽層部分を草莽隊に組織し、江戸・北越・東北に発向させなければならなかったのです（中津川の国学者は勅使岩倉具定・具経に従い中津川隊を組織して江戸に向いました）。このために組織された尾張藩草莽隊の代表的なものが磅礴（ぼうはく）隊と名乗った集団であり、尾張藩内各郡の庄屋層がその幹部となりました。この磅礴隊隊長に任じられたのがわが松本暢なのです。松本は同隊を率いて活躍し、その後は刑部官・司法省の官吏になっていくことで維新政府の一翼を担い、佐々木高行の厚い信頼をかちとり、一八七六年、官僚を辞するまで、官界で大きな影響力を有することとなりました。そして、彼の庇護者の鷲津は一八六九年八月、東北登米県権知事となって赴任し、その後は松本と同じく司法省の官僚となるのです。

私は、松本暢が下野の旧草莽・有志の取りたてに大きな役割を果した、と現在のところみています。壬生藩ではその動きは非常に顕著であり、同藩の後見役的働きをおこなっており、前述した一八六四年七月、彼と共に失脚した壬生藩尊攘派の全員が一八六八年には復活し、廃藩置県までの壬生藩藩政のリーダーとなるのです。

また一八六九年八月には、松本と同門の国分義胤が奥州江刺県大参事に任命されて任地に赴き、田中正造の同門織田龍三郎が府県学校取調を経て刑部省の史生に任命される動きも、松本の介在無しに考えることは難しいと思います。

そして田中正造自身もまた、対六角家闘争の過程で投獄される苦難を経た後、ようやく解放され、東京の織田龍三郎宅で食客の生活をしていた一八六九年、江刺県下級官吏の口が飛び込んできました。同県大参事の国分義胤とは幕末期には既に知り合っていたと思われ、国分のあとをおって一八七〇年初頭、結婚はしてはいましたが、単身江刺に赴き、同県分地の今の秋田県鹿角郡で活動するのでした。

しかし正造は一八七一年に入り、こともあろうに上官暗殺のぬれぎぬを着せられ、七四年まで三ヶ年の長きを劣悪な状態の牢獄に投ぜられてしまったのです。

この二度の投獄の中で、正造は封建制下の抑圧に加え、藩閥官僚的な恣意的な不当な処分に対しても、骨髄にまで浸透した憎みをいだくようになります。正造は、①抑圧への燃えるような、しかも持続性ある抵抗心と闘争心、②人間の自由と財産を守る上での法律の大切さの認識、③そして、地域のことは地域の人間が考え決めていかなければならないという地域主義の三つの確信を胸にひめつつ、一八七八年、栃木県の自由民権運動に乗り出すのです。

おわりに

明治維新というと、すぐに薩摩の西郷、長州の高杉、土佐の坂本といった話となります。しかし、なにも西をむく必要はさらさらありません。この下野の地にもまた、幕末維新期の変革を考えさせる上での大切な材料がごろごろころがっているのです。地元の史料に関心をよせず、はるか離れた遠方の史料を見たところで、それほどの発見があるとは思われません。下野をふくめ、各地域からの視座と各地域からの史料によってこそ、地域にねざした幕末維新の物語がつむぎ出されるのだ、と私は考えているのです。

四　色川三中をめぐる江戸と地域の文化人

はじめに

私が今回、「色川三中(いろかわみなか)をめぐる江戸と地域の文化人たち」と題してお話を行うことになったのは、土浦市立博物館が色川三中とその弟美年(みどし)が長年記録し続けてきた大部の「家事志」と題する日記をようやく活字化し、それを記念して「色川三中と幕末の常総」を開催することになったからです。この六冊の日記によって私たちは色川三中の土浦の商人としての旺盛な活動と、彼の国学者としての偉大な業績が全体としてつかめることになりました。

ご案内のように色川三中の土浦商人としてのオリジナリティに富んだ活動と、しかも商売を潰すことなく家の経済と自分の国学者としての活動を両立させた、見事な商人知識人像は慶應義塾大学中井信彦先生の丹念なご研究によって日本歴史学界の共有財産になっています。それだけではなく、土浦というこの町を全国的に知らしめる貴重なシンボルともなっています。

ただし、私たち常総地域に暮らす者たちに遺してくれた色川三中の大いなる遺産は、中井先生のお仕事を大前提としながらも、明らかにしていかなければならないところが依然として多いと、私には思われます。その前進させるべき仕事の第一歩が今回完成した『家事志』全六冊の刊行になると思っています。ここには一九世紀前半から幕末にかけての土浦の商人社会が、手に取るように記録されており、歴史学界では女性史の史料が少ないので、女性史研究はできないといった言い方がなされ続けていますが、この「家事志」には色川家の女性を含む、さまざまな階層の土浦と常総地域の女性が登場し活動しております。この「家事志」だけでも、何本も良い女性史の論文が書けるはずです。

私など各地にでかけていますと、それぞれの町が町おこしで必死になっています。水木しげるの漫画、藤子不二雄の漫画などをつかって町おこしをしているのも見てきました。子どもさんたちが喜ぶし、悪いことではないと私も思いますが、五〇年一〇〇年と蓄積され、それをもとに土浦の町、常総のこの地域から、日本の歴史、日本の文化というものをしっかりととらえさせていくうえでは、この色川三中という突出した商人知識人はさらにしっかりと研究され、その成果を展示の形で土浦市民と日本国民に還元されるべきだと私は確信しています。

この意味では、「読まれもしないのになぜ金をかけて史料集を出すのだ」と言いそうな無教養な行政担当者は幸いこの土浦にはいらっしゃらないようです。きちんと『家事志』全六冊の刊行を完了させた土浦市の行政担当者の見識に敬意を払いたいと存じます。

私は歴史研究者の一人として、以前からこの色川三中という商人知識人であり、優れた国学者であった人物に関心を寄せてきました。今回展示されているペリー来航時の三中の風説留「片葉雑記（かきは）」は中井先生の翻刻本で熟読し、その情報収集能力の旺盛さとともに幕藩体制の動揺に対するすぐれた三中の感覚に感心させられた一人です。

そして今回、博物館の方からこの特別展の際、何かしゃべってくれと依頼されたとき、意外と容易にお引き受けしたのは、私が以前から抱いていた疑問、つまり国学の歴史といえば、国民的常識になっている荷田春満、賀茂真淵、本居宣長、平田篤胤、すなわち国学の四大大人（うし）と言われる学問の流れのなかで、この色川三中の国学なるものはどのような距離関係にあるのかという疑問を、この機会に少なくとも私が納得できる形であきらかにしたいという気持ちがあったからです。

そのために、東京の静嘉堂文庫が所蔵している大部の色川三中宛来翰集の写真帳を見る機会を与えていただいたことに博物館の方々に心より御礼申し上げます。この写真帳には発信者の名前とその手紙の内容が、しかも発信した年月日とともに明らかにされた詳細なデータがつけてあります。史料整理の鑑(かがみ)だと私には思われます。

(1) 三中における国学への道

土浦の薬種商で三中の和歌の門人でもあった橋本権七という人物は、常にこう語っていたそうです。「商人にして書を読み、古を好むものは大方家産を破りて世の人にあざけらるゝを、三中は書を読みながら家産を起こして世の人を驚かしたり。はなはだ珍しき翁なり」と。私は三中の国学への道はその商売、商人の活動と密着し、商業実践の中で鍛えられていくものだったがゆえに、矛盾をきたすことなく、その経済活動そのものが学問の裏付けをなしていったのではないかと感じられるのです。

第一に、色川家は三中によって薬種店として発展させられました。薬の効能、その処方の仕方といったことは漢方医だけではなく、薬種業を営む商人にとっても、もし、その商売を真剣に発展させようと決意していた者にとっては必要不可欠の知識となっていきます。また、いうまでもなく、漢方薬の場合にはほとんどが中国からの輸入品であり、その薬草の効能と同一の効能をもつ日本の本草が存在すればそれに越したことはありません。書物の知識だけではなく、常総山野の植物を見る目を育て、可能なら栽培できないか、いつも注意しておかなければなりません。

それだけではなく、日本ではどのような医学書、どのような本草書がつくられてきたのか、どのような日本の薬草が古くから利用されていたのかという知識とその研究は家業と分離したものではありませんでした。

三中は「大同類聚方」とか「医心方」とかいった古代の日本の医学書に生涯深い関心を寄せ、「大同類聚方」の異本を写し、校合し、その注釈書を作ろうとし、また、薬品の考証を行い続けました。この家業と不可欠な古代医学書、本草書の研究が彼を古代と国学に引きよせる第一の要因になったと私はみています。

そして、古代の文献や和歌に出てくる山野の木、草、花についての極めて正確な知識を三中に与えてくれたものでもありました。

第二に、度量衡の研究も三中の家業とは分離してはいませんでした。漢方薬は高価であり、微量な薬品においてはその重量を正確に量ることは商いそのものになりますし、弟美年に薬種店を譲ったのちの醤油醸造業においても一石、一斗、一升といった計量の課題はおろそかには決してできず、そしてその関心が広がるなかで、この度量衡の変遷へ問題意識は発展し、さらに田制・租税の変遷という歴史学の一番基礎的な研究課題に三中は迫っていきました。

この課題では二〇歳以上離れた豪農で農政学者の長島尉信（やすのぶ）に大きな影響をうけてはいますが、色川家と代々親戚関係にあった姫路藩儒の諸葛（もろくず）家においても、妹れいの嫁いだ夫諸葛尚一郎の祖父、諸葛琴台も「律量全編」を著した著名な度量衡の研究者であり、その息子諸葛帰春もこの問題にはきわめて強い関心を寄せ続けていた儒学者でありました。

三中の個人的関心はこのひろびろとした江戸後期の学術世界の中で鍛えられていくことになります。そもそも度量衡問題は儒学・漢学が考証学的性格をとったとき、最初にぶつかる大きな課題でした。

漢籍に出てくる一里、一斗、一斤といった度量衡の単位は日本ではどのように換算すればいいのか、そこから日本の考証学は出発したのです。そのプロセスで最上徳内や狩谷棭斎の優れた実証研究が行われ、そして、三中はこの漢学考証学の成果を全面的にふまえ、日本の度量衡と田制、租税の歴史的変革そのものに迫ろうとしました。

第三は、いうまでもなく、和歌を介しての日本の国学と古代への接近です。ここで注意していただきたいのは、一九世紀、文政期から幕末にかけての和歌の流行を、単に文学史的にとらえ、その歌詠みの作品を文学作品として決して捉えてはならないということです。むしろ、この時代にはいると歌を詠むこと自体が被支配階級上層の生活文化そのものになっていったということを理解することが大事なポイントなのです。

正岡子規が俳人たちの古くさい俳句を月並俳句と非難して以降、月並みという言葉は、否定的な意味合いをもたされて今日まできていますが、文政頃から広がる俳句にしろ、和歌にしろ、月並みの俳句の会、月並みの歌会で修練しないことには、一般の人はその和歌を作る技量を磨くことはできませんでした。豪農や富裕な商人たちにとって和歌は突然必要とされ、詠まなければならない必須の生活文化、社交の道具になってきたのです。

一八三一年、天保二年、三中も江戸の歌人菅沼斐雄(すがぬまあやお)に入門しますが、斐雄は香川景樹の門人、古今派の人ですから、はじめから国学をやるつもりであったとは思えません。しかし、和歌の修練を積むなかで国学と万葉集への関心が高まっていくのは自然のこと、当然、ごく当たり前なプロセスのなかに三中もいたのではないでしょうか。

一八三六年、天保七年、橘守部に入門するのも、橘流の国学に心酔して入門したというのではなく、万葉集について各種のすぐれた研究を旺盛に行っていた守部に学ぶためだったと私には思えます。

三中のような徹底した実証家においては、師匠の説といえども批判すべき点はずばずばと批判しており、守部に対しても例外ではありませんでした。国学者守部は本居宣長に対し、強い反対の立場を貫きますが、三中はそれにはまったく同調してはいません。三中にとっては直接の国学の師といえる人物は存在せず、常総地域に自立して屹立する国学者でありました。

むしろ、彼の学友、下総佐原の国学者清宮（せいみや）秀堅が本居宣長の著書「真暦考」を三中から借用して返却する際の礼状に「かえすかえす本居氏卓識、佩服の至に候」と書いているように、三中は本居宣長の著作を広く集め、深く学んでおり、国学の系統としては本居宣長の卓越性に心から心服していたと私は見ています。

明治以降の近代的な文学観からすると、三中の和歌は文学史の中ではまったく相手にされないでしょう。しかし、三中の若き協力者、水戸藩士の久米幹文がいみじくも三中は「ヨミ口」、つまり和歌の名手にはならないけれども「人の歌を評することは頗る得られたり」と評しているように、月並歌会での和歌の指導者としては他の追随を許さぬ抜群の力量の持ち主でした。古歌のひとつひとつの言葉の意味、動詞や形容詞の活用変化、係り結びの正しい使い方や枕詞の由来、そして何よりも和歌の作り手の和歌をよりよくするための助言の適格性、今日でも昔でも、よき研究者はよき教育者にはなれません。本当の教育者だけがもつ教育力、弟子の能力を引き出し、開花させ、弟子に自信をもたせる力を、「ヨミ口」ではない三中は豊かにもっていました。

土浦や常総の各地の人びとが三中の指導をうけるため、この土浦にわざわざ集うことになるのは自然の流れとなりました。その一人に、土浦善応寺の住職、還俗する前の佐久良東雄も加わっていたのです。

（２）地誌集成への収斂

ここでお話した流れがそのまま続いていたとしたら、物事に通じ、国学と度量衡の知識豊かな優れた和歌の師匠として色川三中は土浦の町の文芸の中心人物として、その生涯を終え、そしてやがて、忘れさられていったことでしょう。そうではない、今日の我々が知ることになる三中の動きのきっかけは、大部の三中宛来翰集のなかに二通見いだされます。

一通は、弘化二年、一八四五年四月一五日付けの、香取神宮神職で録司代家といわれている香取左織の手紙です。左織はそれ以前から三中の家へ、おそらく和歌の指導を受けるために出入りしていた神職ですが、この手紙の中で、旧年はお世話になり、ご秘蔵の御書を拝借したと礼をいうと同時に、「当社御参詣の事に付、古文書御校合、且亦元亀天正間の書物等御一覧被成度由、是亦兼々（香取神職たちに三中の）存意を申含め置候処に御座候間、御心易く思召可被下候」と、皆さんご存じの香取神宮文書調査に全面的に協力しましょうと快諾の返事を出しています。

と同時に中世から近世の移行期に関する三中の強い関心がすでに香取左織には語られており、まさに満を持しての色川三中の香取文書調査が弘化二年九月から開始されるのでした。

三中の性格にもよるのでしょう、極めて丹念かつ正確無比なこの大調査は今日でもそのまま使用できるレベルの高いものであり、また、香取文書は中世の東国では極めて数少ない貴重な史料群、しかも、社会の下層まで解明できる性質をもっている史料であることから、三中は中央政局や公家・武家といった支配階級の歴史ではない、新たな志向性をもった歴史研究を行おうとしていたのだとの評価もなされているようですが、今日の立場でそのように言えるとしても、当時の三中の発想のなかにこの香取文書調査がどのように位置づけられていたかは、これはこれできちんと検討されるべき問題だと私は思っているのです。

今回の展示図録の一〇一頁を見てください（図版省略。以下略）。日常的に色川三中と行き来していた地元の長島尉信は別格として、江戸の和学者の中で、三中ともっとも気が合い、三中との学問交流が極めて深かったのは、その書状点数六三通ということからもわかるように山崎知雄という人物でした。彼は三中が香取文書調査をようやく完了させたとの嘉永元年一一月の喜びの手紙を出したのに返書して、次のように書いています。「当秋中は香取辺へ長々御逗留、古文書ども多分御写し取相成候由、珍重の御事に奉存候、右につけても地誌御集成の義、御出精奉歎候」と同慶の意を表しているのです。三中は、親友山崎知雄に対しては、香取文書調査は下総国地誌集成事業の一環だと常に話していたのです。ご存じのように香取神宮は下総国の一宮、下総国々庁においても、下総国守護所においても、香取神宮の維持・経営は最重要の国務となっており、逆から見れば香取文書を詳細に調査することによって、下総国全体をつかみうる地誌集成のカナメ的な位置にこの文書はありました。今日の地理でいえば、隅田川以東の東京都も、古利根川以東の埼玉県も、鬼怒川以西の茨城県もすべて地理的に掌握できる位置が香取神宮であり、その文書となるわけです。

全国六〇余州の国々の地誌とは、それぞれの国の村や町、そのひとつひとつをその地の歴史の深みのなかでとらえさせ、そこに働き住み続ける人々を貫く、上古からの歴史性をその足下から捉えさせるところにこそ、意味がありました。奈良や京都の歴史においてではなく、その生まれ育ち、労働し、そしてその地に骨を埋める、そのような具体的な土地、郷土と意識される、上古からの歴史性に貫かれた土地への認識が地誌という学問に結びついていたのです。

下総国には風土記が残ってはいません。しかし一〇世紀の「将門記」には東国では唯一といっていいほど、将門を含め、その地で育ち、戦った人びとの村々と地名が詳細に残されています。三中の下総国地誌の関心の中に、この「将門記」が提供してくれている数多くの地名への異常ともいえる探求がみられるのも、この地誌集成事業の一環でした。

山崎知雄という人物は「六国史」のあとをうけ一〇三六年までを記述している「日本紀略」の校合と注釈に当時全力を投じていましたが、三中は「日本紀略」の将門に関する記述のなかの「辛島」という漢字の書き方、これは「幸島」の誤りだということを詳細に考証して、山崎に手紙を送っているのです。下総地誌への三中の知識の豊かさには舌をまきます。

三中における上古への遡及は国学者のしからしめるところでしょう、律令制以前、下総の上代がどのようなものであったかの探求にも現れています。三中は下総国猿島郡矢作村の名主富山三松が天保九年に掘り出したと言われる、高さ一尺、厚さ六、七分、色「どす黒き方」とされる「大化五子年三月十日」と文字の書かれている土器の図を入手し、「日本書紀」によればこの大化五年は酉年で子年ではない、なぜこのような干支の食い違いが出てくるのか、詳しく検討を行っています。図の入手は、一八五〇年、嘉永三年のことです。

三中の地誌集成への収斂の発端を示す第二の書状は、弘化二年三月二四日付けの山崎知雄の書状です。そこでは、去年、すなわち、弘化元年一二月に初めてお目にかかった。そのときにご用立てした古文書一冊、すぐにご返却いただきかたじけない。昨年お約束くださった「上宮聖徳法王帝説考」お送りくださり、ありがたい。すみやかに写し取る。東大寺文書のご所蔵なき分、岸本由豆流(ゆずる)から借りてお渡ししたいが、目下岸本からは「三代実録」の異本を借用しているので、もう少しお待ちいただきたい。昨年お会いしたときに話題に出た狩谷棭斎の「本朝度量権衡考」は一五〇丁ほどの草稿ができているようなので、ついでの節、聞き合わせ借り出してみよう。さすが学者同士、初対面の時から東大寺流出文書のことにいたるまで、詳細に、しかも対等に、学者として話し合っていることには感心させられますが、この山崎書状の中でも一番大事なポイントは先便で塙次郎への手紙を受け取った、早速彼のもとにとどけておいた、という一句です。

一八三六年以降、師匠として教えをうけていた橘守部は独特の立場を守った国学者ではありましたが、その学風のしからしめるところでしょう、幕臣塙次郎が統括している和学講談所とは特別のコネクションをもってはいませんでした。塙家二代目の塙次郎をもり立て、和学講談所の活動を支えた、古典籍に詳しく実証的に研究を進めていく講談所和学者グループの中心人物の一人がこの山崎であり、山崎とならんで塙次郎の信頼が最も厚かったのが、山崎の紹介で三中が親交を結ぶことになる黒河春村、明治期学術世界でその名を知られる黒河真頼の養父なのです。この山崎・黒河という和学講談所二大相談役ともいいうる江戸の和学者を介して色川三中が塙次郎に接近したのはなぜか、それは、初代塙保己一の腹心で、彼の伝記も執筆している常陸出身の幕臣国学者中山信名の残した膨大な常陸国関係史料とその中核をなす「常陸国誌」草稿全体を入手することにありました。

醤油西丸御用達（ごようたし）とはいえ、三中は純然たる土浦の一介の商人、その人物が幕府直轄和学講談所の抱えていた大量の中山史料をいかに目的意識的に一歩一歩、山崎と黒河をせっつきつつ、講談所側が少々ならいいというのを最終的には「中山遺書」とよばれたこの全体を土浦に移すことを実現させたのか、しかも、「中山遺書」の全体を土浦に移されては和学講談所自身が困ってしまうほどの良質の諸史料がそこには入っているので、山崎・黒河ら講談所和学者グループがそれらの写本を作った上で土浦に送りとどけていく、その一冊一冊の記録が大部の三中宛来翰集をつらぬく、太い赤い糸になっているのです。

これらの書状は貸借記録としてきちんと残さなければならない最重要のものであったからこそ、来翰集がしたてられていったのでした。今日の図書館・博物館のように、貸借事務が厳しくなかったせいか、相当あとになって岸本由豆流蔵書の中に借り出されていた「中山遺書」が発見されて三中のもとに送られ、三中が大喜びすることも起こっています。

中山信名の「新編常陸国誌」は、彼が幕臣として和学講談所の蔵書をフルに活用し、常陸出身幕臣という強い立場もあったのでしょう、水戸の彰考館が長年収集した諸史料も活用、さらには和学講談所での各地の出張もその仕事を助けたと思われます。しかも、信名個人の仕事というよりは、寛政改革のひとつの柱、「御府内備考」「新編武蔵風土記稿」「新編相模風土記稿」などの国家的地誌編纂事業との関連においてなされた大事業でした。

しかしながら、天保中期以降幕府は地誌編纂などやるゆとりはまったくなくなり、文化行政も「群書類従」を刊行する発想がなくなり、予算もつけないまま、和学講談所にもっと幕府が緊急にしなければならない仕事をかぶせるようになっていきました。中山信名の史料はその没後、和学講談所の中に死蔵され、虫の喰うままに放置されたままでした。

これに目をつけ、最終的には「続群書類従」出版経費として四〇両を出すから「中山遺書」を一括して預かりたい、買いたいのではなく、一括して預かりたいと、つまり、公的機関が保管しているものを売買の形を取らず、一括して預かり、要求があればいつでも「御返上申、指支相掛申間敷候（さしつかえあいかけもうすまじく）」との証文を山崎・黒河の二名を証人にたてて和学講談所の塙次郎との間に取り交わすのは、一八四九年、嘉永二年三月のことになりました。

三中がねらいを定めた一八四四年、弘化元年から五年をかけてのことです。そして、一括預かりの名目は、「常陸地誌編集志願」と記し、きわめてはっきりと三中の目的が明示されたのです。この「中山遺書」は黒河の書状によれば「常陸国誌五十冊ばかり、常陸編年五十冊許、その他、手沢本、常陸の古秘書類おびただしきもの」となっています。

今回活字化された「家事志」によって三中がいかに精力的に「中山遺書」整理に取り組んでいたかが手にとるようにわかるようになりました。それが一段落したのが、嘉永五年九月のことでした。その報を聞いた山崎は、「中山遺書の儀格別御丹精を以六七十冊御仕立の由、誠に厚き御丹精の御儀、君ならずして誰かなすべきと奉存候、中山信名霊あらば如何計(いかばかり)に泉下において悦可申事と思ひやられ申候」と感服の意を表しています。

「新編常陸国誌」は通常、中山信名(のぶな)著、栗田寛増補という形でしか紹介されていませんが、色川三中の果たした多大な役割をきちんと評価しなければ、この「新編常陸国誌」を使う資格はない、しかも草稿のまま途中で途切れているところが多いのを、どこを三中が清書のなかで補ったのか、どれが栗田の手によるものなのか、それがまだはっきりしないままに今日まできていることは残念なことだと私は思っているのです。

下総国は何一つ地誌がありません。その第一の手がかりを香取文書調査で作り出し、常陸国は「常陸風土記」がすでに存在するうえに、すばらしい中山信名の「新編常陸国誌」草稿が残っていたので、それを整理し、欠落した部分を色川が調査、補足、増補するという形で、ここに常総地域の地誌が、この常総という土地の要求に基づいて、はじめて顕しだしたのです。

（3）地誌集成になぜ収斂したのか？

では、なぜ、この一八四四年、弘化元年の末からこのような集中的な事業に三中は突入したのでしょうか。短い人生を考えると、無謀ともいえるような大事業に対し、一歩でも二歩でも前進できるように、一八四七年、弘化四年には図録の八四頁にあるように鏡を作らせて自分の魂をそこに込め、神の加護を祈念するまでになりました。そして、それまでの和歌の指導すら重荷となり、親しく教えを受けにきていた取手の西、稲村の山崎八郎兵衛は――土浦まで水戸街道をてくてく来ていたことでしょう――嘉永元年六月、「今後和歌や文章の手直しはできない」と三中から手紙を送られ、破門されたと思って大騒ぎする事態まで引き起こすことになりました。

この一八四四年、弘化元年は三中が四四歳、しかし、あとを継がせようと考えていた三弟御蔭（みかげ）は武家奉公が長かったためか商人生活になじめず、その後は家を出てしまうような状態、隠居どころの話ではありませんでした。

私はその理由をふたつの材料から今、推測しています。ひとつの材料は繰り返し言うように今回活字化された「家事志」のなかの記載です。この時期は薬種店をまかされた次弟の美年が記入していますが、極めて特徴的なことはこの弘化元年、開国勧告を目的に長崎に入港したオランダ軍艦、及び、この年琉球に来航しその地に宣教師フォルカードを強引に遺していったフランス軍艦の情報が不正確ながら大きく繰り返し書き込まれていることです。商売の中でも中国からの輸入品に大半を頼る薬種業は、とりわけ対外関係に敏感にならざるを得ない商売でした。

あとひとつの材料は、これまで繰り返し言及してきた大部の「三中宛来翰集」がこの弘化元年から始まっているということです。橘守部との交流は相当以前からあったのに、また、長島尉信との交流ははるかにそれ以前から存在したのに、それまでは来翰としては遺されてはいません。そしてこの三中宛の来翰集の第一冊冒頭には「大祓祝詞」が貼付されています。極めて意図的にこの来翰集への貼り込みが開始したことは、ここからも明らかです。「大祓祝詞」とは、外から侵入してくる災変・災厄に対し、その災いの除去を神に祈念する際の神道では非常に重要視されている祝詞です。

そしてこの第一冊には、弘化元年七月二〇日付けの長島の書状があります。「長崎蘭船カピタンより上書、今般商売筋に無之（これなく）、御方様御政道御為筋（おためすじ）可申上と申、別に舟を出し、六月十八日頃より、七月二日までに着岸可致と申出候旨」、七月二六日付けの島田虎之介の書状があります。「此節崎陽へ蘭の官船着岸、全く蘭の官船と申すは軍艦の仕立に御座候由、アンゲリアより何か頼みに付き参り候事」、八月三〇日、大久保要の書状があります。「此節は長崎入津蘭人願上、并に琉球え入津フランス軍艦、日本へ可指向との一条、薩州より御届けに成候とは神州を軽視いたし候事苦々敷事」とそこには記されているのです。

ただし、この「大祓祝詞」が冒頭に貼られていること、しかも、貼られている書状は年月日順ではなく、弘化元年と二年が入り交じって貼られているところから見ると、もう少しあと、おそらく弘化三年から四年ころに、事の発端から記録を残そうと三中が思い立ったのではないかと私は今のところ判断しています。

自者認識は他者の存在なしには土台ありえないし、作りえません。他者の強烈さ、恐ろしさをリアルに認識したものだけが、自者というもの、自者の由来というものを認識しなければならないのだという一般論を前提とするならば、三中はその国学の知識と蓄積のなかで、自分が商売し、生活するこの常総の地の中から、もう一度その生活の場から地域を捉え直し、そして自分だけでなく、常総地域の人びとによっても、この地域の歴史性とそのかけがえのない大切さを認識してもらいたい、この強い祈りにも似た三中の思いが彼のその後の学術活動を下総・常陸両国の地誌集成という気の遠くなる大課題に急速に収斂させていったのではないかと、私は今、みているのです。

(4) 三中と江戸の文化人たち

常陸・下総両国の地誌集成という気の遠くなるような大事業は、両国在地の史料だけでなされるものではありません。律令体制以来、租税も含め、中央政府の政策、人事との関係のなかでしか捉えることは不可能です。この意味でも三中という国学者は第一級の力量を有した人物でした。

基本的な諸史料をその財力も与ってのことでしょうが、極めて旺盛に収集し続けています。「日本書紀」の異本はあまりに当然のことながら、平安時代では「三代実録」「日本紀略」といった歴史書、「令義解」

「令集解」「三代格式」や「政事要略」といった法制書、「春記」「中右記」「台記」といった公家日記、「外記日記」といった官庁の公務日記、平安末から鎌倉時代では九条兼実の「玉葉」、三条実房の「愚昧記」、藤原定家の「明月記」、そして、九条道家の「玉葉」、古い辞書としては「拾芥抄」、室町時代にはいっても南北朝期の「園太略」、一五世紀では中原康富の「康富記」や中山定親の「薩戒記」、一六世紀では「多聞院日記」、さらに近世まで入る神道家吉田家出身の「梵舜記」、そして、すべてを通じて最大の必須文献となる「公卿補任」も、収書の対象に当然のことになっていきます。

また、関東地域での地誌編集から、一五世紀の関東の動向を知る上で必須本である「永享記」、一六世紀の「北条分限帳」もそこには当然加わります。「関東古戦録」はすでに中山蔵書の中に入っていました。今日の歴史学界ですと、平安時代の「中右記」を使う研究者は鎌倉時代の「玉葉」は見ません。鎌倉時代の「玉葉」を使う研究者は室町時代の「多聞院日記」を研究することはまずありえません。地域をその総体としてつかみ取ろうとする国学研究者だけがこのような幅広い視野を持ち、その中から地域の情報を一文字たりとも見逃さない鋭敏さをもつ学者だけがこれらの史料全体を使いこなすことができるのです。

この意味においては、三中が江戸の和学講談所の塙次郎に関係をつくりだしたことは決定的な意味をもつことになりました。講談所は当時日本で最大の古記録・古文書集積機関であったからです。三中はその史料を和学講談所グループの山崎・黒河の両者を介して借用し、また写本を依頼し続けました。

この彼の収書事業のおかげで、和学講談所以外の蔵書家の所在を私たちも知ることができます。小山田与清の蔵書が水戸家に入り、屋代弘賢の蔵書が蜂須賀家に入ったのちでは、岸本由豆流家が東大寺流出文書も含めて、極めて良質の古文書・古記録を持っていました。

旗本では、和学者村尾元融が新見家で仕事をしているように、新見正路家が多くの良書を蓄えていました。

また、旗本那須家にも同様の蔵書が集まっていた旗本でしたので、山崎や黒河はこの那須家とはきちんとパイプを維持していました。

また、幕臣では和学講談所の内藤広前も相当の蔵書家です。さらに和方家と呼ばれた古医方の佐藤民之助も古代戸籍文書を含む優れた収集活動をしていた国学者であり、三中はこの収書活動の中でこの佐藤民之助とも親交を結ぶことになります。

ただし、収書家としては三中自身も人後に落ちない、貪欲な収書家であり、狩谷棭斎「箋注和名類聚抄」や「本朝続文粋」、あるいは、「駿府政事録」などは、講談所グループに彼が貸し出しています。

そして、この和学講談所、及び講談所グループと一部は重なりながら、大半は自分のお抱え和学者を動員して紀州藩付家老、新宮の水野土佐守が秘蔵史料を『丹鶴叢書』として弘化四年から嘉永六年まで一九七巻一五二冊として続々と刊行、さらに『丹鶴外書』として「史蹟年表」一四巻その他を出版しつづけました。このうち、「史蹟年表」は講談所グループの出版計画とぶつかっていた史料であり、三中においてもこの『丹鶴叢書』におさめられた「今昔物語」を、自分の所蔵している「今昔物語」写本と比較して、その相違をチェックしています。

これらの和学講談所グループの学者たちからは、色川三中は常総地域の地誌研究者・田制研究者として深く信頼されることになりました。「続日本紀」考証に生涯をかけている村尾元融は七〇六年（慶雲三年九月条）田租町一五束全国賦課の条文について問い合わせしています。

「新撰姓氏録」考証に当時全力を投入していた内藤広前は常陸国に藤原鎌足の事跡があるのかどうか、問いただしています。「三代実録」校合に集中していた高橋広道は「笠間郡裁縫の里」――笠間郡というのは中世の呼び名です――と、ある史料にあるが、これをどう解釈したらよいのか、山中護岳は「将門記」にかかわる平国香や平貞盛の卒年月日を質問し、さらに、黒河春村自身も、常陸国内での金銀採掘史料を三中に尋ねることになるのです。

（5）三中と常総の文化人たち

私たちはこのテーマを考える場合、二つのことを前提におく必要があります。第一は東京集中、地方衰退という今日的な状況を投影してはならないということです。「続群書類従」刊行の運びとなりましたが、「続群書類従」は「尊公中興の大檀那」と黒河春村に三中が称賛されるように、地域が江戸を支えるようになったのがこの時代でした。

この黒河にしろ、その生業は和歌の師匠として成り立たせ、上州の豊かな豪農・豪商たちが彼の生活を支えていたのです。地域と地誌の発想はこのような時代状況の反映でもありました。

第二は常総という地域を常陸と下総という二つの地域に区分してはならないということです。今日とは異なり、この時代は水運の時代でした。早い話、「中山遺書」や江戸購入の膨大な史料や書籍は江戸から川船で土浦に運ばれてきます。下総の佐原や香取との交通、書翰運搬も利根川・霞ヶ浦の水運が利用されました。常総とは常陸と下総の二つの国をいうものではなく、この水と船で日常的に経済的に文化的に結ばれていた一体の地帯を表す歴史的用語なのです。

三中がなぜ下総と常陸の両国の地誌を併行して集成しようとしたのかは、一つにこの地域的まとまりがあったからです。下総では佐原が文化の中心地であり、この当時この中核になっていたのが三中より四つ若い伊能穎則（ひでのり）という呉服商を営んでいた歌人であり、すぐれた歌詠みであると同時に、和歌を通じて国学者に成長した典型的な人物でもありました。

伊能はこの佐原の地においても、香取左織が「随分に学文闌と申仁に御座候」と激賞している歌人ですが、嘉永元年からは江戸本所に出、和歌の師匠として生計を立てながら、江戸の歌壇を厳しく観察し続けてもいました。他方で伊能はこの色川三中を和歌の指導者としても国学者としても深く尊敬し、嘉永六年二月の書状には「ただ貴兄、黒河氏などは道の柱石とおろかなる心にも頼母敷、御出府も御座候はば、一堂上に手を握り、平素の欝懐を開申度」と率直に心情を吐露しています。

佐原の名家清宮秀堅の財政援助をうけ、伊能は嘉永六年二月、香取の歌人伊能魚彦、永沢躬国、椿仲輔、そして取手の歌人沢近嶺、四人の和歌を編集して「香取四家集」と題し、三中にも五部贈呈し、その批評を仰いでいます。

伊能穎則の教えをうけつつ、三中の指導をうけながら下総の地誌を本格的に解明しようと試みるのが、三中より八歳年下の佐原の名家清宮秀堅でした。三中から「三代格式」、「関東古戦録」「令集解」など地誌編纂の基本史料を続々と借り出しながら、よくまあこれだけ注文するものだと感心するほど借り出しながら、他方では嘉永元年には幕府が以前全国的地誌編纂用に作成していた「地誌采用書目」という目録を江戸に出て写し取るなど、真剣な地誌編纂への腰の入れ方をしています。

そして、この着実な研究の上で、金石史料の所在情報も書き入れた「下総国図」や「成田参詣図会」などの地誌刊行を試みました。この清宮は三中の研究姿勢に学び、上代の遺跡・遺物にも強い関心を示し続けました。先に述べた矢作村の大化五年の古壺の所在を三中に知らせ、もしかしたら中国暦ではない、日本古来の暦法があったのではないかとの意見を述べるのも清宮なら、三中が「黒坂命墳墓考」を書く発端になった古墳出土の情報を江戸出府中につかんで、直ちに三中に連絡するのもこの清宮でした。

清宮がいかに地誌をその地域の歴史性をふまえ、地域の歴史性の上に立って構築しようとしていたかは、嘉永二年二月の三中への質問書状によってもあきらかになります。清宮は三中の話を聞いて理解はしているが、その史料、その典拠を明示して欲しい、律令以前は曲尺一尺五寸が一尺だったという根拠は何か、律令以前の二五〇歩が五〇代（しろ）だったという根拠は何か、律令以後、一尺二寸五分を一尺としたという根拠は何か、天正年中まで一尺は今の曲尺一尺二寸五分でありつづけたかどうか、その根拠、天正中、三六〇歩のうち六〇歩を削ったという根拠、文禄三年、曲尺六尺五寸四方を一歩としたという三中説の根拠、文禄期日本の総石高一八〇〇万石としたとの根拠、徳川時代に入って二二〇〇万石としたとの根拠、そして、つい最近天保三年は三〇〇〇万石だとした三中の根拠を具体的に問いただしているのです。

この質問にもあるように、度量衡問題は一般論にとどまるのではなく、それぞれの国の地誌を歴史性あらしめる上での根幹問題だったのです。律令以前、律令後、古代と中世の違いがあるかどうか、天正期での度量衡改革、そして徳川時代に入ってからの変化という制度史的な区分で、まず地域の時代を画さなければならない、その前提にも度量衡の実証的研究が必要となりました。

この清宮は潮来の儒者宮本茶村にも漢学を学んでいましたが、茶村も常陸国地誌研究に志し、三中から「中山遺書」を七四巻も借り出すのが、嘉永二年一二月のこと、「十二月初めて参上、実に宝の山に入る心持ち」と礼状で述べています。自分の生活するその地域を歴史性に基づいて認識しようとする新たな心の動きは牢固たる儒者宮本にも芽生え、急速に成長していきました。伊能穎則はこのことを三中宛の書状で、「（嘉永五年）秋、潮来の宮本氏出府、久々滞留、黒河へも案内仕候、猶（なお）塙へも同伴、貴家へ久敷（ひさしく）参り居候由、堅固の儒者に御座候へしを、此節は已前（いぜん）と違、国恩の為に著書などもいたさるる趣、清宮氏も追々御風諭にて、此節は大に国意強く相成、前習は逐日（ちくじつ）去候様、大慶此事に御座候」と評しています。

ただし、弘化・嘉永期に自分の足下から自分の国と日本をみなおさなければならないという気運が高まったのは色川や清宮・宮本だけのことではありませんでした。

極めて多忙で弟子をとることなど夢にも考えていなかった三中のもとに一八四八年、嘉永元年年八月、押しかけ女房のように自分の一四歳の長男靫負（ゆきえ）を内弟子にしてくれと頼み込んできたのが下総国豊田郡沼森村の神職高橋相模でした。彼のいうには近隣の岡田郡蕗田村名主の息子が、有名な漢学者亀田鵬斎の息子亀田綾瀬の養子に入っているので、そこに入門させようと思っていたとのことです。しかし、史記・文選・左伝も二、三回は素読できるように教育したが、岡田郡崎房村の秋葉三太夫の強い勧めもあり、国学を学ばせなければならないと、お願いに参上との理由です。慎重な三中は真偽を確認したうえで、この靫負を内弟子として家に置くことになります。

この国学熱ともいえる熱気は中世的な土豪的・地侍的出自をもつ豪農層にも伝わることになりました。高橋相模の親類、結城郡菅谷（すげのや）村の大久保七郎左衛門が三中のもとに出入りするようになるのは、嘉永三年七月です。その彼は嘉永五年一一月、すぐ近く野爪村神職大久保伊賀守の息子一学を三中のもとに入門させることになりました。

色川三中が中世から近世への画期とする元亀・天正期の古文書と天正期の水帳についての熱のこもったおしゃべりは伝染病のようにまわりに伝わりました。清宮は下総各地の水帳を調べ歩いて三中のもとに送り、高橋相模と大久保七郎左衛門は、豊田郡川尻村の旧家赤松新左衛門家の元亀から慶長期の古文書を調査し、老年の宮本茶村さえ古文書を数多く写し取ることとなりました。そのなかでも香取神宮神領の検田帳を調べる役割をになった香取左織は、延文、つまり、一四世紀の神職で録司代慶海の検田帳を発見することになります。

ところで、三中は地誌研究者としては当然のことながら、古記録・古文書だけに探求の幅を絞りませんでした。彼が講談所グループの最有能な考証家黒河春村に賤民視された「エビス三郎」に関し詳しい質問状を送ったのも、常陸に居住する賤民視されていたエビスの人々に関連してのことと考えられますし――これは中山の「新編常陸国誌」にもすでに出ています――、また、三中は香取左織に依頼して、香取神宮に伝わる田植歌を採集させてもいます。律令以前の上古にも深い関心を寄せ、清宮の連絡を待たずとも、信太郡安中郷大塚村の弁天塚古墳には調査に赴いたことでしょう。また、高橋靫負や大久保七郎左衛門は下総国豊田郡仁江戸村の神社のご神体として祀られていた人物埴輪を調査し、細かい図面にしたためて三中に送っています。

さて、下総・常陸両国の地誌を調査研究する上での大きな柱のひとつが、両国の国境をなしていた鬼怒川の河道変遷問題でした。三中が清宮より「鬼怒川沿革史料」を借用したり、沼森村の高橋相模から聴きとった鬼怒川河道の変化を「毛野川古道略図」にしたため、「続日本紀」考証中の村尾元融に嘉永元年に送っています。

彼がこだわっていた鬼怒川河道変遷問題のひとつは、当時の鬼怒川（きぬがわ）の西、当時の普通の考えであれば、下総国に入ってしかるべき野爪村や大渡戸村など一〇ヶ村がなぜ常陸国真壁郡に入っているのかということだったと思われます。この問題に関し、三中は嘉永五年四月、大久保兵輔という人物に質問し、古代の鬼怒川、そして幕末では逆川と呼ばれていた川と、幕末当時の鬼怒川の流れを一枚の絵図面にしたためてもらっています。野爪村などは逆川の東に位置するのです。

ただ、残念なことは下総国地誌集成を志し、相当の古文書を収集しつづけていた崎房の秋葉三太夫は色川三中を高く評価していたにもかかわらず、来翰集には彼の書状はなく、三中の下総地誌編纂との関係が見えないことです。

（6） 三中と佐久良東雄

このように考えてみると、橘守部に入門したとしてもその橘流の神道観をうけついだわけではなく、偉大な国学者本居宣長の学問を信奉し、地誌集成に全力を投入するようになった国学者として、私はこの図録に書かれているように「地域派国学者」の代表的人物として色川三中を位置づけるのが妥当ではないかと思っています。

そして、迫り来る外圧に対する日本の地域の自覚のあり方は、朝廷の御稜威に輝いていた上古・律令体制が中世の混乱を経、天正の大変革のうち、当将軍家によって「朝廷を尊崇し四海の四夷を平定」する天下泰平の世に建て直されて二百有余年という、一般の国学者の歴史的理解の枠組の上に立ったものでした。そして、城下町の富裕な商人、醤油西丸御用達という立場からしても当然の思考の枠組だったと、私は思っています。

ただし、一八四二年、天保一三年のアヘン戦争での清国大敗以降、四四年のオランダの開国勧告使節来航、四六年、アメリカ・ビッドル艦隊の開国要求での浦賀来航、一八四九年、イギリスマリナー号の浦賀・下田両港来航といった深刻化する対外危機のなかで、人びとがその身分・階層、立場に応じ、それなりの対応をし始めたことも、通史の上からは、きちんとみておかなければなりません。

すでに著名な儒者になっていた佐久間象山がオランダ語を学び、西洋流砲術家に転身するのは、アヘン戦争の清国敗北と、朱子学の危機がその契機となりました。この常総の地において色川とは別の対応をしたのが、土浦真鍋善応寺の住職良哉です。色川三中の弟子として万葉調の和歌を巧に詠み、三中とともに「日本書紀」を学んできた僧侶です。

しかし、彼は一八四二年一二月、江戸の気吹舎に入門、平田国学者となり、翌年の四三年の四月二五日、この土浦の色川三中の家で還俗式を行い、佐久良東雄と名乗り、江戸に出府、塙次郎にも入門するのです。

三中は、還俗後の彼の思想変化を快く思わず、ある時までは財政援助を続けるものの、次第に批判し、非難するようになっていきます。それは、伝えられるところによりますと、弘化元年五月一〇日、江戸城本丸が焼失した際、「まつろはぬやつこことことつかのまにやきほろほさむあめのひもかも」との和歌を詠んだと言われるように、激しい幕府批判と朝廷復古思想を率直に東雄が吐露し始めたからでした。

しかも、東雄の影響を受けた色川の和歌の弟子、土浦豪商の長男入江身潔が嘉永元年、大坂にいる東雄を慕って家出し、連れ戻されるという事件を引き起こしました。この身潔は「えみしらは玉敷く庭にすまゐして我が大君はふせいほにます」と、公けにされれば重罪に処されかねない和歌を詠むようになってしまったのです。

三中は身潔がこうなったのは東雄のせいだ、このようなことになっていくと和歌を詠む人も国学する人もこの土浦の町にはいなくなってしまうと心を痛め、「いかにしていかに思はば大王の終のみためにと我はなるへき」「身を治め家を治めてみ定めにそむかぬ人ぞ大王のため」と自分の政治姿勢を和歌に表しました。

この三中の立場も道理、しかし、東雄の立場もこの時代のひとつの可能性の表現だったと私はみています。

僧侶にとっては御仏への信仰と宗教そのものだけが、自分が生き人に教えを説く根拠でした。佐久間象山がアヘン戦争に対し、儒者だけでは自分は生きられないとサムライの立場で苦悩するならば、すでにイギリスの植民地にされているインドから出た仏教がインドの人民にとってどのような意味があるのか、そして日本の人民にとって今後意味をもちつづけるだろうかと、動揺し、苦悩するのも、これもまじめな僧侶においては当然起こること、起こりうることです。当時の自覚的な僧侶は、それぞれに悩み、吉田松陰の友となった長州の真宗僧侶月性のように、真宗と勤王とを結びつけて、仏教界の革新を図る流れも出てきます。

文学的感性が非常に鋭い東雄の場合には幕府批判と平田国学を柱とした古代への復古へその立場を明らかにしてきました。そして、江戸にいたたまれなくなった東雄は、弘化二年には朝廷においても尊崇の厚い大坂の座摩神社社家となってその立場を貫こうとしました。三中は東雄の動静にその後も注意を払っており、展示されている「野中の清水」嘉永元年の条には、上京した香取左織の話を聞いて、東雄が二条家の門前において、「さすかにいにしへの御子孫のかくるさましてましますハ、われ東の代官云々、といひけるを武士とも聞てからめんとせしを、二條家より狂人ととりなして窮亡まぬかる事を得たりと云々」との事件を記録しています。下手をすれば投獄されかねない無謀な行為でした。

しかし、また東雄のこのやり方は、江戸の気吹舎を守っていた平田篤胤の養子銕胤にとってもはなはだ迷惑至極のやり方となりました。篤胤は幕府の嫌疑をうけ、一八四一年、天保一二年の末、秋田に追放、しかも著述禁止の厳しい処分をうけ、一八四三年に没するまでこの処分は一切解除されることはありませんでした。幕府の作り出した「仏教神道の官制教義」と厳しい統制システムに違反する動きに対しては、幕府は決して許そうとはしませんでした。したがって一八四九年、嘉永二年、東雄が篤胤の仏教批判書「出定笑語」を大坂において木活字本で出版した際、厳重に抗議し、その木活字と本を江戸の気吹舎に送り届けさせるのは銕胤でした。仏教批判を公然とやることをこの時期の気吹舎は許そうとはしなかったのです。

ただし、既成の国教化した安住体制に依拠している仏教界に対し、潜在的な幕府批判の一形態として強い批判の動きが起こり、神道界がその動きを担いはじめたからこそ、時代をみる目の鋭い東雄が、座摩社を動かし、木活字印刷をくわだてたのです。時代は、盤石のように見えながら、地下で動き出していたのです。

平田銕胤とは同じ歳で、きわめて親交を結んでいた三河国吉田の神職羽田野敬雄も、刈谷の国学者村上忠順（ただまさ）に対し、嘉永三年三月付けの書状で「出定笑語は去八月大坂座摩社中にて活版に相成候間、名古屋書林へ被仰遣可被下候、何方にても御手に入可申候、しかし、平田家より察度を入候趣に候間、早く御求に相成不申候ては有無覚束なく存候」と密かに購入を勧めているのです。時代の動きは地下で進行しつつありました。

東雄は嘉永四年、今度は写本でしか流布していなかった本居宣長の政治批判書「秘本玉くしげ」を木活字本で出版、幕府の許可をとるため、この年の九月に江戸に出、このとき三中と江戸で対面しています。結局、和学講談所の出版許可はとれませんでしたが、すでに印刷した分は、門弟の身分でもあり、幕府は黙認と塙次郎が決裁しました。出版禁止の「秘本玉くしげ」が色川蔵書に入ってくるのは江戸から色川三中のもとに東雄が一一月五日付けで送ったものです。

二度の挫折にもかかわらず、東雄は依然として意気軒昂のままでした。幕府批判をオブラートで包んだ形で仏教批判と日本のあり方の再検討への模索が特に神職層に強まっていったからです。

彼は平田没後門人の伊予大洲有力神職の常盤井中衛――有名な神社の神職です――と連携して、嘉永四年一二月には、篤胤の仏教批判書「巫学談弊」を木版本の形で出版しようとしました。

この動きをつかみ、その芽を摘もうと動くのが伊勢神宮外宮御師職の要請をうけた、伊勢の国学者で外宮神職でもあった足代弘訓でした。外宮としては平田篤胤の復古神道の立場からする外宮批判を極めて警戒していたからです。足代は幕府に対しては塙家に働きかけ、他方で、座摩社に強い影響力をもつ公家の中山家から出版差し止めの圧力をかけさせます。幕府が出版禁止の指令を外宮にあたえた結果、その出版を進めていた大洲の常盤井のところに足代の門弟が出向き、版木没収の手続きを取ることになります。常盤井家としては、最低門弟教育のテキストにだけはしたいと反論しますが、それも受け入れられませんでした。江戸の気吹舎としても幕府の意向に逆らうつもりはさらさらなく、嘉永五年に入り、大洲藩士を介して、常盤井中衛にこの間の事情を聴取することとなります。

（7）色川三中と平田国学

嘉永六年六月三日、ペリー艦隊の来日と幕府諸藩旗本の対応は三中に大きな衝撃を与えます。それがどれほどのものだったかは、展示されている「片葉雑記」に記されている通り、時間の関係上、ここではすべて省略します。

領地における地頭・領主の強圧ぶりは門人たちから続々と報じられてきました。下総の香取左織は「香取近村は人扶に相走り候事、石納村、結佐村抔は藤堂領に御座候所、一戸一人位の割に人扶相当り、相残り候者は老と幼とのみ御座候との事、誠に憤敷義と奉存候」と報じ、下野国壬生藩の飛地である下総菅谷村の大久保七郎左衛門は、「領主役場、殊の外周章にて一昼夜不寝、飼草、或は火縄などと申、俄（にわか）に百姓へ課役申来、小子の腹にへかへり候、扨々（さてさて）小身の大名に御座候へとも、余り家中も無之様に世評恥入候」と厳しい領主批判を行います。

三中自身もこの危機に神の加護を祈るべく、内弟子大久保一学が勤仕する野爪村の鹿島明神に六月二六日、「西戎調伏百首」を奉納、さらに香取神宮も日本国内有数の大社のひとつとして、朝廷から国家安泰の祈願を命ぜられるや、日本と日本人民への神の加護を祈る祝詞執筆を依頼されるのが常総地域国学者の第一人者色川三中でした。この危機に瀕した日本をどのようにたてなおさなければならないのか、その中で朝廷と日本の神祇がいかに位置づけられるべきか、これが三中の自分にとっての切実な問題になってきました。

ペリー来航以前は、天下泰平を保障するのは御公儀であり、この御公儀を成り立たせる宗教制度が「神儒仏一致」のあり方なのだという彼の立場が客観的状況のなかで、考えなおされるべき課題になってきたのです。これこそ三中が平田国学とはどのようなものかを知らなければならないと思うようになった直接的な要因であったのでしょう。ただし、ここに至るプロセスはもう少し丁寧に見ていく必要があります。

第一、三中はそれまで平田国学を毛嫌いしていたというわけではありません。展示にも出ていますが、天保五年六月二日、三中は、名士訪問の一環であったのでしょう、江戸の篤胤を訪問し、篤胤が下総旅行の際手に入れた天の磐笛や「常陸風土記」についても話しこんでいます。この時の紹介者となったのが、三中の妹の夫である諸葛尚一郎、そして諸葛尚一郎の父諸葛帰春は、中国の度量衡や暦にも詳しかった平田篤胤と親交を結んでおり、篤胤が秋田に追放されるまで極めて頻繁に気吹舎に出入りする漢学者でした。

第二に、度量衡研究にとりかかっていた三中は篤胤の研究にも関心を持ち、清宮にその写本の入手方を依頼しました。清宮は平山忠三郎という人物を介し、松沢村熊野神社神職で平田門人の宇井出羽から中国という意味の赤県というタイトルのついた写本「赤県度制考」をかり出しました。ただし、欠本があります。一八四九年、嘉永二年四月二六日のことです。篤胤は中国のみならず、日本の度量衡の研究もしていることを知った三中は、この「皇国度制考」の入手方を依頼、清宮は嘉永五年四月に二度も江戸の気吹舎に出向いて、問い合わせますが、気吹舎はまだ未校合の段階なので外に出せないと返事をしています。

このような直接交流の前段階があった上で、塙次郎の紹介状を持参した菅右京が土浦の色川塾を訪れるのが、ペリー来航直前の嘉永六年二月三日のことになります。この菅右京は伊予国一宮大三島神社の神職で、このとき四二歳、老成した国学者です。気吹舎には一八五一年に入門していた平田国学者でもありました。

八月八日には師岡節斎が野々口隆正の弟子として色川塾を訪問します。師岡節斎はこの時に二五歳、一八五二年に気吹舎に入門、また、野々口はごくごく初期からの篤胤門人でした。ついで、この年九月から年末のあいだに、伊予松山の神職三輪田元綱が色川塾に国学を学びに訪問します。

元綱は、塙次郎の弟子として和学講談所で勉学、その上で、一八五〇年気吹舎に入門、この年二八歳の青年国学者でした。

お気づきのように師岡節斎と三輪田綱一郎は一八六三年、文久三年二月二二日、足利三代梟首事件で会津藩に捕縛された著名な平田国学者、そして、菅右京は元治元年三月、上京して尊王攘夷の建白を朝廷におこなう人物でもありました。

江戸にも数多くの和学者・国学者がいるのに、なぜ揃いも揃って平田国学の三人が土浦の色川三中を訪れ、彼の学問を学ぼうとしたのでしょうか。

私はこれを仲介したのは、ペリー来航時まで江戸で和歌を教えていた伊能穎則（ひでのり）ではないかと推測しています。彼は色川三中を優れた国学者として深く尊崇していましたが、他方で平田国学を本居宣長の本流を継ぐものだと信奉していた歌人でもありました。

すでに一八四二年、還俗以前の佐久良東雄が気吹舎に入門するときの紹介者がこの伊能穎則です。また、承諾を得ないまま「出定笑語」を出版し、ばつが悪かった佐久良東雄が嘉永四年一一月、気吹舎に出頭する際、つきそってきたのが、この伊能穎則でした。清宮は嘉永五年、「皇国度制考」の問い合わせで気吹舎を訪問する際、穎則の知人だと自己紹介をしています。

また、下総での最有力の平田門人といえば、松沢村の宮負定雄（みやおいやすお）ですが、彼の書状をこの年の四月、気吹舎に届けるのも、この伊能穎則でした。広く広がっている下総平田国学者ネットワークとの交流も彼は深かったのです。

正式の気吹舎入門は嘉永六年五月のことですが、これ以前に、自分の気吹舎入門はもっとまえのことにしてくれないかと銕胤に頼んでいるように、本人は気吹舎に出入りしたときから入門したつもりだったかもしれません。したがって、入門時に通例記録されている紹介者の名前は伊能の場合、書かれてはいません。

さらに、穎則は三中との古くからの交流のなかで、三中が度量衡と田制について研究していることを熟知しており、気吹舎には国学者としての優秀さとともに日本随一の度量衡学者だと紹介していたと思われます。
ところで、平田国学の特徴のひとつは、上古こそ「薄税寛刑」の理想社会であったという強烈な復古思想と、新たなる「いにしえ」を作り出したいという強固な志向性でした。この「薄税」ということを学術的に証明するには、なんとしても日本での上代における度量衡制度が学問的に解明されていなければなりません。この二重の意味で、平田国学者が三中の学問を学ぶ必要が出てきたのです。

菅右京は、三中塾滞在一ヶ月余り、彼の学問に驚嘆してこの年の三月、「先生則ち、私好也のためにその曽て(かつ)田制・度量の古今沿革において、講じ窮明するところを説き、傍ら、和漢学者の謬説を弁じ、かつその著すところ、数巻をとりて私好也に示す。つぶさにその説を聴き、つらつらその書を見るに、抃手(べんしゅ)欣然、食を忘るゝに至る、ああ考徴の明、果断の確、千古の人未だ発せざる所、実に東海の一人也、唯、東海の一人たるのみにあらず、海内の一人也」と激賞しているのです。三輪田も続いて三中の度量衡と田制を学ぶことになります。

他方、三中にとっても老成した気吹舎門人菅右京は、銕胤との直接交渉にはうってつけの人物となりました。右京に託して、最初の銕胤宛書状が送られるのが嘉永六年一一月のことになります。そこにはかねがね篤胤大人の学風を慕っていたので、銕胤とも懇意を結びたく、篤胤大人の著作を熟覧したい、と書かれてありました。第一の課題は欠本があった「赤県度制考」の写本依頼です。銕胤は求められた篤胤著作を送るたびに、合計七回も手紙を出しています。

ただし、三中が第一に入手したかった「皇国度制考」は清書が完成していないと、結局入手できませんでした。三中が求めた篤胤著作は、「古道大意」「志都の石屋」「霊能真柱(たまのみはしら)」「玉襷」「古道大元図説」「万声大統譜」「赤県歴代尺図」「三暦由来考」「春秋命歴序考」などですが、「三暦由来考」「春秋命歴序考」を除いては、すでにすべて刊行されているものばかりであり、とくにこのなかの始めの四冊は平田国学入門書です。

また、興味深いことに、三中は佐藤信淵の「農政本論」と小西篤好の「農業余話」をも求めています。どのような関心からなのか、考えてみたい問題です。ただし、平田国学の諸著作を入手した色川三中がどのように理解していったか、私たちにはわかりません。三中は入手した翌一八五五年六月二三日、五五歳で病没するからです。

おわりに

三中没後の関係者の軌跡は、実にさまざまな形を取りました。

桜田門外の変に連座して江戸伝馬町の牢屋で獄死する佐久良東雄。一八六四年、元治元年の筑波蜂起に勇躍参加し、結局敗走の末、自刃する大久保七郎左衛門。大久保と行動をともにするも、からくも生きのび、相馬から仙台に脱出、明治まで存命する高橋靱負、改名して高橋上総。ともに色川に学び、水戸藩の諸史料を提供する役割を果たし続けながら、筑波蜂起においては諸生党の一員となって大久保・高橋らと激しい戦闘を繰りかえす久米幹文。その生き様・死に様は千差万別ですが、みな、色川三中のもとに、常総のこの地から郷土を見つめ、日本を考え、世界を理解しようとした志ある人びとでした。

二〇一六年は色川三中の没後一六〇年です。一六〇年以前、常総の地を歴史性が貫徹した、働き、生活する場にするために、色川三中の事業に協力した人びとの魂と気概は、今日、存在するかどうか、それをじっくりと考えるためにも、色川三中という第一級の地域派国学者の歩みを検討することは無意味ではないと私は思っております。

第3章　全国に拡がっていた幕末の情報

一　風説留「筑波颪（つくばおろし）」に見る水戸浪士通過と中津川

はじめに

私はここ中津川で数回、水戸浪士が中津川を通過した際の町の様子や、信州平田国学者と中津川同志との連携行動などについて話させていただきました。材料は間家や市岡家の書状、又は滋賀大学彦根校舎にある近江八幡の平田国学者西川吉輔の風説留などでした。

以前、市岡殷政（しげまさ）が記録係となって作成した大部で一〇冊にものぼる風説留の一点目録をとったことがありました。殷政の字は崩しが極端で非常に読みにくく、全文を読み通すどころではなく、その内容を大ざっぱに理解して目録化するというのが精一杯のところでした。ところが昨年末から、私が中心となって活動している居住地茨城県牛久市の古文書を読む会のテキストに、その中の一冊「筑波颪」を取り上げることになりました。

私の住んでいる牛久からは、目の前に筑波山が見え、そして地元には天狗党の話が多く伝えられています。

ただし、中津川のような「義徒」といったイメージでは伝わってはおらず、地元の豪農商から金を強奪したとか、太平山から筑波山に戻る途中、田中愿蔵（げんぞう）隊が献金を拒んだ栃木の町に放火、町の大半を焼き払ってしまい、いまだに「愿蔵火事」と言い伝えられているとか、あまり芳しいものではないのです。

このように、取りあげたのはいいものの、難解極まる殷政の字、私も含めて解読するのに四苦八苦、コピーではなんとしても読めない字を、原本を見せて戴き、不明の字を一字でも埋めたいと、原本校正の作業をおこなわなければなりません。

というものの、中味は極めて面白く内容のあることが、このように一点一点の史料全文をじっくりとみんなで読み進めていく中で、段々と解ってきました。現在は三分の二程進んだところで全体はまだ十分掴めていない段階なのですが、どのようなところが興味深いのか、中津川についてこれまで明らかにされていないことにはどのようなものがあるのか、それについておしゃべりをしてみよう、これが本日の講演の目的です。早速本論に入っていきましょう。

（1）「筑波颪」編纂の目的は何だったのか？

みなさんご存知のように、市岡殷政が記録係となって、ペリー来航から一八七五（明治八）年頃まで蓄積し続けた全一〇冊の大部の風説留は、数多くある全国の風説留の中でも質量共に屈指のものであり、基本的には中津川に情報が入ってきた時点で記録されていき、しかも中津川の人々が共同で全国の情報を知る公共的な武器となっていました。ところが、この「筑波颪」だけは、集める情報を筑波蜂起、水戸浪士の中山道通行と中津川滞在、そして敦賀に赴いてからの加賀藩との交渉、一八六五（元治二）年二月、同地での三五二名もの斬首という悲惨な結末に絞って綴られている特殊な性格を持たされている風説留なのです。

私は以前、一〇冊の風説留一点目録作成の段階では、ほとんど疑問を抱かなかったのですが、今回改めていやおうなく、じっくりと読まざるを得なくなったことにより、なぜ殷政は、この「筑波颪」だけを特別に編纂したのだろうか、を考えることになりました。

とすると、他の九冊の風説留と違って、かなり一冊としてまとめようとしており、体裁をそれなりに整えていることに気がつきました。冒頭がそうですし、また末尾も末尾らしく仕上げられているのです。

冒頭には中津川の大坂屋勝野七兵衛が美濃国関町の商人から聴いた話が据えられているのです。この関町の商人は、日光参詣のために、四月一一日日光に赴いた際、丁度筑波勢が東照宮参拝をしようと、大勢で今市にまで押しかけているところにぶつかったのでした。そして同月一七日には、この商人はさらに江戸で関連諸情報を蒐めるのです。

みなさんご存知のように、この中山道は、毎年恒例の、京都のお公家さんとその従者の大行列日光例幣使（れいへいし）が通過する街道であり、例幣使は四月一七日の神君家康公の祥月命日に東照宮に奉幣するため、四月上旬、ここ中津川宿を通過しました。それは中津川宿の人々にとっては最も馴染のある年中行事だったのです。その神聖なる幕府の聖地日光に、勅命を授かっての幕府の横浜鎖港政策を外側から支援し、実現させるため、水戸藩激派をはじめ関八州の有志たちが結集し、常陸、下野の地を拠点に活動を展開しようとする異常事態が勃発したのです。

ところで、中津川の有志の人々は、江戸よりも京都の朝廷の方が地位が高くなり、しかも外国に屈従するのではなく、朝廷のもとに日本全体が結集し、外国の圧力に屈しない日本となることを願望していた人々でした。この人々にとっては、前年一八六三（文久三）年八月一八日、会津・薩摩両藩が共謀して断行した八・八クーデタで尊王攘夷派の長州と三条実美ら激派公家たちが京都から放逐されてしまったことを、とても残念がっていました。

しかも、この一八六四（元治元）年四月の段階では、長州の動きはほとんど分らず、幕府は、横浜鎖港だけはやるらしいということだけが伝わってきています。一体この日本はどうなってしまうのか、危機感とあせりといったものが中津川の有志の人々に抱かれていた丁度この時期、とてつもない異常な動きが関東から、しかも自分たちが年中行事の中でよく知っている、神君家康公が祭られている聖地日光で始まった、一体どうなっていくのか、このような気持ちから、一般的情報として記録しつづけるのではなく、この動きをきちんと掴むためには、筑波勢の動きに特化させた風説留を仕立てなければならないと、中津川の有志の人々は思ったのではないでしょうか。「筑波颪」をテキストにして、みんなと読んでいく中で、私はそのように考えるようになりました。

その一つの補強材料が、この冒頭の勝野報告の次、私の科研報告書の中の「筑波颪」一点目録では第二号となっているところに収められている「萩はてるてる薩摩はくもる、会津・中川雨がふる」という諷刺歌です。八・一八クーデタは孝明天皇の意志を皇族の中川宮が確かめ、それを薩摩に打ち明け、薩摩が会津と謀議して決行したものでした。追放された長州を依然として支持している中津川の有志の気持ちにピッタリとした歌を、殷政は勝野情報の次にもってきたのです。

さて、みなさんもご存知のように、様々な書状が全一〇冊の市岡風説留の主要な材料となっています。勝野情報と申しましたが、このもとになったのも、当時京都で生糸商品の売り込みに奔走していた間半兵衛に、売り込み仲間の大坂屋七兵衛が日光事件を報じる五月一日付書状だったのです。そこでは「何れ日光御祭り相済候へば亦々水府公の木像納に出かけ申候よし、水戸の浪士ばかりにてもなし、諸国の士（さむらい）も有之候由、天（てん）

の川の組も交り居候よし」となっているのですが、この「筑波颪」では「浪士の中、水戸の三男とやら、中山卿の三男とやら申噂御座候、是より横浜打払抔と唱居候風聞に候、日光御祭礼前に付、一先引取候へ共、又々木像納に相越候趣申居候」と、より具体的に書かれており、また取押えの旗本八〇〇人が古河宿に御泊りのところ、「浪士乱入とて大騒動、翌朝吟味の処、同士打にて、都合三人即死有之候由」との、勝野書状には存在しない噂もつけ加えており、事の発端がよくわかるように書き整えられているのです。

このように、中津川の有志の人々が多大の期待を寄せていた筑波勢が、なんと中山道を西上し自分たちの宿場を通過し、その末路は元治二年二月、敦賀での目を覆わんばかりの悲惨な大量処刑になろうとは夢にも思わなかったに違いありません。

どの時点で、この記録を完璧なものに仕上げようと殷政が思ったかは、「筑波颪」の中にはヒントがありませんが、その情報は三五二名もの大量斬首で終えてはおらず、なんと、死罪にはならず、敦賀で投獄され続けた西上勢の面々の獄死した月日を、一八六七（慶応三）年一月九日まで記録しているのです。そして最末尾には、直接中津川で殷政が対面した武田耕雲斎と藤田小四郎の漢詩を据えています。それも刑死に臨んでの辞世漢詩ではありません。耕雲斎に続く小四郎の詩は、これでツメにするつもりなのでしょう。「慨世憤時真無用、吟月詠花却有情、営外人来若相問、軍將醉臥未全醒」との極めて穏かな七言絶句が置かれているのです。

当然のこと、これほどの内容ある水戸浪士一件風説留は多くの人々が読みたかったに相違ありません。第一一七号には某氏の二月一七日付礼状が綴り込まれています。「さて筑波おろし一冊返弁奉謝候、余ハモウ暫く御恩借に預り度候」とありますから、もしかすると現在は大部の一冊にまとめられてはいますが、編纂途中では数冊に分れていたのかも知れません。また歌が添えられており、「なかなかによその事とはおもは

郵 便 は が き

料金受取人払郵便

神田局
承認

5111

差出有効期間
2020年11月
30日まで

101−8791

507

東京都千代田区西神田
2-5-11出版輸送ビル2F

㈱花 伝 社 行

ふりがな お名前 お電話
ご住所（〒　　　　　　　） （送り先）

◎新しい読者をご紹介ください。

ふりがな お名前 お電話
ご住所（〒　　　　　　　） （送り先）

愛読者カード

このたびは小社の本をお買い上げ頂き、ありがとうございます。今後の企画の参考とさせて頂きますのでお手数ですが、ご記入の上お送り下さい。

書 名

本書についてのご感想をお聞かせ下さい。また、今後の出版物についてのご意見などを、お寄せ下さい。

◎購読注文書◎

ご注文日　　年　　月　　日

書 名	冊 数

代金は本の発送の際、振替用紙を同封いたしますので、それでお支払い下さい。
（2冊以上送料無料）

なおご注文は　FAX　03-3239-8272　または
メール　info@kadensha.net
でも受け付けております。

れずけふの此文を見るにつけても」「たのみても越(こし)の白山(しらやま)しら雪の消てあとなき君をしも思ふ」と水浪一行のことが歌われるのでした。

　ここ東濃や南信においては、常陸や下野の国々とは違って、水浪西上勢は、その憂国の志(こころざし)が偲ばれ、その悲惨な末路は、人間の生きること死ぬことの困難さ苦しさを痛感させるものとして、長くこの地域の歴史意識の中に埋め込まれていくこととなりました。この「筑波颪」は何よりの証拠となるものです。

(2) どのような情報が入ってきたのか？

1　中山道通行前の時期

　第一に宿場通行者の情報です。五月一〇日には宇都宮の大名戸田越前家が京都に進献する良馬を宰領する藩役人から話を聞いています。それに依ると、大将は藤田小四郎、太平山には二七〇〇人が来集、栃木宿には一〇〇人が止宿と、相当に誇張されています。戸田越前侯はこの事件につき急に江戸より帰国、討手の旗本八〇〇名は出張したけれども、筑波勢に粗暴の行いが無かったので帰府したと、この宰領役人は語っています。

　第二に江戸に公用で赴いた近在村役人からの情報です。落合宿の村役人上田庄蔵は四月八日付日光道中石橋宿問屋新右衛門の代官所宛届書を江戸で写し取っているのです。「御同勢何れも白胴着にて襷をかけ、割羽織・野袴着用、中間体の者壱人も無之、不残白木綿鉢巻を致し、陣笠冠、帯刀にて、鉄扇鉄棒を持」「百七十人余の内全侍体の者八十人位、其余ハ俄雇・頼人の体に相見申候」と、ほぼ正確に届出ています。

　第三に公文書を入手する上では、苗木藩江戸屋敷からの報告がしっかりしています。六月六日の栃木町放火一件は、栃木町の領主下野足利藩戸田家と応援を依頼された下野吹上藩有馬家から報告され、江戸警備を担当している庄内酒井家には、下野出張役は免除、江戸警備に専念せよとの六月一一日付幕府沙汰が下り、又諸大名に達せよとの大目付宛の六月一〇日付幕府指示では、「長州に附属している諸国浪士、日光に来襲との風聞あり」との情報もそこには添えられています。これら六月初旬から中旬の公文書は苗木藩士青山景通からのものです。

第四に、特に注意したいのは、江戸気吹舎からの書状が、四月一一日付並びに八月下旬発信の、それぞれ長文のものが入っていることです。これも青山景通を介し「筑波颪」に書き留められているのです。

第一通目は「四月九日珍事承る」というもので、四月五日諸浪士二〇〇名、宇都宮城下に罷越し、六日には三八〇名に増加、戸田家が水戸に問い合わせたところ、これらの者は攘夷を主張、これまで水戸の各郷校に詰めていた者だが、有志一同合体したとの返事、その中には番頭・物頭を始め重役も多く相加わり、仙台・相馬の人数も一味となり、中々強大の勢、何れにも幕府に攘夷をさせる手段と報じているのです。

このような様々なところからの諸情報を蒐集することにより、中津川の有志の人々は筑波蜂起勢の基本的性格をほぼ正確に掴むことになりました。ここでその内の最も重要な情報を紹介しておきましょう。

第一は、筑波山に入って情報を蒐めた者からの四月四日付の詳細報告です。前年からの事の発端、郷校小川館での尊王攘夷での尊攘激派の分裂、慎重派は筑波勢への参加を断っている事実、「田中愿蔵と申人、諸牢人なつきおり、名誉の人の由」、日光へ出立ののち、野州・上州へ金借出張予定とのこと、横田藤四郎父子も参加、右は文久二年一月、老中安藤信正に乱暴を働いた者の由等々、相当に正確な探索がなされています。

第二は、老中板倉勝静への上書と水戸家から藩主が入っている備前池田侯への嘆願書です。ここには筑波蜂起勢がどのような意図で筑波山に結集し、どのように動こうとしているのかが、はっきりと述べられています。水戸攘夷派の立場としては当然のことですが、越前・会津・宇和島、そして薩摩の島津三郎は幕府の立場を誤らせる「四奸」と非難され、昨年の八・一八クーデタは薩会両藩の「奸謀」と糾弾され、池田侯には、攘夷先鋒　勅許請願へ御周旋下されたしと依頼しているのです。

第三は、水戸藩主に対する朝廷からの御沙汰書で、横浜鎖港を幕府に委任したので、徳川斉昭(なりあき)の意志を継ぎ、その成功の助勢に尽力すべく、政事総裁職松平大和守と申合せ、「厚可有励精」と指示しています。

ところがこのような動きが、水戸藩主徳川慶篤(よしあつ)の主体性の欠如からグラグラになってしまい、さらに七月一九日禁門の変によって朝廷の立場が「朝敵長州征伐第一、攘夷はその次」ということになったことにより、二階に上がった筑波勢はハシゴを外され、逆賊として幕府並びに関東・奥州諸大名軍の大軍により、那珂(なか)湊(みなと)に追い込まれてしまった経緯はみなさんよくご承知の通りです。

その間の動向を風聞を基に、青山景通を介し中津川に報ずるのが、先程述べた気吹舎第二書状なのです。概略は左の通り。

六月下旬、筑波勢追討の幕府軍は敗北、浪士方の力強く、七月下旬若年寄田沼侯出陣、水戸にて両派が戦争、藩主の命を請け支藩宍戸侯が出張、鎮撫の積りの処、奸党より右御名代へ砲発、宍戸侯も遂に正義の大将となり、武田耕雲斎以下悉く其手に属し、惣勢一万に余り盛大の勢、ついては筑波勢もすべて下山、八月二〇日頃、岩船山の奸党を大に打破り、日に日に正党強大の様子、長州征伐せよとの朝廷命令も西国諸藩御受不申、将軍家にも御進発相成間敷由、東方不静内は西へ出候事一切不相成候事の由、可笑可憐との見通しを述べているのです。

しかしながら、八月に入ってからの常陸の情勢は、幕府軍と諸藩軍が西・南・北三方より、その包囲網をジジリと絞めあげていくのが史実なのであり、現地の情報は江戸でも正確にはほとんど伝わることはなく、この気吹舎書状でも、「昨（八月）二十七日の咄に、田沼侯御病気に付、二十五日江戸へ御帰府の由、尤陣中病気にて帰るべき道理無之候故、変死か病死かの内と申事に御座候」との現地の状況とは全く異なる楽観論を伝える外ない状況に陥ってしまったのです。

2　中津川通過後の時期

水戸浪士中津川通過の件は後回しにして、ここでは中津川を通過した後の水浪情報をどのようにして入手していたかを見ていきましょう。

一八六五（元治二）年一月七日付で、等持院事件謹慎処分中の近江八幡西川吉輔書状が留められていますが、それは越前国に入った水浪一行の行動を加賀藩に投降するところまで詳しく伝えたもので、平田国学者らしく水浪一行に期待を寄せていたことは、大野藩領に浪士一行が入った際、「藩大に恐怖し、領内の民家を放火候を、浪士、無益の所置なり迚、農民を安緒なさしめ、却て放火を鎮め候由」と報じていることからも明らかです。

そして二月、ついに浪士たちが斬首される際、辞世として詠んだ歌の内、京都の白川家に当時仕えていた平田国学者近藤式部が一二名のものを中津川に伝えています。その中には目付役として活動していた常州玉里（たまり）の神職瀧平主殿（たきだいらとのも）の歌もあり、彼は「きのふけふ軒端の梅にやどとめてまだ舌なれぬウグイスのこゑ」「ふりうづむ雪はあれども梓弓つるがの里に梅咲にけり」と詠んでおり、刑死に臨んでも乱れぬ歌詠みの力量を示しています。また殷政が歌人だったからでしょう、第一二九号には藤田小四郎・栗田源左衛門等六名の辞世も別個に入手しています。

さて、中津川では市岡殷政が豪胆にも、和田峠で戦死した若武者横田藤三郎の首級を、依頼された当日に葬り、さらに白川家より、神道式諡名「石津元綱雅子」を拝受するという手続きを殷政は正式にとり、この神霊号を以て二月に盛大に市岡家の地所において神葬祭を挙行しますが、神霊号授与を斡旋した大坂の岩崎長世が、神霊号中津川送付に際し詠んだ長歌も、きちんと「筑波颪」に記録されているのです。

ここに見たように、近江・京都・大坂の平田国学者からの情報提供は、市岡風説留全体にわたる貴重な情報源となるものですが、殷政は、これとは別箇に、水戸浪士が美濃から越前に入り金沢藩に降伏、金沢藩から幕府に引き渡され、待遇が一八〇度激変してから刑死されるまでの一部始終が詳細に判明する資料もきちんと入手しています。目録では第八一号に収められている美濃国加茂郡上古井村住人平七・兼吉両名の尾張藩太田陣屋代官高田意六宛の二月二三日付言上書です。

これによると、二人は近江多賀大社参詣の帰路、郷里近くの加納宿で一一月三〇日、浪士に捉えられ荷物運びをさせられ、翌年二月一七日にお咎め無しで釈放され、二月二一日に帰村した百姓です。一月二九日加賀藩から幕府に引渡され、牢屋に入れられた水戸浪士は、このような仕向きは加賀の太守に有間敷こと、「犬大名だ」と怒り、このようになるならば、先般諸大名の囲みを切り抜け、上京可致は心易きこと、一万二万の軍勢はみな殺しに可致を今更心外千万、実に立腹の様子見うけ申候と代官に述べています。中津川の宿役人たちは、太田陣屋には始終出入りする関係上、太田陣屋の誰かより、この言上書を入手したはずです。

市岡殷政は敦賀の処刑・投獄組だけを注目し続けたのではありませんでした。大量処刑は敦賀のみならず、諸生党が完全に支配するようになった水戸藩及び西上勢とは別行動を取り、元治元年一〇月下旬、幕府軍に降伏、関東諸藩に預けられた人々にも、無情にも襲いかかった運命だったのです。目録一二六・一二七号に、殷政は一八六五（慶応元）年に関東でおこったこの事態の情報もきちんと入手し、それを記録するのでした。

報告者某はその末尾に「右の通り恐入候事に御坐候。比先とても死罪の者有之哉難計、扨々残念の義に候」と認めています。

この報告の中で、慶応元年四月六日、古河藩に預けられていた榊原新左衛門以下三〇名が処刑される際の古河藩宣告文は、「田沼公の申諭に従い同志の者共申合、御人数引入、出格の御沙汰可有之処、水戸殿より御申立有之候間、切腹申付候もの也」と、古河藩自身が納得していない態度を表明しての処刑でした。また諸生党に同調しなかった水戸藩鎮派の重臣たちは投獄されてしまいましたが、慶応元年一〇月二五日、その内の美濃部又五郎など一七名が死罪とされ処刑されます。その際、諸生党のつけた処刑理由は、武田伊賀が公辺で死罪に処せられたので、其方共も死罪にするというものでした。これを書き留めた市岡殷政の心中如何計りであったでしょうか。

（3）「筑波颪」による水戸浪士の中津川通過

1 中山道通行時の情報入手

さきほど、八月末になると常陸での情報が入らなくなったと申しました。那珂湊周辺での宍戸侯率いる大発勢・筑波勢・武田耕雲斎勢の連合軍と幕府軍・諸藩軍との激戦は九月・一〇月と続きますが、その間の情報は全く「筑波颪」の中には見当りません。土地が遠かったのと、厳重な幕府の敷いた包囲網の関係で、ほとんど外部へは、そこでの動きは伝わることがなかったためだと思われます。それが変化するのが一〇月下旬、榊原新左衛門率いる大発勢が降伏、それに同調せず、一橋慶喜に衷情を訴えようとする武田勢・筑波勢・大発勢の内降伏を肯んじないグループの連合軍が包囲網を打ち破って下野最北部に突出するのが一〇月二三日からのことになります。

この動きを最初に伝えるのが一一月一二日、高崎宿宿役人からの水浪動向報告です。下野最北端から下野国内南下の動きが「筑波颪」に記録されていないのは、街道筋の連絡網が中山道のそれとは結びついていなかったからではないでしょうか？　これ以降、特に信州に水戸浪士一行が入ってからは、各宿場から探索者が派遣され、詳細に一行の動向が中津川にまで頻々と届けられるのです。

木曽谷の贄川宿でも、一一月二〇日には和田峠まで探索者を出して様子を探っており、「水戸藩士は銘々手筒・手鎗、大筒は四挺、車に乗せて持参、宿場での止宿は一軒につき七〇名程、宿泊費は一人当り二四八文、弁当持ち、宿継人足は二五〇人、馬七〇疋」といった詳しい報告をしています。同じ二〇日、洗馬宿からも見越の者が派遣され、松本藩から藩士六〇〇、諏訪藩から藩士八〇〇が出動、その外諏訪郡猟師七五〇人が動員されており、下諏訪にては家居残らず取片付け、女・子どもは近村に立退きと報告、そのまま中津川にまで伝わってくるのです。

馬籠宿からは伊奈街道を南下する水戸浪士一行の動向を探索するため、年寄蜂屋栄七が飯田城下に派遣され、一一月二三日、次のような報告を妻籠宿に送るのです。即ち、「水戸浪士は二一日伊那部泊り、二二日上穂泊り、二三日片桐泊り、二四日は当城下泊込みに相成候様子、当町は殊の外大騒に御坐候、いずれ当所へ入込候事は無相違候間、此段御安心可被成候、併当表より一ノ瀬越にて押出候も難計候間、右御配意可被成候」と、他人の不幸は自分の幸せとの内容ですが、これが北原稲雄・今村豊三郎兄弟の獅子奮迅の活躍により、飯田城下は放火されず、北原が間道を案内、二四日駒場宿泊りとなり、さらに三州街道を西に向えば尾張藩との激突となることは必定、清内路峠を越えて中山道に出た方が余程有利との松尾誠哉の勧告により、二六日には馬籠泊りとなります。予想に反した馬籠宿蜂屋栄七も、本陣のあるじ島崎正樹と共に一行の受入れに奔走したはずです。

2　水戸浪士の中津川通行

イ　経緯

まず市岡殷政が「筑波颪」に記録している水戸浪士一行の動きから見ていきましょう。

一一月二五日、水浪一行は駒場を出立、中津川からの見越の者は、にわかに引帰したことを急報、一行は山本村を経て、清内路（せいないじ）関門を通過し、二五日は清内路村に宿泊、二六日清内路村を出立して、その夜は馬籠泊り、その動きを中津川宿は五人の様子見を派遣して確認しています。ただしこの夜、本隊は馬籠に宿泊するも、二五〇人余は落合宿泊りとなりました。

一一月二七日、馬籠では昼休みをとらずに西行と一行はいっていたのに、先手（さきて）の烏帽子・直垂着用、騎馬の目付瀧平主殿と中崎禎助の二人が中津川宿に到来し、暫く休息したい旨を申入れます。この二人は脇本陣の森家に詰め、本陣には武田耕雲斎・田丸稲之右衛門・藤田小四郎・山国兵部の四人、玄関より座敷に通り、本陣目付田村卯三郎他一人が茶の間に詰め非常の事態に備えました。本陣では昼仕度を用意しており、中食を差出したところ、本陣目付田村卯三郎が固辞したので、結局殷政は控えざるを得ませんでした。ただ汁だけは所望されたので供しています。一行は中食には握り飯だけです。信州伴野の松尾家に匿われていた儒生都賀厚之助は上穂宿から、角田忠行の紹介で水浪勢に加わっており、彼が本陣に出頭、耕雲斎に談じたき旨ありと申込んできたので、本陣隠宅に通したところ、この席にて暫く密談したいとのこととなり、殷政が承知すると、藤田小四郎、竹内百太郎他六・七名が集会、昼休みが終って一行が出立するのが八ツ時のこととなりました。

この昼休みの際、殷政は竹内百太郎から、この西上勢に随って行動してきた三木左太夫（変名柳松之助）・梶又左衛門（変名金井徳二郎）・長谷川道之助（変名谷川某）の三名を紹介され、殷政は彼らと談話、この三名は別ルートで上京すべく、二八日にひそかに中津川を出立、この一行に加わっていく原孝三郎と鮎沢伊太夫の二人には殷政は談話する機会はありませんでした。

父親横田藤四郎が携えてきた息子藤三郎の首級は、依頼された当日の夜、殷政は埋葬をとりおこないます。この場で一行の内の平田門人は藤四郎並びに亀山勇右衛門の二人だと教えられます。

殷政は本陣のあるじとして、武田耕雲斎と田丸稲之右衛門には面会、田丸よりは添え状つきの紺糸威の真紅紐付具足片袖を頂戴、また竹内百太郎からは、後ほど大井宿より金烏帽子叩縁一つを送られることとなります。

殷政は本陣亭主として、四目川の茶屋三軒に申付け御幣餅を焼かせ、通りにて販売させました。また大豆八斗を煮させて藁苞にさせておき、さらに秣（まぐさ）二〇〇束計りを直七なるものに申付け、乗馬の者・小荷駄方の者に売らせました。目付の瀧平・中崎両名は「厚き心入の段」と賞讃し、金一二両を殷政に贈ります。外に亀山勇右衛門を以て下宿の家々に茶代として一〇両が贈られました。殷政は共に辞退しますが、聞き入れられなかったので、受けとった上で、水戸浪士を世話した家々を取調べ、その人数に応じこの金を割り渡します。水戸浪士一行は中津川昼休みのあと、二七日夜には大井宿に泊まることとなりました。

口　田丸稲之右衛門鎧片袖のこと

昼休みの礼として稲之右衛門は鎧片袖を殷政に贈りました。彼は感激して、「水戸の義士田丸ぬし、湊をいでて京に物しけるをり、あからさまにやすらひ、予を呼いでて、後のかたみとて鎧の片袖をなん贈りければ」と詞書して、「いつか又逢みんことも片袖の鎧のうへに涙せきあへぬ」「左手のよろいのそでのたまものを後の千とせのかたみともみん」との歌を詠みます。流石中津川の歌の指導者だけのことはあります。恐らく短冊に認めて田丸に捧げたのではないでしょうか。

また殷政は一行が中津川に昼休みしてくれたことを喜び、「水戸脱臣称赤心歌(せきしんをたたえる)」と題する長歌をつくるのです。いささか長いものですが、彼の気持が素直に出ているものなので、ここに紹介しておきましょう。

天皇(すめらぎ)のみことかしこみ、吾嬬(あがつま)の遠政府(とおのみかど)の乱れにし、まつりことを真心にはらたちませるますらおは沢にあれども、忠臣(まめおみ)はあまたあれども、ころもでの常陸国新治つくばの山にみいくさを、あともと立しかにがゆく、よこはまのべの言さへく、しこえびすらをかにもりの、はらひすてんと真木柱、太敷立(ふとしきたて)しますらおは、みとの御国のおもと人、ここら集てかけまくは、かしこかれどもみことのり、もうしうけむとあし引の、山こえ野ゆきみすずかる、科野(しなの)の国の深雪(みゆき)ふる、たびのいおりのいぶせさも、身もたなしらずうちひさす、都をさして白雪の、立昇行臣等(たちのぼりゆくおみたち)の、たけきいさおは玉ちはふ、かみもあはれとますかがみ、みそなはしなばねぎごとも、こころのしらべすむやけく、なりていさをし天下(あまがした)に、いでりとほらす時まつ吾も

この長歌を受けての反歌を

刺(さし)のぼる美いつゆゆしもますらおが臣(おみ)のおみたる御道(みち)をたづねて

と詠っているのです。

ハ　瀧平主殿と亀山勇右衛門の歌

殷政が歌人だったからでしょうか、水戸浪士の主殿と勇右衛門の詠んだ歌を、この「筑波颪」に書き留めているのです。瀧平は目付として殷政と交渉した人物ですし、亀山は金二〇両を師の平田篤胤未刊著作出版のために彼に渡した人物ということもあったのでしょうが、さらに歌人としての殷政が、この二人の歌を評価したからだと私は思っています。

瀧平の歌は次のものです。

都辺につげてしもかなほとときすみ山かくれの花もさきぬと

この「筑波颪」に綴り込まれた主殿の歌は間半兵衛の手なので、半兵衛から殷政に渡されたものではないでしょうか。

殷政はこの「筑波颪」には書き入れなかったものの、主殿自筆の短冊を彼からもらってもいました。それは、「霜月ばかり旅ゆくをり、信濃の国へかかりてよめる」と詞書をつけた、「駒なめてわかこえくれば信濃なるすかのあら野にみ雪ふるなり」と詠んだもので、行軍中の作であることを全く感じさせないすぐれた歌人のものとなっています。

他方亀山の歌はいくつも記録しています。一つは飯田で詠んだものです。「亀山勇右衛門嘉治、飯田にて人足の者に遣し被申候」との説明がつけられており、「聊（いささか）よしありて信濃国を通りけるとき、飯田の間道を

過るとて」との詞書と共に、あの著名な

八束穂のしげる飯田のあぜにさへ君に仕ふる道はありけり

が記載されています。

また、「駒岳の雪風いと寒ければ」との詞書と共に

あられなす矢玉の中はこへくれどすすみかねたる駒の山下

中津川では溢れるように勇右衛門は歌を詠みます。那珂湊の闘い以降、一瞬も心の安まる時がなかった小荷駄係の責任者だった彼にとっては、中津川での数時間の同志たちとの穏かな休息が彼の詞藻を快く刺激したのです。

木曽山の八丘ふみこえ君がへに草むすかばねゆかんとそ思ふ
高光る我大君の都へは美濃の遠山また遠くして
つはものの数ならぬ身も神にます我王の御楯ともかな
草枕いくよふすゐのことはにやどり定めぬ身にも有哉
これまでは逢みし事も中津川同じ流れの人と知りつつ

また勇右衛門の処刑後、京都の方から伝えられたのでしょうか、第九八号にも勇右衛門の歌一四首を記録しています。余程彼の歌に心うたれたのでしょう。

二　藤田小四郎が中津川に遺した漢詩文の蒐集

殷政は藤田小四郎には対面していますが、その時は相手は小野斌夫（あや）と名乗っており、彼が藤田小四郎だと分かったのは、一行が出立した後になります。そのことを知って殷政は、「つつめどもおのれの赤き真心になき名なのりしあはれ君はも」という歌を詠むこととなり、また中津川宿の中で小四郎が遺した漢詩文を蒐めることにもなりました。

小四郎は望まれると、同一の漢文を与えています。三種あります。

ａ　廟堂一日之苟安、則社稷数千載之大患也

ｂ　鞠躬尽瘁斃而後已

ｃ　倜儻指揮天下事、方略経史古今書

また漢詩を頼まれると左の旧製のものを揮毫しています。

従来世事去悠々　空使英豪齎素謀
紅艶謝枝風裏散　翠烟遠樹雨余浮
忽消京洛三春夢　更添辺彊万里愁
今日何人護天子　攘夷鳳詔涙難収

この律詩の第二句の「齎素謀」は、志をいだいても行うことが出来ないという意味の「齎志」と同様の意味をあらわします。

次の一文には「甲子之冬日書於日新亭之窓下」とありますから、本陣で揮毫して殷政に与えたもの、即ち「先天下之憂而憂、後天下之楽而楽」という漢文です。

なお小四郎は本陣以外の家にもその書を遺しています。間半兵衛の手の小四郎の次の歌が「筑波颪」に綴られています。

消えはつる身はをしまねど後の世にかたりつぐべき名をたてましも

この彼の死後の望みは、今日においても幕末期の日本人の男女を偲び、その志を考えようとしている多くの人々によって叶えられています。

ホ　水戸浪士に関る詩歌蒐集の試み

水戸浪士に関係する和歌や漢詩の蒐集の試みは、この一一月二七日だけのものではありませんでした。松尾多勢子の長男で信州伴野の松尾家家督を継いでいる松尾誠哉も、北原兄弟と並び水戸浪士西上に多大な尽力をする人物ですが、彼はこの年の一二月二〇日、中津川宿庄屋肥田九郎兵衛に書状を送り、その中で、伴野村領主尾張藩支藩高須松平家の奉行荒木彦太夫が昨夜松尾家に宿泊した、彼は思いのほかの志士、幕府批判もする人物だったので、「例の議論」を仕掛けたところ、大いに感奮、歌をよせてくれた、と述べて、彦太夫と松尾家の和歌の応酬を報じているのです。併せて角田忠行が諏訪から戻ってきたが、彼は同地の有志者の歌及び同地に残っている水戸浪士の歌ももたらしてくれたと、各人の作も九郎兵衛に伝えます。この書状が殿政の許に廻され、その詩歌だけを殿政は抜粋して、この「筑波颪」の中に記録するのでした。即ち「高須御領知奉行荒木彦太夫」の歌は、

つつみても猶洩れやすし心せよ光りけやけき日本魂

松尾誠哉の返しは、

息の緒にかけて忘れじしばし世に心せよとの君がことのは

松尾多勢子の返歌は、

こほりつつ世にふる雪の下草も君が光りにとけ初にけり

角田が松尾家にもたらした諏訪尊攘派藩士立木与兵衛の歌には、「義士通行の節よみて遣しけるよし」との説明がつけられ、

みすずかるしなぬの真弓末つひにあひし心によりもあはなん

また与兵衛は次の漢詩も作っています。

正気値君君護持　世人不識鬼神知
忍看六合属長夜　何日何年天定時

同じく同藩尊攘志士の飯田武郷は、

おもひやれしばしはかれる水海に清き渊をし有とわかぬを

同じく同藩尊攘志士の大山玄純は左の漢詩を製っています。

旌旗払天指天閫　到処誰抗尊攘師
刮目待君山日身　浮雲応与春華披

水浪一行で平田門人の横田藤四郎も、信州の地に次の歌を遺していました。

天皇の御心かしこむますらをが時しなしとて思ひやむべき

へ　都賀厚之助の詩と人物

右に紹介した九郎兵衛宛誠哉書状の中に、「都賀強之介（ママ）より被送候詩、今失念いたし候に付、宿へ帰り可申上候」との箇所があり、この都賀厚之介なる青年は松尾家に厄介になっていたようですが、上穂で水浪勢に参加した彼は、一一月二四日付の中津川三人組市岡殷政・間半兵衛・肥田九郎兵衛宛松尾誠哉書状を中津川に持参した人物ですし、そして先程述べたように、二七日には水浪主脳に直接面会を申込んだ人なのです。しかも彼は水戸浪士の主義と志に心酔、敦賀で共に処刑されるという極めて数奇な運命をたどった青年なのです。殷政の記録には「学生」とのみあって全くの不明者、いずこかの儒生だとは思われますが、それ以外経歴不詳の人物、私の目下調べている一人です。恐らく松尾家で製した漢詩だと思われるものも、殷政はこの「筑波颪」に記録してくれているのです。五首ありますが、いずれも激越な尊攘儒生の作にふさわしいものです。そのうち二首だけを紹介してみましょう。

人間無策不知戎　大義尊攘払地空
独尽両州全武力　維持皇国有毛公

要出藩公立将威　東攻西伐幾戎衣
忿然自剪双羽翼　不向諸蛮做雄飛

ト　水戸浪士丹波笹山侯を恐怖せしめしこと

水戸浪士一行伊那谷一路南下との報道は、この地域全体に甚大な影響を与えました。この年七月一九日の禁門の変により、タナボタ式に事態が好転した幕府は、失ってしまった御公儀の「御威光」を挽回しようと、文久二年の幕政改革で大幅に緩和してしまった参勤交代制度の復活を宣言、全国の諸大名に江戸参府再開を命じました。丹波笹山六万石青山左京太夫家は生粋の譜代大名だったせいでしょう、従順に幕府の厳命に従い、この一一月二二日は、参府の途次、中津川昼休みの予定だったのですが、水浪一行が南信に入るとの情報におびえ、急遽昼休みだけでなく、当日は中津川宿宿泊に変更、その夜は終夜評議の末、結局中山道を逆戻りして熱田に出、東海道経由で参府ということになりました。殷政は「筑波颪」の中で、「弥臆病神に被誘引、二十三日は当地出立、人馬買上にて下海道、熱田に出」と書き込み、同志間半兵衛の諷刺狂歌「たけしとふ筑波おろしのおときさて吹かぬまだ夜にさわぐささ山」を書きつけるのでした。

(３) 幕府追討軍への市岡殷政の対応

水浪西上勢の跡を追い、付かず離れず、しかも一度たりとも闘いを挑むこと無く、幕府追討勢もまた西上を続け、二七日の夜、四〇〇余名の幕府歩兵が中津川宿に宿泊することになりました。

市岡殷政始め中津川宿役人たちが、前日昼、水浪一行を歓待しておきながら、平然と翌二八日、幕府軍勢に応接出来たのは、事前に領主の尾張藩より西上勢探索を命じられていたため、万一幕府から難癖をつけられても、しっかりと弁明出来る武器を入手していたからでした。

幕府軍最高責任者目付江原桂助は殷政(しげまさ)を呼び出し、美濃国の地理を尋問、殷政は滔々と美濃国大絵図を持出して講釈すると、殊の外「御歓び」になり、また徒目付深谷幸蔵にも呼び出されて講釈、よろこんだ幸蔵から丁寧な挨拶を受けることになりました。

殷政はこの応接の中で、相手の考え方を知るために意図的な質問をするのです。「彦根藩などは桜田事件の遺恨もあるので、断乎闘うのではないでしょうか」との質問に対しては、桂助は「イヤ彦根は極柔弱にて支候義思もよらず」と笑いとばし、「木曽三川のうちで尾張藩太田陣屋辺の木曽川は大河なので、ここで喰い止めることは容易に出来るのではないでしょうか」との質問に桂助は、「水浪一行は利根川も乗切候功の者の義候故、太田川などはいささかも懸念いたすまじ」と否定するのでした。このような率直な会話の応酬の中で、江原桂助は自然と自分の思っていることを、この「狡猾」な中津川本陣亭主に率直に吐露することとなります。

諏訪藩などは立派な届書を出してきたが、甚だ見苦しき次第、陣場の焼跡も見分したが悉く良士に分取られ、大砲も焼き捨てられていた。松本勢も散々のていたらく、その他の信州諸大名残らず傍観するのみ。尾張六〇万石を頼りにしているが、尾張藩も城中警備をするのみで無力の次第。自分の許に高遠藩の使者が来、水戸浪士に領地をむなしく通過させてしまったこと残念につき、尾張侯にて防禦するならば、いささかの人数たりとも差出さんと尾州に出願しているところだと報告して来た、自分桂助は、遠方のこと故、人数繰出しに及ばずと回答したところ、又々同藩の使者が自分の許に派遣され、「仰せにしたがって人数差出しは中止」した旨を報告しに来た、尾張藩は元々取押えの考えは無く、高遠藩も後日の咎を受けないため、計策を弄しているだけだ、云々。

諸藩の動きは幕府によって完全に見すかされているのでした。

では幕府軍勢が水浪勢にどこで対決するのかというと、これまた決してそうではなかったのです。水浪勢は二七日夜は大井泊り、二八日夜は御嵩泊りの進軍となります。一定の距離をおいて追跡する幕府軍は、二八日夜、細久手宿泊の予定で進軍、追討軍の先手が細久手宿に到達し、「水浪残らず出立せしか」と宿役人に尋ねたところ、本陣は御嵩に越していきましたが、三〇人計りが行きのこってこの細久手泊りの予定だと返答されるや大いに驚き、結局二八日夜は一駅手前の大久手泊りとなりました。「筑波颪」はこの一件を記録し、末尾に「可笑可笑」と殷政の感慨を書き添えているのです。

おわりに

一八六四（元治元）年二月、水戸浪士勢一〇〇〇名弱の中山道通行は、全国的に見れば大きな事件ではありませんでした。この時期の全国的事件は、第一次長州征伐と長州藩の完全屈服、そしてさらに長州藩を始めとする西国激派勢力を根だやしにし、幕権回復を狙う第二次長州征伐の起動ということになります。しかしながら、地域には地域の歴史があり、その歴史を媒介にして全国史につながっていくのです。信州や東濃の人々にとっては、水浪西上事件は地域としての大事件、一〇〇〇名弱の水浪勢に対しいかにしても諸藩軍と幕府軍が対決し勝利することが出来ないという事態、そして飯田城下総焼払いの上、飯田城への籠城という飯田藩の決定を実行させることなく、南信・東濃の平田国学者の連係プレーのもと、水浪勢を間道に案内して飯田城下への放火を阻止し、しかも尾張藩との激突を水浪勢に回避させ、清内路峠を越えさせ中山道美濃路をとらせたこと、この一連の見事な采配と手配りが、一行通過後の南信・東濃の百姓・町人の意識全体を変えることになりました。全国的に見て異常な程、気吹舎への入門者がこの地域で急増するのは、この水浪勢通過後のこととなるのです。

以上のような南信・東濃の激変を示す「ちょぼくれ」を間半兵衛が写し、それがこの「筑波颪」に綴り込まれているのです。内容は清内路関所通過までで終えているものなので、信州の地でつくられたものかと、今のところでは判断しておきます。

和田峠の闘いでは、「穀喰潰しの盗人共めが、いくさもいのちの有ての事だと、尻に帆をかけ、湖水の方へと、こけつまろびつ、秋の木のはを散すがごとくに逃去なされば」と、諏訪・松本両藩勢の敗北を痛烈に批判しています。また水浪勢が南信に入っての南下行軍の場合では、高遠藩の行動を、「後ろの方より関を作て、高遠軍勢、平出宿より、堅き家老の仰を受聞、玉なし鉄砲二から三から、びくびく打たはかみへの云わけ、其間の聞へだ」と揶揄するのです。そして飯田藩と城下の事態についても、「堀の城下へずんずんの り込、ぐづぐづいふたら、又々たたかひ、具足や焔硝の元手をこしらへ、暫御城に休足いたそと、思ふかひなく、こいつも如才が内証へ廻して、小遣ひよこして、袖下つかへば、元より大名と喧嘩はいやなり、望はある也、路銀はないなり、かたがた承知し、野底(のじり)の橋より遠道廻れば」と水浪勢・飯田勢双方合意の上での間道通過を茶化しているのです。

そして末尾を、「御世が永々つづいて、おごり長じる、侍なまける、坊主はふざける、そこで天から正義の勇士を御集なされて、昔の真ごころ、日本魂の目出度御国に、おもどしなさるは、日本国中の神々などまで、もつれし世界をお直しなさるぞ、夫をばすこしも悟らぬやつめが、物ずきなんぞで、しぬ気と思て、浪人共だと、呼捨なんぞは、御罪が当たるぞ」云々と結んでいくのです。

以上のように、私も古文書仲間と一緒に一字一字を読んでいく中で、改めて市岡殷政の「風説留」の見事さに教えられている次第です。

二　幕末の鹿児島藩と情報収集

（１）はじめに

父がブリヂストンの社員だった関係で久留米で生まれました。小さい頃関東に移り、記憶もあまりないのですが、その関係で九州という土地に何となく親しみを感じてきました。

また、私の勤務しております史料編纂所の基礎を作ったのが、鹿児島出身で、明治前半期では全国随一の漢学者で歴史家でもあった重野安繹先生ですので、意外と鹿児島とは近い感じがしています。というわけで、多少ひいき目のところがあるかも知れませんが、御容赦を願います。

さて、私の専門は明治維新史です。戦前の維新史は薩長藩閥史観だと批判を受け、戦後は百姓一揆や草莽隊等の民衆史、製茶・製糸という経済史、その延長線上での貿易史が盛んに研究されるようになりました。さらに、石井孝先生という優れた学者によって外交史も本格的に研究されるようになりました。石井先生は岩波新書で『明治維新の舞台裏』という名著もお書きになっています。戦前では当然のことながら、手薄だった諸分野が続々と開拓されていったのです。それらは、明治維新を研究する上で、様々な、面白く、また考えなくてはならない諸問題を付け加えていきます。

しかし、政治過程とか政治史を考えるときには、やればやる程、やはり幕末では薩長土、それから肥前の場合には、政治というより、戊辰戦争で彼らの持っていた全国随一の軍事力が決定的な要素になって、薩長土肥の四藩が明治維新後の政治過程を切り開いたということも、研究すればする程、事実の問題として明らかになっています。

(2) 集団論と情報

ですから明治維新はいろいろな切り方があると思うのですが、政治過程と権力問題に関していえば、一方では幕府、他方では薩長土肥の動きを考えていかなければならないというのが、私の現在の中間的な結論です。ただし、そうはいっても普通やられているような、特に時代小説でやられているようなやり方でいいのか、というのが私が今抱いている疑問です。

どういうことかと申しますと、薩摩ですと西郷と大久保が出てきます。長州ですと吉田松陰と高杉晋作、それに土佐では坂本龍馬そして幕府の勝海舟。こういう人々が大体皆さんご存知の通り明治維新の政治過程の前面に出てくる人々です。しかしながら、彼らは政治家であって思想家ではありません。政治家の基本というのは、与えられた集団なり組織を政治的に強化し動かすこと、そういう使命を持っています。逆に言えば、集団とか組織に支えられ、そのような組織なり集団が強ければ強い程、彼らのトップに立つ人たちの力量も発揮されるという関係が、私は政治家のあり方だと思っています。そういう意味では、トップレベルの人物論だけでは、真の意味で彼らを評価することにはならない、というのが私の考え方です。

歴史の分野でも、思想史の分野ではこうはいきません。思想史の分野で優れた人を評価する場合には、彼の思想が他の九九人よりいかに優れ、卓越していたか、というところに論証の力点がおかれます。しかし、政治史の分野では一人一人を高く評価するということは、その人の政治思想なり、政治的な方針と行動が、残りの九九人の人を死なせ否定するのではなく、彼らを生き生きさせ、活動させるところに意味があるわけです。逆の面から見れば、そういう人たちのまわりにいた九九人の人たちの能動性なり活動性そのものが、そのリーダーの能力と力量をさらに発揮させるという関係があります。これは昔も今も今後も同じだろうと思います。

私は、一人の人を生かすのに九九人の人を死なすのは政治史の研究方法と叙述の方法ではない、一人の人間を生かすことによって、まわりの九九人を生かせることが政治史の方法であり叙述であると、周りの人には常々言っているのです。このことを別の言葉でいえば、集団論、あるいは組織論という角度から政治過程と政治史を考えなければならないということだと私は思っています。ではおまえはどうやるのだというご意見がすぐ出てくるかも知れません。

今私が考えているのは、この鹿児島藩を集団論なり政治論で分析するには、政治情報の角度から切ると、新しい視角が出てくるのではないかということです。鹿児島県では『忠義公史料』とか、現在では『玉里島津家史料』というような、日本の歴史史料の中でも一級の史料を次々に出しています。そのような史料からこの問題を考える材料が出ているので、それらに基づいて私の考えを、以下、述べさせていただきます。

（３）幕末期の鹿児島藩

今日の日本は言うまでもなく中央集権的体制が非常に強いです。人材も中央に吸い取られ、なかなか国元に帰ってきません。そういう中央集権的な体制が都道府県レベルでは人口の問題とか、それから県民所得、あるいは工業生産高ということで、都道府県が相互に比べられます。そういう比べられ方をされますと、鹿児島県は都道府県のトップになかなかなりにくいということは事実だと思います。ただし、こういう比べられ方をされるというのは、これは明治以降の近代日本のあり方がそうさせているわけで、そのようなイメージで明治初年までの鹿児島藩なり日本史を考えると、ものが全く分からなくなる、というのが私が最初に中し上げたいことです。

では明治初年まではどういう形で鹿児島、あるいは鹿児島藩が考えられていたかということですが、言うまでもなく江戸時代のトップは将軍、幕府です。庶民から言えば、「公義」とかあるいは「天下様」という呼び方でよばれていました。その下に、全国二百数十余藩が置かれていたのです。ただし、これには非常に厳しい序列がありまして、勝手にバラバラに諸藩が並べられていたわけではありません。

諸藩のトップは言うまでもなく加賀百万石の前田家で、その次にくる大名はどこかといいますと鹿児島の島津家、第三位が仙台の伊達家、第四位が能本の細川家、第五位がこれも九州の福岡黒田家です。大名の序列から言いますとトップレベルのうち、三家までが九州の大大名であるということです。これは九州の人間だけが知っているだけではなく、全国の日本人、当時三〇〇〇万の日本人がほぼ常識として頭においていたことなのです。

戊辰戦争の時に会津藩は最後まで戦います。これは京都守護職を勤め、孝明天皇の信頼が厚かった会津藩としては当然ですが、その盟主になったのは仙台の伊達です。なぜ盟主になったのかといいますと、薩摩には負けられない、薩摩の風下にはつきたくないというのが、非常に大きな要素だったと私は思っています。

これは加賀の前田家も同じです。慶応三（一八六七）年の一二月に、加賀では、大軍を結集して京都の情況をひっくり返そうとする動きがぎりぎりのところまで進められました。そして、戊辰戦争では結局新政府側に参加しますが、それも最後のぎりぎりになって、いやいや参加したのです。薩摩の風下にはつきたくないという思いが、私の考えでは、明治一一年、紀尾井坂の変において大久保利通を暗殺した人たちが加賀藩の出身だということまで、十分つながってくると思います。こういう雰囲気を念頭に置かなければ、幕末から西南戦争までは分からないと私は思っています。

しかし、この鹿児島藩の場合には、この黎明館で最近展示がありましたように、一三代将軍の家定の後妻には篤姫（天璋院）が入ったように、前田家・伊達家以上に幕府との結び付きが強い大藩です。

では、このような全国第二の大藩の鹿児島藩が、幕府や他の諸藩以上に情報問題に敏感にならざるを得なかったのはなぜかというのが、非常に面白い問題です。ある人に言わせますと、鹿児島藩は「封建制の極北」だそうです。しかし、「封建制の極北」だとなぜ明治維新が出来たのか、私はあまり上手な説明にはなっていないと思います。問題のたてかたがうまくありません。なぜ、幕府や他の諸藩以上に、これ程情報問題においてセンシティブな藩だったのでしょうか。結論を先に言えば、私は琉球問題だと思っているのです。

（4）鹿児島藩にとっての琉球の位置

普通、近世後期を論ずる最初は、蝦夷地問題、北方からのロシアの脅威で始める。これで寛政の改革、松平定信の人物論が行われるのです。しかしながら、北方の脅威と同じ性格の南方の脅威、南からの圧力については歴史学でも十分な力点が置かれておりません。

日本地図を頭に置いていただきたいのですが、琉球というのは沖縄本島だけではありません。先島まで入れると台湾の間近まで琉球列島が延々と続いています。しかもこれが総て薩摩の付属になっています。一八世紀前半から一九世紀前半の南方問題は考慮に入れていい問題だと思っています。

他方で近代日本を論じ始めるときには、一八五三（嘉永六）年六月のペリー浦賀来航から始めます。しかし、こういう形で日本近代の最初を考えていいのかという問題と琉球問題は、結び付いていると私は思うのです。琉球問題はペリー来航の前、一〇年前から鹿児島藩と幕府にとって非常に大きい問題として捉えられていたのです。

一八四四（弘化元）年にフランス艦隊はフォルカードという宣教師を那覇に残します。このフランス人、しかも宣教師であるフランス人をどうするかというのが非常に大きな問題になりました。しかも三年後の一八四六年には、フランス東洋艦隊の司令長官セシュが艦隊を率いて琉球に開国を求め、そして那覇に残していたフォルカードを連れ長崎に来ます。この一八四六年はフランス人だけではありません。ベッテルハイムという人間がイギリス艦隊によって那覇に置かれ、そこで宣教活動を始めるわけです。まかり間違えば、これは外交問題と日本の開国問題そのものになります。どう対処したらいいのか。

ペリーが来航する一〇年前から、鹿児島藩と幕府の一部、特に老中阿部正弘は苦慮します。これに対処するためには、第一に外交、第二に海軍をどうするか、この問題にぶつかります。全国より一〇年前にペリー来航的情況に鹿児島藩は置かれたのです。この後、ご存知の通り、一八五三年には浦賀に来る前に那覇にペリー艦隊が来ます。そして一年後には日米和親条約を結んだ直後に那覇に来て、米琉条約を琉球王国に強制します。アメリカ艦隊が来ただけではありません。フランス艦隊もその後に来ます。そして幕末で有名なジラールとかカションとかいうフランス人宣教師は那覇で日本語を学び、それから横浜なり箱館に来るわけです。一貫して鹿児島藩がその問題を抱え込まざるを得ない情況に置かれていました。

ただし、琉球を鹿児島藩が押さえているという問題は、あと一つの側面があります。中国問題です。中国問題に、一八四〇年のアヘン戦争以降日本人が非常に関心を持ち、中国の例がいつ日本の例になるのか、日本人が戦々恐々としていました。

では中国問題はアジアではどこから情報が入ったか。これは三つあります。一つは北京経由です。北京経由の場合には、ソウル、釜山を通じ、釜山を押さえていた対馬の宗家から長崎に、そして長崎奉行の仲介を経てすぐ江戸に北京情報が伝わります。第二のルートは、華中、揚子江地域の情報です。揚子江地域の情報は、浙江省乍浦の商人が毎年長崎に貿易船で来ます。したがって、華中情報は長崎奉行所が最初に掌握します。第三のルートが琉球ルートです。琉球の場合には、これも皆さんご存知の通り、毎年琉球の船は福建省福州の琉球館に行きます。そして北京に行くこともありますし、あるいは琉球館で物を買い入れることもあります。ここから始終中国の情報、特に華南情報が首里に入ってきます。首里に入ってくるその情報は在番奉行を通じて鹿児島に伝わり、そして国内に入ってきます。この三つのルートが中国情報の入る定期的なルートです。今言ったことをまとめますと、一つは中国を中心とする東アジア全般の諸情報、第二は琉球に対する西欧列強の動向が鹿児島藩を通じて日本の中へ入るという、日本の国家の最先端部分に鹿児島藩が位置づけられていたということです。

これはもしかすると島津斉彬（なりあきら）とか、藩庁のトップレベルだけの極秘情報ではないか、とお思いになるかも分かりませんが、そうではありません。一例だけ申しますと、一八五三年ペリーが来たときは、中国でも大変な年でした。それは太平天国の乱という、中国の巨大な農民反乱が最も力を強めた時期で、南京が太平天国の乱によって陥落した年なのです。そしてこの情報が福州の琉球館から、琉球の関係者に手紙で送られるのが同年の四月です。そして鹿児島では、少なくとも鹿児島藩士レベルではほとんどこの情報が伝わります。そして、太平天国の乱という未曽有の大乱がなぜ起こったか、という風説書が一緒につけられて鹿児島藩に来るのです。

鹿児島藩の人は当時全国に散らばって勉強していました。その一つが大阪にあった緒方洪庵塾（適塾）です。鹿児島藩士の子弟が緒方洪庵塾に入門しているのです。史料によりますと、

琉球人唐土より故郷に遣し候書翰写並風説書共薩州書生宿元より緒方塾に到来、

とあります。大体八月頃にこの情報が鹿児島から大阪に来ました。緒方塾では全国のいろいろな人々が最新式の蘭方医学を学んでいるのです。そして緒方塾の中で薩摩の人の二通の手紙を見た人がすぐ国元に写しとって送っています。これが一〇月二八日付で、私が見た史料では紀州から大阪に勉強をしに来た沢井俊造という人が、今で言えば御坊町（和歌山県御坊市）、当時では塩屋浦といわれる所の、在村の、人名辞典には全然載ってない羽山大学という医者にこの情報を伝えているのです。

こういう形で、中国情報というものが、琉球・薩摩を媒介にして全国の日本人に知れ渡ります。こういう位置に薩摩があったのです。これは、薩摩の人間が他の藩より勉強したとか勉強しないというレベルの話ではありません。鹿児島藩が置かれていた、南へ開かれた大藩であるという客観的な地位自身が、ペリー来航から一〇年前にこういう情況に鹿児島藩全体をおき、それに対して、外交と海軍をどうするのかということを藩として考えざるを得なかった、というように理解していただきたいのです。

（5）蝦夷地問題と肝付兼武（きもつきかねたけ）

このように最も外交的・軍事的に敏感な所に置かれていたこと、特に薩摩の場合は南方に向かって置かれていたということは、日本で同じく外交的・軍事的に危険だと思われていた蝦夷地問題にも視野をひろげさせることになります。鹿児島県関係の辞典にも人名としては載っていないのですが、肝付兼武（きもつきかねたけ）という人がいます。生まれは一八二三年です。彼の長男は肝付兼行といって、海軍中将まで昇り、最後は大阪市長を短い間おやりになった方です。このように息子さんは有名な方ですけれども、そのお父さんの兼武は肝付家の次男でした。兄はこの鹿児島で下級士族として戊辰以降までずっと勤めているのですが、兼武は次男という気楽さもあって、天保年間に形のうえでは脱藩して全国を遊歴します。

彼が一番関心のあったのはやはり蝦夷地問題をどうするかということです。十分材料があるわけではないのですが、今まで解っている限りで申しますと、嘉永元（一八四八）年、ペリー来航より六年前に江戸でいろいろな先生の所で勉強しています。坂下門外の変に関係した大橋訥庵の塾に入っていますし、大橋訥庵の弟で、これまた江戸で塾を開いていた清水存軒、あるいは儒者としても文人としても有名な藤森天山（弘庵）の塾にも入って勉強している人です。

そして彼は鹿児島県の人よりも長州の人に有名なのです。なぜかといいますと、この肝付という人は吉田松陰の親友でした。江戸の梁山泊と言われていた鳥山新三郎塾には、いろいろな人々が集まっていました。吉田松陰も集まり、能本藩の宮部鼎蔵（みやべていぞう）も集まり、そしてこの肝付兼武も集まりました。そういう所で顔がつながり、天下の情勢、特に蝦夷地問題を議論しました。なぜ肝付が蝦夷地問題の中心人物になったのかといいますと、嘉永三（一八五〇）年に、ですから吉田松陰に会う前に、自分が蝦夷地まで行って見聞記を書いています。それに「東北風談」というタイトルを付けています。ペリーが来航した後、全国の人間が海外の情報、国内の情報を集めるために風説留というのを作りますが、その風説留の多くに、この見聞記が書き留められています。

私が見るところでは、安政年間で、全国で一番有名な鹿児島藩の人は誰かといいますと、西郷でも大久保でもなく、この肝付兼武だったのではないでしょうか。実際にこの人は蝦夷地問題に一生を捧げるわけですが、安政三（一八五六）年にはもう蝦夷地に行って、そこを調査しに来た北海道の名付け親である松浦武四郎と会っています。その後は箱館奉行所の雇いになって箱館奉行所の下で働きます。

最初どこで働くのか、これも非常に面白いことなのですが、一八五九（安政六）年に箱館でも貿易が開始されます。横浜・長崎・箱館で貿易が開始されたのです。貿易に一番必要なものは何かといいますと、石炭もありますが、外国人が来た時の食料問題、特に肉の問題なのです。日本では肉が供給出来ません。そこで、肝付は箱館奉行所の命令を受けて肉の買いつけに東北まで駆けずり回ったのです。それから箱館で牛の牧場を開きます。これも察するに、外国人用の食肉生産のためだと思われます。そして、片方では箱館で塾を開くのです。次男ですので生活はかなり苦しかったと思っていたのですけれども、自力でかなりの資産と家作を箱館で作りあげたようです。そういう非常に面白い人なのです。

ところで、先程お話ししましたカションというフランス人宣教師は、琉球から箱館に来て活動するのですが、このカションとも親しくしています。肝付という人は立派な漢学者ですから、カションの日本語を直しています。カションの言葉で言えば、「泉のごとき真の知識を持っている人物」と書かれているのが、この肝付という人物なのです。では、私の話からしますと、鹿児島藩の中でも風変わりな人がいて、一人だけ蝦夷地に行っただけなのではないかとお思いになるかも分かりませんが、この人は非常に親思い・家思いですから、毎年この鹿児島のお母さんとお兄さんには連絡をとっていたようです。どこに行っているかは、ちゃんと国元で分かっています。しかも、元治元（一八六四）年には、不運なことに彼の家が箱館奉行所によって上知されてしまうので江戸に出て来ます。そしてこれからは江戸の鹿児島藩邸と非常に深い関わりを持つことになります。慶応二（一八六六）年には、西郷隆盛の手紙を持って松浦武四郎の所に相談にも行っています。何を相談したか残念ながら分かりません。そして慶応三（一八六七）年、幕府が潰れるその前の年には、小栗忠順（ただまさ）という幕府の勘定奉行の所に五回にわたって何かを相談しに行ったり、あるいは意見を上げに伺ったりしています。慶応四（一八六八）年初頭になりますと、京都にいる大久保利通と会って相談しています。非常に幅の広い動きをして、やはり蝦夷地問題を議論しています。

そして幕府が潰れ、箱館奉行所も撤収する直前になりますと、飄然としてまた箱館奉行所に顔を出すのです。彼の所には、奥羽鎮撫総督使節の手紙が来ています。少し七面倒くさい文章ですけど、読んでみますと、

　箱館領の事、右は旧来幕府領の所、此節奥羽鎮撫使御下向相成居、人民聊（いささかも）動揺致さず候様、各々より取り鎮めらるべく（各々というのは肝付とあと一つの宛先秋田藩のことです。）且幕府軍艦も碇泊の由相聞へ候間、これまた発乱致さざる様取計いこれ有たし、云々

というように、肝付を名指しで鎮撫総督から手紙がきているということは、やはり鹿児島の代表として箱館で行動していたと考えざるを得ないのです。

で、明治二（一八六九）年から蝦夷地から北海道に名前が変わりますが、そこの役人になって数年間働きます。赴く前に明治元年から明治二年にかけて、この鹿児島に戻っていろいろな整理をしています。そのとき会った中の一人が西南戦争で隆盛と一緒に死んだ桂四郎という人なのです。鹿児島藩のトップにいた方です。肝付は彼に意見を具申したのです。どういう意見かと言いますと、

　蝦夷地へ出稼ぎ人数御差出の事は、実々以て御為筋（おためすじ）には相違無之、

鹿児島藩は貧乏な侍が多いので、蝦夷地に出稼ぎの形で人をやれと。

蝦夷地出稼ぎがてらに御警護御持ち被遊候事は、是非とも急速御取掛御座候様、

というのが、彼の桂に宛てた意見なのです。いわば北海道防備を北海道の開拓と兼ね併せてやってくれ、ということを桂に言い残して彼は北海道に移ったのです。

以上のお話しをしますと、これは肝付という非常に風変わりな人が、ひょんなことで蝦夷地（北海道）に行って、自分個人の働きで蝦夷地問題を鹿児島藩に持ち込んだのではないかとお思いになるかも分かりませんが、そうではないのですね。西郷隆盛が二度目の島流しから呼び戻されて京都に上がるのが元治元（一八六四）年の三月です。西郷が大久保と相談しながら当時一番やりたかったことは、幕府と会津の路線からいかに鹿児島藩を切り離すかということです。これは禁門の変の直前ですから。そのとき彼が考えていた一つの政策というのは、蝦夷地問題を京都で持ち出すことでした。そして、西郷と江戸の鹿児島藩邸の間で、先程言った松浦武四郎を京都に呼ぶという相談がかなりのところまで詰められます。ただし、最後のところで、松浦が今の情況だと幕府に対して鹿児島藩は嫌疑を受けているので動いても仕方がない、ということで取り止めになります。西郷隆盛自身がこの蝦夷地問題を、もう京都に上ったそのときから一つ押さえているわけで、その延長線上で慶応二（一八六六）年に西郷隆盛の手紙を持って肝付が松浦の所へ行く、という動きになるわけです。

そして、この元治元年の時には鹿児島本藩の方でも松浦武四郎から千島の地図を借りて写し取っています。しかし、写し取るのになかなか手間暇がかかったと見えて、江戸の鹿児島藩邸の人間が早く返さないと松浦に申しわけないから返してくれと言うような督促の手紙を国元に出しています。そういうことを考えますと、肝付という人はやはり鹿児島藩と余程深いところで結びつきながら蝦夷地問題の情報を、国元・江戸・京都

にもたらした人物だったのではないかと私は思っています。

今、申しましたことを要約しますと、一番対外的なことにセンシティブにならざるを得ない地位、場所というのはあるのですね。鹿児島の場合なら南方問題、長州の場合には朝鮮問題、そして佐賀藩の場合には長崎問題。これは文化五（一八〇八）年、フェートン号事件で藩主が幕府から厳罰を受けて以来、長崎問題に対して失策があると申しわけないというところから佐賀藩の軍事改革が始まるわけです。そのような非常に神経を尖らさざるを得ない場所、その中の一つ、一番大事なところに鹿児島藩がいたのです。その延長線上で、北方問題も鹿児島藩全体の問題になっている、というように私は思っています。

（６）江戸の情報収集と南部弥八郎

情報問題で、私は今、琉球と蝦夷地の問題を申し上げたのですが、情報の集め方、内容について一番詳しく分かるのは江戸藩邸の動きですので、少し材料を元にしながらお話してみたいと思います。

トップレベルですと国元と京都という話になりますが、そうではなく、トップレベルが動くにはいろいろなところの情報が必要で、しかも情報源の一番大事なところは幕府の動きを知ることの出来る江戸だということになります。では、伝統的な幕府の構造に対し、鹿児島藩の江戸藩邸が、特に江戸藩邸で情報収集の中心になっていた南部弥八郎という人物がどういう形で入っていたのか、ということなのです。

伝統的な枠組みで大事なのは、常識的なことですけれども、江戸城の情報です。諸大名、あるいは幕領からの情報は総て江戸城に集約されます。しかも、形式的には新聞が一切ないわけですから、江戸城の情報は幕府の中枢部分の人しか分かりません。ただしこれは建前で、密かに漏らす人がいるのです。そういう役割を持っている人、それが江戸城の御坊主衆と呼ばれる人々です。薩摩にも、坊主衆を何人か高い金を毎年贈りながら使っていました。これを「御出入」と言います。

それから情報を提供してくれる可能性がある人としては幕府の右筆がいます。奥右筆と表右筆と二つのランクがありますが、そういう人たちにつながりをつければ内密の情報と、いろいろな問題をどう処理したらよいかという幕府の先例を教えてくれます。これは「内用頼入」というもので、「御出入」ではありません。そのような資格を持っている人、いわば鹿児島藩が下手に出て情報をもらう人、例えば、生麦事件の時に、島津久光が困ったのは、どういう処理を公的にすればよいか、その知恵をつけてくれたのはこの右筆です。誰か薩摩の人間が斬ったけれども脱藩してしまって分からない、こういう書面をまず届ける。それでその通り届けて久光は京都に上るわけです。こういう人たちがあらゆることに関して、鹿児島藩に対して情報を提供してくれうる人です。

ただし、幕閣内部の議論はこういう人たちは分かりません。したがって幕閣内部に手づるを持たなければなりません。幕閣というのは老中と若年寄を指します。南部弥八郎が始終出入りしていた幕閣は誰かと言いますと、嘉永六（一八五三）年、ペリーが来たその年から慶応元（一八六五）年までの長い間若年寄をやっていた酒井忠毗（ただます）という人なのです。この人の公用人、公務の仕事を取り扱うセクレタリーに非常にコネがあったのです。ですから幕閣の動向がどうか、あるいは一八六〇年代になりますと、外交問題を不断に老中・若年寄の間で処理、議論しなければならないわけで、鹿児島藩は幕閣の間でどのように外交問題が議論されているのか、この情報を、残されている史料の限りでは、ほとんど酒井忠毗の公用人からもらっています。

幕府の動きがどう出るかの最初の試金石は江戸の町触なのです。江戸の町をどう警備させるか、どう江戸町民に伝えるか。したがって幕府の動きを探ると同時に、江戸の情報を握るためには江戸の町名主を押さえなければなりません。そして鹿児島藩の上屋敷があったそばに、高輪の町名主田中権右衛門という人がいます。この人から常に情報を得ています。また江戸町奉行所は、町年寄を抱えていろいろな改革なり御用金取り立てなりをやりますから、そういう事に関してはその係の町名主に、どういう形でルートをつけたのか分かりませんけれども、微細なことまでよく調べています。それだけ気のまわる人が、江戸藩邸の留守居役にいなければ情報は集まらないということです。

江戸の町であと一つ大事なのは、捕り方の問題です。江戸町奉行所、同心、ただし同心というと幕府の役人ですから、その下の同心手先、すなわち銭形平次のような岡引きと呼ばれる連中にも結び付きを持っています。どういう情報なのか、一例だけ挙げますと、元治元（一八六四）年に鎌倉でイギリス士官ボールドウィンという人が浪士に暗殺されます。その犯人だということで、その年の末に清水清次という人物が首を斬られるのです。ただしあれは真犯人ではない、という話をこの岡引きから南部弥八郎は情報を仕入れて国元に手紙を出しています。

今、江戸町についてお話ししましたが、あと大事なのは幕府領全国八〇〇万石、半分は旗本領ですけれど四〇〇万石は幕領ですから、幕領の動きを知らなければなりません。各代官所は江戸に役所を持っています。江戸の役所と代官所は勘定奉行所の直轄ですからそう簡単にコネはつけられないのです。ですからそれぞれの代官所の出入りの人間をつかまえてその人間から情報を得るわけです。では、代官所においてどういう情報が南部弥八郎にとって必要だったのか。

一例だけ申しますと、慶応元（一八六五）年一月の情報が必要だったのです。西郷隆盛が尾張のお殿様を総督に立て、広島で第一次長州征伐を丸く収めます。この時には、長州の三家老の首を出せばこれ以上は深入りしない、和解するという斡旋を隆盛がして丸く収めるわけです。この収めたことに幕府内で最も腹を立てたのが一橋慶喜であることは皆さんご存知の方も多いと思います。

長州の情況がどうかというのは幕府も必要、薩摩も必要です。ただし普通の人間が入ったら殺されてしまいます。その情況が最も必要だったのは、幕府の代官所でも一番長州に近い石見国の大森銀山を支配している代官所でした。したがって大森代官所は鉱山師の手下を派遣して長州内部に入れ、潜入した人物は非常に細かい情報を入手して、大森代官所に提出するのが一月二四日。飛脚を仕立てて江戸の出張所に届くのが二月一五日。そして翌日の一六日に江戸城に報告しています。この報告書を、南部弥八郎は大森代官所に出入りの人間を通じて二月一九日に手にしているのです。

人とのつながりをつけるということは、金を贈ったら出来るような簡単な問題ではありません。その人との信頼関係、いろいろな関係をあらゆるところで大事にそだてない限り、こういう情報は一つも入らないのです。それをやっているのが江戸の鹿児島藩邸なのですね。彼の報告書のある部分は今活字になっている『玉里島津家史料』にも入っていますので、機会があったらぜひ御覧いただきたいと思います。

(7) 新しい情報センター

以上申しましたのは、いわば幕府の伝統的なシステムに薩摩の江戸藩邸の人たちがどう入り込むか、ということですが、幕府も幕府なりに幕末は大変な努力をしました。新しい事態に何とか対応するように必死でした。そして、幕府のもとにはその当時全国でも一番優秀な人材が集まってきていました。どこに集まってきていたか。一つは開成所という所です。これは学校と思われては困ります。ヨーロッパの自然科学・社会科学の知識を集約する情報センターが幕府の開成所だと思っていただければいいのです。したがって開成所には一番レベルの高い蘭学者・洋学者が集まるのです。ここに食い込まない手はないのです。

開成所で行う一つの仕事は新聞の翻訳、英字新聞の翻訳です。そして会訳社という組織を作り、メンバーが翻訳し、第一義的には老中・若年寄に最新情報を提出するのです。ただし、作成したものは、その会に入れば回覧の形でメンバーには見られるシステム、ある意味では非常にオープンなシステムを彼らは作りました。そこに南部弥八郎が入会を申し込むのが慶応元（一八六五）年四月三日と、ちゃんと記録に残っています。こういう形で開成所に入り込みますと、そこでのトップレベルの人たちにいろいろな形で関係をつけられるわけです。ただし、情報をくださいと入ってもくれるわけがありません。相手と同じレベルの議論をし、こちらからも情報を提供しなければ無理なのです。私は、それが出来たのが南部という人の偉いところだと思います。ただし、この南部という人物は『明治維新人名辞典』にも何にも載っていない薩摩の人です。

一例だけ蘭学者との関係で申し上げますと、手塚律蔵という有名な蘭学者、これは長州出身ですけれども、考え方が長州の攘夷派と違いますから、狙われて、身の危険を感じて結局下総の佐倉藩の御雇いになります。ただし、長州藩にはしばしば出入りをしている貴重な人物なのです。南部弥八郎がどういう情報を手塚からもらったかといいますと、例えば、文久二（一八六二）年五月、島津久光が挙兵して上京した四月の翌月のことなのですが、幕府にとっては島津久光が兵を挙げて京都に来たという事態を知って、これにどう対応をするかということが非常に重要な問題となりましたが、その責任を当時の老中首座の久世広周（くぜひろちか）が担わざるを得ませんでした。しかし久世は京都には行きたがりません。誰を使うかというと、長州藩の人間、特にこれまで京都入説をしていた長井雅楽（ながいうた）を使いたい、ということで長州藩邸に久世の関係者が出入りして相談しています。そして、その話を手塚律蔵が全部聞き、この手塚との会話の中から、南部は長州の動きにつき、ほぼ正確な情報を握って国元に報告しています。

第二番目に幕府が作った新しいシステムは何かというと、これは軍事組織の陸軍奉行と陸軍所という所なのですね。ここで組織するのは歩兵組と呼ばれます。百姓・町人の御雇い兵です。しかし実戦では武士の兵力より強くて、第二次長州征伐でも、長州軍と互角に戦いえたのがこの歩兵組です。最新式の連発銃を持っている強力な部隊、それを管轄しているのがこの陸軍所という所です。

ではこの歩兵組が最初に出動したのはどこかといいますと、第二次長州征伐ではありません。元治元（一八六四）年、関東では甲子の争乱といわれる水戸天拘党への討伐戦争です。この討伐では、江戸の旗本と共に、養成したばかりのこの歩兵組が大挙して筑波・水戸・那珂港に行って激戦を繰りひろげるのです。その情報は逐一、その管轄司令部である江戸の陸軍所へ報告されます。勝ったか、負けたか、損害はどの位か。ただし、この陸軍所で南部弥八郎の仲介をした人は史料からは分かりません。もう少し探したら分かるかもしれません。幕府の新しい機構に対してこういう形で入っているのです。

（8）諸藩との関係

江戸の留守居というのはあと一つ、留守居同士の情報交換、これは幕末だけではなく、江戸時代の最初からあります。それも頻繁にやっています。一番いい情報が入る江戸の藩邸はどこかといいますと、これは会津藩です。「薩賊会奸」と長州から言われたように、ある時期までは鹿児島藩は会津藩と蜜月時代を持っていましたから、そういう意味でも会津が京都から江戸に流す情報は、かなり精度の高いレベルで鹿児島藩は聞けたのです。そして当時の会津藩の江戸家老に井深宅右衛門という人がいます。これは日本キリスト教史で非常に有名な横浜バンドの中心人物である井深梶之助と呼ばれる長老の牧師さんのお父さん、江戸家老で五〇〇〇石の大身です。この人から南部弥八郎は情報をもらっています。

あと一つは、情報収集では鹿児島藩以上の能力を持っていた細川藩です。同藩との仲はそう良くはありませんけれど、これはギブアンドテイクの関係で、かなり薩摩からも情報を提供したと思いますが、細川藩からは精度のいい情報が入ってくるのです。

もう一つは、幕末の情報問題ですと、皆さん関心があったらやってみられるといいと思うのですが、それは仙台藩です。仙台藩も藩自身は動きが鈍いですが、情報収集から言いますと非常に優秀な大藩でした。同藩の人間で南部と情報面で接触を持つものに多田平次郎という人物がいます。この人は、人名辞典にも出ていない人なので、私も調べてみようと思うのですが、こういう人たちから情報を仕入れているのです。

(9) 接点を持つ人物をつかむこと

細かく説明すると面白い話ばかりですけれど、時間がかぎられていますのでこの位にして、次に、南部弥八郎がこのような情報を集めるに当たっての集め方の特徴について二点お話ししたいと思います。

第一に、当然のこととして、藩自身がこのような情報を集める人間を何人持っているか、ということです。例えば、先に紹介した甲子の争乱（天狗党の乱）で、関東全体が騒然とした情況になります。この時、各藩がどう動くか、これも情報収集の大事な目標です。そうすると、各藩に回り、あるいは各地に出張り、情報を集めるような人々が鹿児島藩邸にはいるわけですね。南部自身はもっと地位が上ですから、実際には関東諸藩には出張りませんが、そういう人物を江戸藩邸は複数かかえています。

第二に、彼が一番関心をもっているのは、やはり横浜関係の情報です。これになると彼自身の人的資本がものをいいます。接点を持っている人間をどうつかむか、これは昔も今も情報収集の要です。彼がつかんでいるのは、今から考えますと、なる程と思う人がいます。一人はアメリカ彦蔵（ジョセフ・ヒコ＝浜田彦蔵）と呼ばれるアメリカ帰りの、最初にアメリカに帰化した人ですね。当時、神奈川のアメリカ領事館の通訳をしていた人です。

なぜこの人が大事なのかといいますと、文久三（一八六三）年五月一〇日に長州藩が下関海峡でドンパチと大砲を撃ち始める。これに対してアメリカ海軍が怒ってワイオミングという軍艦を下関に派遣して砲撃戦を起こすのです。このワイオミングにアメリカ彦蔵が乗っていくわけです。ですから帰ってきたらすぐその直後に、長州下関での戦争情況を南部が聞き糺しているのです。

ところで、言うまでもないことですけれども、横浜情報で一番関心があったのは、いつ横浜のイギリス艦隊が鹿児島に来るかという情報でした。これについては、生麦事件直後からアンテナを張り、非常に綿密な調査をやっています。横浜にクリーニング屋さんをやっていた半次郎さんという人がいたようです。クリーニングは当時の日本人は頼みませんが、軍艦で来た人とか居留地の外国人はクリーニング屋さんに頼むわけですね。その職業をやっていた半次郎という人を使って、仕事がてらにイギリス艦に乗ってもらったのです。半次郎に横浜に来ている軍艦に乗ってもらったのが文久三年の二月のことです。そしてイギリス艦隊が鹿児島に来るのが六月の末ですから、それよりかなり前のことですね。一艦ごとの大きさ、乗り組んでいる兵力、外輪船かスクリュー船か、スクリュー船とは当時言いませんでしたから、ぐるぐる回るねじ式の軍艦か、そうではないか、それから一番大事なことは、どの位大きい大砲を何門積んでいるのかということを全部書き上げさせて、これも国元に報告しています。南部が乗れるわけがなく、ただし、外国船出入りのクリーニング屋さんなら乗れるわけです。

アメリカ彦蔵がワイオミングに乗ったとすれば、薩英戦争でイギリス軍艦に乗った日本人がいるのはご存知の方もいらっしゃると思います。清水卯三郎という人ですね。史料で見る限り、南部は薩英戦争の前には清水卯三郎のことは知らなかったようで、その後からは、くりかえし名前が出てきます。戦後はすぐ彼をつかまえて外国の動きを聞き糺したり、あるいは外国の文章を清水卯三郎に翻訳させたりしていることが分かります。

どういう情報を聞き糺しているか一例だけ挙げますと、慶応元（一八六五）年、第二次長州征伐で数万もの幕軍と諸藩の軍隊が大坂に集結しているそのときに、外国が連合して軍艦を大坂湾に侵入させ、条約勅許を求めるという大事件が起こります。これも横浜に集結している外国艦隊が、いつ大坂湾に行くかというのは非常に大事な問題になってくるのですが、その情報を手に入れるのです。この情報をくれたのが清水卯三郎という日本人です。

ただし、日本人だけに結びつきを設けるような生やさしい形では南部の情報収集はなかったのです。有名なフランツ・フォン・シーボルトの長男にアレキサンダー・シーボルトという人がいます。父のシーボルトが二度目に来たときにこの息子を連れてきました。お父さんは間もなく帰りますが（幕府に結局帰ってくれと言われて帰るのですが）、息子は日本に残ります。幕府が雇うわけにはいきませんので、結局、イギリス公使館の雇い人になります。このアレキサンダー・シーボルトは当時まだ非常に若く、この人と南部弥八郎は友だちになっています。ですから、この若いシーボルトに会った時に話を聞く、あるいはイギリス艦隊がどういう考えを持っているのか、どこに行こうとしているのかということですね。あと一人はヴァン・リードというアメリカ人です。この人はジョセフ・ヒコと一緒に『藻塩草』という日本で最初の新聞を作ったアメリカ人で、この人とも仲が良い。いろんな形で横浜情報を仕入れています。

その先にいきますと、これは一種のスパイ行為です。一つは、アメリカ公使館で火事が起こりました。火付けか失火か、というのは大事な問題です。浪士が横行していますから、火付けではないかと疑われていたのですが、それが火付けではなくて失火だと分かったのは、結局、こういうことなのです。アメリカ公使館に英語を習いにいっている若い日本人がいるのですね。これはもと箕作阮甫という、蘭学者でいえば元老クラスの人物の門人であった人ですが、プラクティカルに英語修行をやろうと思ってアメリカ公使館に入っていたのですが、その人からちゃんと聞いているのです。アメリカ公使館だけではなくて、どうもイギリス公使館にも両側面を持っている人を入れていたらしいのです。

アーネスト・サトウと先程お話ししましたアレキサンダー・シーボルトという人は、日本の外交文書の翻訳をしたり、あるいは外国の外交文書のドラフトを書いたりする役目の人たちですが、両人が留守の間に彼らのドラフトを写したということで、半分だけのドラフトを南部弥八郎に報告している人がいるのです。察するに、先程のアメリカ公使館に入っていた人と同じように、英語を学ばせてくれと頼み込んでイギリス公使館で働いていた日本人だろうと思われます。まあ、こうなると完全に非合法活動になりますね。

(10) 情報の穴場

次に南部の収集手腕上とりわけ注目すべき点について二点お話ししたいと思います。幕末になりますと外国の問題が全部絡んでくるのです。外国の問題と絡まない国内問題はないわけですから、幕府機構と同時に、神奈川奉行所内に情報の接点を持たないといけないのです。神奈川奉行所の次官クラスは支配調役というレベルですが、奉行はこの下のクラスの言っている通り決済すれば何とか収まりがつくのですが、この調役が無能だったら奉行所自身が動かないということになります。

そういう大事な役に合原猪三郎という人がいます。これはペリーが来た時からずっと活動している優秀な人物（当初は浦賀）ですが、彼とかあるいは森恭次郎という人々と南部は友だちになっています。さらに実際に具体的な内容を聞くには神奈川奉行所で通訳をしている人と連絡をとらなければならないわけです。通訳も一人ではないのですね。北村元四郎とか立石得十郎とか西吉十郎、この人は維新後は司法省の高官になるような優秀な人ですけれど、こういう人々と接触を持って聞き糺したい情報を手に入れています。

西吉十郎のことだけ申しますと、英国艦隊が薩摩に来る前にカタをつけなければいけないのは、幕府から賠償金を取り立てることです。片方で、幕府は京都から奉勅攘夷で戦争をやれと言われています。その苦渋の板挟みになったのが老中の小笠原壱岐守（いきのかみ）なのです。ですから賠償金を渡すのか、あるいは戦争に踏み切るのかという非常に微妙な段階の文久三（一八六三）年四月二七日、神奈川に来ていた西吉十郎という通訳をつかまえて、実際はどうなのかを聞いています。実際には幕府が賠償金を渡す、そういう交渉をやっているのだということを聞き出して、これを薩摩に報告しています。

ところで、私は史料編纂所で『幕末外国関係文書』という、外国と外国奉行所の往復書翰の史料集を編纂していますのでよく分かるのですが、外交の一番大事な機密は会話ではやらないのです。文書でやるのです。公使と外国奉行との往復書翰で繰り返し繰り返しやるわけですね。

イギリスだったら英語文とオランダ語文をあわせて渡すのです。それを翻訳し、日本側だとオランダ語に日本語を変換して向こうに渡す。これはもう毎日書翰のやりとりが非常に頻繁にやられています。この内容が分からなければ、本質的で決定的なことは分からないのです。したがって通訳をつかまえるだけではだめなのです。まず第一につかまえなければならないのは、外国奉行所の翻訳文なのです。

薩英戦争前後のことを申しますと、幕府が奉勅攘夷で戦争をやるという、形式的に出した通告文に対する返書がイギリス・アメリカ・オランダ等から来ます。どういう内容の返書が来ているのかという情報を木村宗三という外国奉行所翻訳方から密かにもらっています。で、この木村という人は、かなりダメージを受けたイギリス艦隊が、鹿児島から横浜に入港したその直後にイギリス艦隊に上って情報を仕入れ、南部弥八郎に渡した当の本人でもあるのですね。今までいくつかの論文もあり、そこに木村の名前は出ています。そして黎明館から出している『鹿児島県史料』にも入っていますので御覧いただきたいと思います。

ところで、もっと大事な人は皆さんだれでもご存知の福沢諭吉です。彼も外国奉行所翻訳方に勤めていた人物です。南部弥八郎は、木村以上に福沢から非常に大事な情報をもらっているのです。三つ例を挙げますと、第一に二月一九日に戦争を辞せずというイギリス代理公使ニールが幕府に突きつけた文書があります。これから江戸・横浜は大騒動になるのですが、その翻訳を福沢がやっています。しかも幕府の返事を彼がオランダ語に翻訳しています。どういう内容でイギリスから来たか、どういう返事を幕府がしたかということを、返事は二日後の二月二一日ですが、それを南部は福沢から聞いているのです。

第二に、これも大事なことですが、下関砲撃を長州藩がやっています。これに対して四ヵ国がどう対応するかという会議を開き、幕府に対して通告するのが六月一〇日のことです。これは国際法において、下関海峡は通行自由であるべきだ、我々は長州藩を一撃する用意がある、ただし日本政府がこのような長州藩の動きを防止するならば、我々は時間の猶予を与えよう、という列強の基本的な方針が伝えられる六月一〇日の手紙も、そのまま福沢は南部に連絡しています。

第三の、一番大事な手紙は、これは薩英戦争そのものの手紙です。英国艦隊は六月一九日に最後の手紙を幕府に渡します。内容はこの一九日から先三日の間に薩摩に行くという最後通告でしたが、これを翻訳するのが福沢で、二〇日朝のことでした。南部がこの話を福沢から極秘に聞くのが二一日のことです。しかも彼の張り巡らした情報網から、この書翰を携て幕府の若年寄が横浜に急行するという情報も手に入れるのです。こういう情報を全部手に入れて彼自身が横浜に急行するのが二二日の夕方でした。ただしイギリス艦隊はその朝四ツ半時に出帆した後でした。ですからすぐこの情報は、可能な限り早い手段をとって鹿児島に連絡したのはいうまでもありません。しかし残念なことに、軍艦が鹿児島に着くのが余程速かったのですね。これだけあらゆるアンテナをめぐらしながら、手紙が届く速さというのは、正に近世の社会に完全に制約された中で、南部と鹿児島藩江戸藩邸は動いていたということになります。

(11) 情報を吟味すること

以上、総て内容の問題を除外し、入手の特質のみご紹介しましたが、南部という人はかなり政治的判断が出来た人だと思います。鹿児島藩にとって、自分たちの組み立てるべき論理に有利になる部分は的確に判断して報告しているわけです。時間の関係で、それ程ご紹介出来ませんが、一つはイギリスのやり方はかなり国際的に見てもおかしいという話です。

彼は二つの例を取り上げて国元に報告しています。一つは江戸の御殿山、この御殿山に諸外国の公使館を造るという動きがあって、文久二（一八六二）年末には、ほぼ完成間近というところまでなっていたのですが、高杉晋作たちがそこに火をつけて燃やしてしまって結局実現はしなかったのですね。しかし、アメリカ人の間では、イギリス人のこのやり方は非常におかしいと言われていました。なぜならば、御殿山というのは江戸市民にとって桜の名所でした。まだ現在も多少残っていますが。飛鳥山と御殿山というのは、江戸市民の行楽の場所だったのです。今、飛鳥山はまだ王子駅の裏手で桜の名所として有名ですが、品川付近では御殿山が名所でした。イギリスでしたらハイドパークと同じレベルの公園だったわけです。もしイギリス人に対してハイドパークを自分のところの公使館にしてくれと言ったら笑われるだけだろう、そういうことをイギリス人が日本に要求しているのだ、ということが一点。

二番目は、最も日本が不利を蒙っているのは治外法権の問題だということです。史料の文章で読みますと、条約中、異邦人は其本国の法を行うべしとの一条、日本国威の立ち申さざる根元に付き、是非相改め候方急務、格別無理なる苛法にこれ無く候へば、承引せざる国は決してこれ無し、

あまりひどい法律をもっているならともかく、そうではない国だったら治外法権は認めない、ということを既に文久二年の段階で南部が入手し、鹿児島藩に送っているのです。ですから鹿児島藩庁がイギリスとの間で論理を組み立てるのに必要な武器としての情報を彼は送ったと私は思っています。

第三番目は、これは『玉里島津家史料』の中にも非常に良い史料が入っているのですが、先程指摘した琉球問題、南部が報告している言葉で言えば、「別して琉球は御用心有りたし」という問題についてです。何のことかといいますと、ロシアがシベリアを通って巨大な鉄道を極東まで引こうとしています。このようなロシア勢力が東に来れば、それと対応してイギリスとフランスは、高麗（朝鮮）・琉球・対馬に来るだろう。この動きに注意しろ、というのです。これは日清戦争までの極東の国際関係そのものなのです。

四番目は、これは皆さんが意外に思われるかも分かりませんが、南北戦争の情況に非常に注意しているのです。今で言えば「風と共に去りぬ」位でしか頭に浮かばないようなあの南北戦争を、なぜこれ程注意しているかといいますと、これは正に国際関係なのです。アメリカは南軍と戦争しているのですが、南軍に対してイギリスとフランスが援助しようとしているという国際的な構図、そしてイギリスに対抗するためにロシアはアメリカを支援している、この構図を頭に入れないと外交関係はうまくいかない、という判断を南部は国元に送っているのです。

したがって単に情報収集というと、機械的な話だと思われるかも分かりませんが、情報というのは政治の

一部ですから、それには嘘もあり、あるいは意図的なデマもあります。しかしそこから何を選び抜き、自分に必要なものとして取り入れるかとなると、正に収集する人の能力そのものが問われることになるわけです。

(12) 西郷における情報と政治

京都の問題に移ります。情報をうまく集めている藩の中で、先程も少し名前を挙げましたが、細川藩も良い情報を集めています。ただし集めても能本藩庁と京都藩邸は、いくら良い情報でも、政治方針を立てる場合にはほとんど使うことが出来なかったのです。

しかしながら、鹿児島藩はそうではなかったのです。今見てきた南部の情報というのは、当然国元の鹿児島藩庁に来るのと同時に京都にも送られるのです。そして極秘の情報あるいは細かく説明しなければならない情報については、直接南部自身が、あるいは益満休之助のような人間が京都に行って細かく報告する体制が出来ていました。そして元治元（一八六四）年三月以降は、二度目の島流しから呼び戻された西郷隆盛が京都に居ることになります。そして国元の大久保と非常に緊密な連絡を取りながら新しい体制を作ろうとします。その最初が、先程お話ししました蝦夷地問題を鹿児島藩のイニシアチブを握るための争点に出来ないかと模索をすることでした。

西郷隆盛は鹿児島県の人だけでなく、中々人気が衰えません。いろいろな人気の理由というのはそれなりにあると思うのですが、私のようにこの時期の研究をしている人間から言わせてもらいますと、手紙が面白いです。手紙といっても彼の字は右上がりの非常に癖のある字で、なかなか読みにくく、字が良いというわけではありません。手紙に内容があるということなのです。幕末でも多くの手紙には内容がないのです。内容のある手紙は珍しいのですが、西郷の手紙は元治元年三月、特に京都に上ってから明治元年の戊辰戦争の時までの手紙は非常に内容が豊かなのですね。そのようなことで私は、彼に関心を持っているのです。

いろいろな所から情報やニュースを集め、しかも必要な時には的確な人物を派遣して、具体的な調査項目を示したうえで情報を収集させ、そしてそれにもとづいて判断をしているわけです。判断した結果は非常に断定的な言葉で、彼の手紙、特に大久保との往復書簡の中にあらわれてくるのです。人に相談したいとかいうことではありません。会津と一緒にやるなとか、あるいは長州を追い込むなとか、幕府にくっつくなとか、いわば鹿児島藩の基本路線が、彼の手紙の中で非常に明確に、断定的といってもいい口調ではっきり述べられています。こういうのは彼の手紙だけで、さすがの大久保もそこまでの手紙はなかなか書いていません。御存知の通り、西郷は次第に島津久光と仲が悪くなります。もとから二人の仲は良かったとはいえませんが、仲が悪くなるのも無理はない、このような手紙を自分の部下が平然と書くというのは、お殿様にとって耐えられることではなかったのではないでしょうか。

これも時間の関係でごく少量の材料だけ提供しますが、禁門の変の直前、長州藩が京都に上ってきます。京都の情況をひっくり返したうえで、下関に向かってくる四ヵ国艦隊に対抗しようとする、乾坤一擲の軍事行動を起こします。では、長州がどう出てくるのか。彼が長州の探索にやったのは、後の桐野利秋（きりのとしあき）の中村半次郎です。中村半次郎は長州に非常に気に入られています。考え方自身が攘夷派ですから怪しまれずに長州藩邸に出入り出来る。当時は仲の悪い薩長の間で、怪しまれずに長州藩邸に出入り出来る数少ない人間を長州の国内に送りこもう、これが六月一四日です。


いずれ脱藩の姿にて長州に入り込み候手段に致したく候様、相達し置き申し候、もう中村には行けと命令してしまいました。本当の暴客だから向こうについてしまうかも分からない、しかしやった方がいいだろうということで、禁門の変の一ヶ月前に長州に行かせています。そして御存知のように禁門の変は、長州の無惨な敗北で終わりました。その中で一番のリーダーシップをとっていた久坂玄瑞（くさかげんずい）という、まだ三〇にもならない、高杉以上に優秀な、あの吉田松陰の妹を嫁にもらった人物は責任をとって鷹司藩邸で腹を切ります。こういう惨めな敗北をしました。そしてすぐさま長州藩は朝敵になります。

この時すぐに行動を起こすのは西郷ですが、やはりその前提として的確な情報を長州から集めます。指示を出すのは早くも八月一日のことで、非常に機敏な判断で二人の人物を長州にやります。まず見させるのは萩本藩の情況、第二に見させるのは特に本藩と仲のあまり良くなかった岩国吉川（きっかわ）藩の動向です。これが本藩と対抗関係にあるかどうか、あったらその間の離間を計り、長州を弱める方針を立てる。そのために非常にはっきりした調査項目を立て、二人の人物を長州に派遣しています。その翌月九月八日のことですが、大久保に対する手紙の中で外国探索について言っています。西郷は言います。いつ、下関に来た外国軍隊が大坂湾に来るのか、実際には翌年慶応元年九月に入って来るわけですが、もう、いつ来るかというのは時間の問題だと分かっていたのです。しかし、いつ来るかというのは、京都にいるだけでは情況が分かりません。しかも江戸情報の的確なものをもたらしていた南部弥八郎はちょうどその前日に京都に上って西郷と相談している最中でした。したがって京都から江戸に二人の人物を外国艦隊の動向を探らせるために下向させた、と。

あと一つの史料は、黒田清綱、これは画家で有名な黒田清輝の義理のお父さんで、歌人としても有名ですけれども、西郷隆盛の非常に良い理解者であった人です。この人も慶応元年には京都に来て西郷とか、あるいは京都詰めの連中とかと一緒に、第二次征長反対の動きをやるのです。西郷から言えば、一番信頼している、しかも自分より年上の人を大坂にやったのですね。大坂というのは将軍が軍隊を擁していつ長州に出発するか、大事なポイントの所なのです。ですから黒田に対しては目上の人に対してお願い事をする手紙を同年の一一月に書くのです。何を調べてくれと頼んでいるのかというと、一つは将軍上洛という噂がある、これが事実かどうか、第二番目に田沼玄蕃頭、これは天狗党追討の総責任者として、あの越前で残酷にも武田耕雲斎以下三五二名の首を斬った張本人ですが、この人が軍艦を大坂湾に回す噂があると言っているのです。いったい何のために回すのか、あるいは江戸の方では将軍を呼び戻したい勢力もまだあるのか、将軍を引き戻すために軍艦を寄越すのか、その動きを探ってくれというのを、非常に丁寧な手紙で頼んでいるのです。その探索を黒田清綱がきちんと実行しているわけです。

(13) おわりに

今見てきたような全国的な情報網、これらは与えられて出来上がっているわけではないのです。多くの優秀な人々が、その場所その場所で努力しなければ築けないものです。そのような情報網を持ち、しかも、それを持ってくるのと同時に集約し統括する中心部分に、大久保とか西郷とかいった優秀な人物が、政治家として優秀な人間が多数いたことによって鹿児島は戊辰戦争に至るまでの政治の主導権を掌握出来たのではないかと私は考えています。そして日本の国威を落とさずに、幕府とは別の、彼らが理想とした国家をつくろうとして、戊辰戦争を一年の長きにわたって遂行したわけです。しかしながら、その間に慶応三年一二月の江戸の薩摩屋敷の焼き討ちのように、多くの薩摩人がそこで戦死したり腹を切ったりする等、様々な事件を含み込みながら出来あがった維新政権とは、いったい何だったかということです。

西郷とか黒田清綱とか、そして大久保もそうですが、この時代にはこのように各藩で優秀な政治家がのびのび行動出来ました。私はそれを「幕末的情況」と呼んでいます。しかし、そのような幕末的情況は、新政府が確立することによって急速に消滅します。

事例をあげるときりがないのですが、一番分かりやすい事例をあげますと、先程の南部弥八郎は一番良い情報を手に入れたものの、通信手段としては近世的なものを利用するほかなかったと言いましたが、明治に入って新政府が最初に革命的に変えたことは、何よりもこの通信手段でした。

電信の導入です。通信の導入には巨大な国家資本が要ります。それから国家レベルで電信の通信技術者を養成する学校を開かなければなりません。国家レベルでしか出来ないのです。どこの通信をまず確立しなければならなかったのか。それは長崎と東京間という正に日本国家の生命線の部分でした。なぜ長崎か。長崎には既に海底ケーブルによってシベリアと上海から全世界の情報が瞬時に伝わる海底電線が来ていたのです。これを東京の、すなわち国家権力の中心地である東京につなげることによって、全世界の動向が瞬時に政府の中枢部に入る体制を出来るだけ早く作らなければなりません。これが正に日本の情報大動脈線となるのです。

次に、どこにこの電信網を拡げるかというと、新政府が必死に進めていた徴兵制軍隊の置かれ始めていた全国の鎮台と軍艦が置かれている軍港です。後には電信は民衆の便宜のためになりますが、一番最初に便宜を図らなければならないと考えて必死にやったのは国家でした。こうなりますと民間の緊急連絡は総て電信を通じてしか行えないことになります。外国との貿易も電信で行います。誰が、どういう内容で打ったかというのは、全部国家権力に掌握されることになります。日時・内容・人物ですね。

郵便制度も同じです。郵便というのは民衆の手紙交換を便利にしてやろうとして生まれたわけではないのです。国家と各県との往復、県と県との往復、行政の毛細血管を郵便制度で作ろうとしたのです。それに後から民間の手紙が乗り始めるわけです。したがって後になりますと、国際的な問題になりますから、削除されますが、手紙の開封権が国家権力にあるというのは、当初の法令には堂々と明記されています。おかしい人間だと権力がにらんだ人の手紙は開けられます。それが前提でしか郵便制度は当初は使われませんでした。

情報の全国的な広がりと流通というのが、明治の初年代になりますと、国家によって一元的に組織され統制されていくことになります。私の言葉で言いますと、「幕末期段階」が既に過ぎ去りつつあったということです。ただし当時の人たちにとって、過ぎたかどうかというのは頭では分かっても、実際には自分の経験でしか理解出来ませんでした。

最初の経験というのは何か。それは明治七年の佐賀の乱です。江藤新平の征韓論派、あるいは鍋島には封建派といわれる守旧派が非常に強いですから、彼らが挙兵した際のイメージ、頭に思い浮かべていたのは長州諸隊の反乱なのですね。自分たちが旗を揚げれば、やがては各地の士族が、あるいは征韓論派が反乱に立ち上がるだろうという、このようなじわりじわりとした動きの中の拡大、それは幕末慶応元年から二年の正にその情況です。しかし現実は既にそうではなくなっています。大久保利通はこの情報を得るやいなや、自ら率先して九州に赴くのです。全国の軍艦は電信で総て九州に集結されます。軍隊は一挙に九州に軍艦によって運ばれます。ここまでは、あの犀利（さいり）な江藤でも見通すことは出来なかったのです。自分たちの思っていたテンポではないテンポで国が動き出してしまったのです。

次の経験は私は明治一〇年の西南戦争だと思います。この時になると、情報網がほぼ完備してきます。中央権力はどういう情況かといいますと、まだ士族軍隊は残っていますが、ほぼ徴兵制軍隊が整い、全国の鎮台兵が軍事動員されます。その軍事動員も軍艦で九州に急行します。しかも軍艦が足りません。軍艦が足りない時には民間の商船を徴発することが出来る法律まで持っています。その膨大な民間の商船を持っていたのは三菱です。これが総て輸送船に転化します。では電信はどうなのかと言いますと、軍事電信が優先されますから、民間は使用禁止です。民間の電信は打とうとしても打てません。しかも政府の報道管制で、戦地から発表されるのは官制のものです。電信と手紙は権力が握っています。こういう情況で西南戦争というのは戦われたと私は思います。

歴史というものは一面非常に皮肉なもので、ある意味では悲劇的なものです。当初思っていたものとは全く別の巨大な組織を作り上げ、それが動きだしてしまったときには手の打ちようがなくなるということ、これは幕末的情況が急速に崩壊した明治初期もそうですし、今後もあるかも分かりません。

自分の思っていたことが現実といかに乖離するか、それは悲劇ですが、それは歴史そのものでもあって、人間を理解する上の一番大事なところかも知れません。現実の動きとしては、日本ではこれ以降急速に中央集権体制が強化されます。地域の独自のエネルギー、先程お話ししました鹿児島県であれば、全国的世界的な視野を持たなければ藩の行動そのものがとりえないといった、地域の独自のエネルギーが急速に吸い取られ、総てが中央に結集され尽くす日本の近代に入り始めたのです。

第4章　幕末維新から自由民権へ

一　勝海舟と幕末維新

はじめに

ただいまご紹介をいただきました宮地です。演題「勝海舟と現代」ということで、私の考えている勝海舟という人物について、一時間ばかりお話をしてみることにいたします。

勝海舟というと、みなさんそれぞれ、最初に思いつくのが異なると思いますが、私にとって勝のもっとも印象に残る言葉は「行蔵（こうぞう）は我に存す、毀誉（きよ）は他人の主張、我に与（あず）からず我に関せずと存候」という、一八九二（明治二五）年二月六日、福沢諭吉から「瘦我慢の説」を送られた際の、彼の返事の言葉です。出処進退総て自分の誠意誠心より出ること、それが世に受け容れられるかどうかは行動の際の前提では決してないという、勝の日頃の信条が、はしなくも簡潔な言葉に表れたものとして、私が好いている言葉なのです。

勝は自己の私的利害にかかわらせることなく（これは一般の日本人にとってなかなか難しいことです）、長期的に見て正しいと確信したことを、ある場合には生命の危険すら顧みず断行し、同調者の多寡を決して問いませんでした。それが正しかったと万人の認めるようになるのが数年後か、数十年後か、あるいは百年後か、彼はそれを天に任せたのです。

このような人物は未曾有の激動期であった幕末から明治前半期にかけ、各藩におり、各地にいたことでしょう。では、幕府の中に存在していた場合にはどうなるのか？　そのことを身を以て示したのが、勝海舟という、元来は四一俵二人扶持の微禄旗本だったのです。ですから、勝の軌跡を微視的にたどることは、とりもなおさず幕末維新期の徳川幕府というものの性格をおのずと物語ることにもなるのです。以下、三つの時期に区切ってお話してみましょう。

（1）幕末蘭学者勝海舟

1　苦労して蘭学者となること

蘭学者というと、日本人の国民的常識として、漢方医学に対抗して、西洋医学を修得するため、オランダ語を学んだお医者さんたちということになりましょう。その発端が一八世紀後半の杉田玄白と翻訳解剖書『解体新書』の出版であることは、ここにいらっしゃる方々の共有知識であるはずです。福沢諭吉もはじめに学んだのが大阪の蘭方医術の名医緒方洪庵でした。しかしながら、杉田玄白は若狭国小浜藩の藩医、福沢諭吉は九州豊前中津藩の下級士族です。幕臣の中でオランダ語を習得し、それをペリー来航以前に、既に西洋軍事技術の最新知識獲得のために駆使していたサムライが、どれほど存在していたでしょうか？

ペリー来航期に西洋流砲術を教授した幕臣に下曽根金三郎という人がいますが、彼がどれほど自分で原書を読むことができたのか、私にはよく分かりません。私は門弟が翻訳をおこなっていたのではないかと思っています。あと一人が、みなさん御存知の伊豆韮山代官、一五〇俵の旗本江川太郎左衛門英龍です。しかし彼自身が読めた訳ではなく、家来に蘭学を学ばせたり、蘭学者を家臣にかかえ、蘭書を翻訳させるなかで、西洋流軍隊調練、大砲鋳造、そして反射炉建造をおこなっていったのでした。

とすると、幕末期五〇〇〇家以上もあった旗本社会の中で、唯一といっていいほど、自ら蘭学を学ぼうとした人物が勝海舟だったということになります。他人がやるから自分もやる、ということでは全くなく、日本と幕府の未来のため、蘭学を修得し欧米の軍事技術を吸収する、日本の軍事体制を西洋流に近代化しないかぎり、日本は欧米列強に対峙し国家の独立を保持できない、このような見通しをきっちりとたて、父親勝小吉の多額の借金を背負いつつ、歯をくいしばり、独力で修得していった、このきわめてさし迫った危機感と尋常ならざる刻苦勉励の事実こそ、私たちが勝を論ずる場合、第一に念頭に据えるべきことなのです。

蘭学を幕府が奨励していたわけでは全くありませんでした。渡辺崋山や高野長英がまきこまれた蛮社の獄一つとっても、それは一身の立身になるより、身の危険と破滅をむしろ意味していたのです。蘭学者社会の長老箕作阮甫が蘭書を読むのに、「声を低くしてください」と家族の者たちから懇請された時代でした。

この事態を分かり易く物語っているのが蘭日辞典刊行禁止という幕府の方針です。洪庵塾でも、一部しかない、ヅーフハルマ写本を多くの塾生が競って利用したことは、『福翁自伝』の中にいきいきと述べられています。勝も一八四七年から四八年、一ヶ年かかって、この、ヅーフハルマの写本を苦労して二部作成しました。そして、その内の一部を売却して、自分の勉学資金としたのです。

オランダ語を修得し、欧米最新の軍事技術を日本と幕府に導入しようと、必死に努力したところで、海舟は父親の小吉と同様、幕府の役職に就けるわけではなく、依然として非役の小普請組に置かれたままでした。壊れようのない幕府内の厳格な身分制と人事での旧慣墨守、そこでは世界への客観的認識や個人の能力など、全く評価の対象にされないことへの、腹の底から湧き出る怒りに彼はつつまれていました。しかし、それでもなお、彼はおのれの学習を決して放棄はしなかったのです。

個人の能力は、能力のある人が見ればどれほどかは時間をかけずに分るものです。幕府の役人たちが評価できないなかで、力量のある蘭学者信州松代藩士佐久間象山（しょうざん）が勝の能力を高くかいました。彼の妹みづえが象山の正妻となったのが、ペリー来航の一年前、一八五二（嘉永五）年のことでした。

２　民衆との接点

ペリー来航情報が「オランダ別段風説書（ふうせつがき）」で伝えられたこの一八五二年後半になっても、その情報は正確でなく、オランダが自国の利害のために流しているのだ、といった幕府内部の意見もあり、ごく一部の大名たちに、「念の為」とのただし書を附した上で、漏らすこと厳禁との制約のもとで知らせるのみ。浦賀奉行所の与力・同心にすら伝えませんでした。こうしたことから、あのペリー来航を迎えた幕府より以前に、幕臣以外の人々の方が、勝のずばぬけた能力とそのすぐれた見識を正しく評価していたのです。

勝がその能力と見識をもつにいたったきっかけは、本屋での立読みでした。箱館に渋田利右衛門という廻船問屋がいました。蝦夷地でとれたサケを大量に仕入れて江戸で売却するため、毎年渋田は陸路で江戸に出、そこで数ヶ月滞在していました。渋田自身も書物を好み、江戸に出ては多くの書籍を購入して箱館に送り、町の人々の閲覧に供し、新知識を公共のものにしようとしていた商人でした。この渋田が常日頃利用する日本橋の古本屋、古本屋といっても今日の古書店ではありません。需要があるものなら、刊行されていない書物の写本も作成して販売もし、貸本業も営むという性格の本屋さんが、当時広汎に日本各地にあった古本屋の一つです。

古本屋文吉の店頭で、いつも書生が本を立読みしているのに利右衛門がいつしか気づき文吉に問うと、「あの方は、お手許不如意につき、ある本を買うと、読み終われば、その本を持参して当店に売却し、また別の本をお買いになるが、時には店先にて立読みもしばしば」との話、興味をもった利右衛門は海舟に話しかけ、自分の深川の旅宿に伴って話を聞くと、彼の造詣の深さに感嘆し、その後は海舟の望む本があれば惜しむことなく購求して海舟に贈呈し、また自らが買う書籍に関しても海舟に相談するようになりました。交わりが深まるなかで、「当時のお住居いかにも見苦しく、新居建設については、その費用私が持ちましょう」と勧めるも、海舟は「其意に従ひては麟太郎、深く良心に恥ずる所あり」と、ものごとのけじめをきちっとつけた謝絶、ますます利右衛門は海舟の人物にほれこみ、江戸に来るごとに、自分が不明なことの説明を勝に求めるまでになりました。

海舟を介して西洋知識を貪欲に吸収する渋田は、海舟に蘭学をおやりなさいと激励し、彼の勉学に協力するのみならず、机上の読書だけでは本当の学問にならないと、全国的視野を持つ自分の知己を海舟に紹介していきました。紀州有田郡の豪商で銚子にヤマサ醤油製造を営む浜口梧陵（ごりょう）（彼のことは、福沢諭吉も高く評価しています）、江戸・大阪に大店を出している伊勢の豪商竹川竹斎、摂州兵庫の廻船問屋加納治郎作といった人々です。そして、これらの人々はそれぞれ海舟と親交を結び、海舟の志を実現させるために、私心ない援助を与えるようになりました。

この日本では、一八世紀末頃より、鎖国体制下において非領主的な全国市場が形成されはじめ、そこでは全国的視野をもち、日本をとりまく国際情勢を武士階級以上に理解し、そして深い危機感をいだく豪農商層が成立しはじめていました。海舟は彼らとの交友により、日本の全国的なまとまり（いいかえれば日本全体を一つとして見る見方）、歴史学的な硬い表現をもってすれば、日本民族と民族的利害というものを、書籍からだけでなく、人々との結びつきということからも認識するようになったのです。したがって、サムライとサムライ階級が組織している国家に租税を納め身体と財産の保障を託しているこれらの人々の利益とはなにか、幸福とはなにか、という視角を加えることができるようになっていきました。そこでは、幕府の利的利害、サムライ階級の階級的利害とはっきりと区別される形で、日本人、日本国家、外難に対する国内一致という、国民ということを含みこんだ大切な思想が、勝の政治学の根底に据えられていくことになるのです。

３　勝の幕府登庸

日本と幕府の将来を憂慮し、なんら金銭的利得もうまない蘭学を勉強する非役小普請蘭学者勝海舟を、一挙に幕府の表舞台におしあげたのが、一八五三（嘉永六）年六月三日、ペリー艦隊の江戸湾来航でした。この時はじめて幕府は、幕臣の中で蘭学を学び、欧米の軍事技術に通暁している者が、いかに稀であるのかを、身を以て痛感することになりました。例えば翌年三月、日米和親条約締結の際、アメリカ側から幕府に献上された電気通信器一つとっても、どのように操作するかは、蘭学と西洋科学技術の知識がなければ不可能だったのです。幕臣の中、五〇〇〇家以上の旗本の中で、海舟はおのずと抜群の頭角を現すこととなります。ペリー来航直後の七月、二度にわたって卓越した海防と軍備強化の具体策を述べた彼の建白書は、たちまちのうちに広く知れわたることとなり、一八五四年五月に目付となった五〇〇俵取り旗本大久保忠寛（一翁）の抜擢によりはじめて役職を与えられ、そして皆さんご存知のように、一八五五年八月、幕府海軍創建のため、オランダの支援のもと、長崎に設立された長崎海軍伝習所の責任者的立場に立つ者として、一八五九年まであしかけ五年、徹底的な研修と実習を積み重ねることになります。勝はそれ以前は、自分の私塾において、軍事技術、軍隊調練、大砲鋳造、台場建設等々、西洋兵学一般を幅広く取扱っていたのですが、この段階で、幕府海軍創設に、その活動の焦点を絞ることになりました。

この長崎での生活では、勝の人間的成長の上で、以下の三点に注意すべきだ、と私は思っています。

第一に、伝習所は幕臣のみならず、諸藩の優秀なサムライたちも訓練する方針をとりました。奇妙に聞こえるでしょうが、幕府がイニシアチブをとった日本の軍事的近代化がそこでは意図されていたのです。その中心にいた勝は、幕臣たちよりもすぐれた能力の青年たちが諸藩にはいるのだ、このような若いサムライたちとの協力協同によってしか、将来欧米列強に軍事的に対抗しうる幕府海軍の建設は不可能だ、ということを、いやおうなしに認識することになります。

第二に、教師として指導に当るオランダ海軍軍人たちと、勝は長年蓄積してきたオランダ語を駆使して、サシで人間的なつきあいをすることとなります。この交友のなかで、彼がつくづく感じたことは、市民革命を経、市民社会に生活するヨーロッパ人の人間としての豊かさと幅の広さでした。このことは、幕府人事の硬直性、家格・門閥の跋扈（ばっこ）、人間的能力への否定的評価、そしてもっともありふれていた人事にかかわる妬（ねた）み・中傷と讒言（ざんげん）、さらにあらゆることに関して形成される党派と多数者・上位者への追従（ついしょう）と追随という日本の現実と対比して、極めて強く勝に印象づけられました。「西洋人は人間が広く、日本人は人間が狭い」という彼の日本人論は明治に入っても一貫しており、このためか、長男の小鹿（ころく）はアメリカのアナポリス海軍士官学校に留学させ、息子の梶梅太郎がアメリカ人女性クララ・ホイットニーと結婚する際も、なんら反対しなかったのです。

第三に、長崎海軍伝習所での実質的責任者として、勝が各藩の藩主や重臣たちと人間的関係を形成していったことです。その中でも、薩摩藩主で名君でもあった島津斉彬（なりあきら）との親交は、彼にとって非常に貴重な財産となり、それ以降、明治に入っても、一貫して薩摩のサムライたちに対する強い親近感がつづくのでした。

４　糟糠の妻おたみのこと

この「幕臣蘭学者勝海舟」の項を終わるに当たり、どうしても述べておかなければならないのが海舟の糟糠の妻おたみのことです。旗本の妻となるのですから、当然の形式として、どこかの旗本養女という形をとったのでしょうが、おたみは豊かな質屋の娘、つまり平民の出でした。そのこともあったのでしょう、庶民的で格式ばらず、とても気持がやさしく、面倒見のよい女性でした。海舟は写真を見ても分るとおり相当の好男子、しかも江戸の下町で生まれ育った生粋の江戸っ子、もののいい方も歯切れがよく、きっぷのさわやかさがおのずと現われる人物でした。長崎にあしかけ五年もいて女性関係ができないはずがありません。その地でも評判の美人に多くの男性がとりいろうとしていた時、勝は、その女性の家の前でわざと鼻緒を切らせ、その家に頼み込んで草履をすげかえてもらい、この女性に接近するという手管もつかっているのです。

他方、夫が長崎に出立した直後の一八五五（安政二）年一〇月二日、あの安政大地震で家の二階が傾き障子が倒れ、おたみは海舟の母親と三人の子どもをかかえ近所の竹藪に逃げ込みました。一夜にして江戸の街はメチャメチャ、向かいの家の女の子は、落ちてきた物の下敷きとなって死ぬ悲劇、翌五六年八月二五日、稀有な巨大台風が江戸と関東を襲い、本所・深川の下町は床上まで水が上がる大水害、勝家も屋根が飛ばされ、おたみは傘をさして家族を護り、一八五八（安政五）年は日本全国にコレラが蔓延、おたみは心配で心配で毎晩みなが寝しずまった後、ロウソクをもって見廻り、一人一人の顔をのぞきこんで異状がないか確かめる気苦労、その後も、海舟が別の女性たちに産ませた子ども二人も、自分の子同様別け隔てなく世話をすることになります。男女同権、一夫一婦制の今日では到底想像することも不可能な封建的で家父長的家族関係のなかにおかれた、当時のおたみのような多くの女性たちは、今日では幸いなことに絶滅種となりましたが、このような妻に家族をしっかりと護られ、そのあり方を福沢諭吉のように疑うこともしなかった幕臣旗本勝海舟は、なに一つ家族のことを気にすることなく、自由に、そして気ままに飛び回ることが可能となったのです。

(2) 軍艦奉行勝海舟

1 不運の時期

長崎海軍伝習所から一八六〇年、咸臨丸を指揮して太平洋を横断するまでの時期は、海舟にとって華やかな時期でした。しかし井伊と井伊派政権下では不遇な時を過ごすことになります。ご存知のように、一八五八（安政五）年六月一九日、無勅許条約調印以降、幕府と朝廷との関係は、徳川幕府始まって以来はじめての異常な国家の正統性をめぐっての朝幕分裂の時期に突入し、井伊政権は、この国内政治危機を「御公儀」の権威をふりかざしつつ、安政大獄という過酷な政治粛清と恐怖政治を強行することによって、正面突破を図ったのです。政策的には極めて守旧路線を採りました。長崎海軍伝習所も一八五九年に閉鎖させ、幕府のイニシアチブのもとでの諸藩の力をも結集した日本海軍創建の芽をつみとり、西洋科学技術導入を目的に幕府直轄研究機関として創建された蕃書調所もその規模の縮小を図ろうとしました。政権には大老井伊直弼の政策を支持する人々のみが登庸されたのです。他方、開港以降の国内経済の大混乱と物価騰貴が日本の民衆を襲い、不満は、幕府外交は対外屈従政策だと攻撃するサムライ階級のみならず、広く民衆をもつかみ取りはじめました。一八六〇年三月三日の桜田門外の変は、この粛清路線と恐怖政治に終止符をうちましたが、翌一八六一（文久元）年には、ロシア軍艦が対馬を占拠するという深刻な領土問題が発生し、なんら有効な対応策をうてない幕府に対する国内の非難はごうごうたるものに高まっていきました。

この時期の幕府は、一橋慶喜を将軍継嗣に擁立しようとした幕府内開明派旗本を総て排除するなど、優秀な人材を登庸・抜擢することは全く不可能となり、勝のような人物も、その経歴をかわれて幕府海軍形成の中核に据えるなどということは夢にも考えられなかったのです。

２　一八六二（文久二）年の朝幕関係

とても皮肉なことですが、海舟が再び幕政の前面に押し出されるのは、一八六二年、幕府の威信が大きく衰退し、幕府の許可もなく、一千の兵を率いて京都に入った島津久光が、既成事実をもとに朝廷の命令を受けて滞京することに成功し、彼の建白により勅使大原重徳(しげとみ)が江戸に下向し、朝廷の命によって幕府人事を大改造させる驚天動地の時期と結びついたものでした。しかもこの久光は勅使護衛として大原に率兵随行しているのです。海舟が軍艦奉行並に任命されるのが、この年の閏八月、軍艦奉行に昇進するのが一八六四（元治元）年五月のことですが、広汎な幕府人事改革の大前提として、井伊派老中・若年寄らが総て退けられ、安政大獄で処罰された一橋慶喜が将軍後見職に、同じく処罰された前福井藩主松平春嶽が政事総裁職になるのが、ともにこの年の七月、江戸時代の平常時には想像もできない破天荒の幕閣改造が朝廷の圧力のもとに断行されたのです。

時代小説などで、坂本龍馬と千葉周作の甥で剣客の千葉重太郎が海舟を切りに彼の家に乗り込んだが、海舟が彼らの攘夷論の非をさとし、開国論をもって両人の眼を開かせた、ということがいわれていますが、このような朝幕関係の大変動の時期のまっただなか、そのような単純な開国論を海舟が説くことができたのかどうか、改めて、歴史の大きな流れのなかで考えなおす必要があるのです。

勅使大原重徳が江戸にもたらした朝廷の「国事三策」といわれるものは、第一に将軍が上洛し、孝明天皇と攘夷の策を講ずること、第二に外様の大名五名を五大老に任じ、海防と攘夷の策を講ぜさせること、第三に慶喜と春嶽を幕閣トップに据え、孝明天皇の意志を実現させることなどです。いずれも対外強硬策と攘夷方針のため公武合体路線を幕府に迫るものだったのです。

このため幕府は井伊派政権時に採った諸政策を総て違勅で正しくなかったとし、関係者全員に処罰を下し、しかもこの年の九月、薩長土三藩主攘夷建白を朝廷が受けいれる形をとり、別勅使三条実美（さねとみ）が江戸城に入り、攘夷の勅命を将軍家茂（いえもち）が奉ずるかどうかを迫り、一二月五日、家茂は「勅を奉じて幕府が攘夷を行います」という、奉勅攘夷の請書を「臣家茂」と自署して勅使実美に提出せざるをえない事態に陥ったのです。

3　攘夷主義の本質

ところで、幕末期の日本の攘夷主義といわれているものは、外国の事情を知らないサムライたちがむやみに外人を殺傷するといったものでは全くありませんでした。尊攘派の元祖とみなされている吉田松陰自身が、「鎖国は固（もと）より苟偸（こうとう）の計にして末世の弊政なり」と断言しているように、鎖国することが自己目的では全くなく、〈外国の圧力によって国が開かれては国はもたない〉という、民族と国家主権の堅持、それを実現するための国家基盤の飛躍的強化という課題が、その根底に据えられていたのです。

しかも攘夷論とよばれるものは、それぞれ主張する母体によって具代的政策が異なってきます。この一八六二年段階では、高杉晋作等の長州藩激派や全国の草莽国事活動家たちにとっては、武備充実論との決定的訣別と表裏一体のものとなっていました。ペリー来航以降一〇年間、〈武備充実の上、攘夷〉と幕府・諸藩がいってきましたが、なに一つ武備充実がなされておらず、他方欧米列強の軍備強化と軍事技術の改革は日進月歩、このままではギャップが拡大する一方、この上は孝明天皇の堅い意志を奉じ、攘夷の国是のもとに全国一丸となって必戦態勢をつくりだし、対外戦争の中で国内の封建的軍役体制をドラスチックに改変しなければならないという、サムライ階級特有の「戦争を政治の手段に利用しよう」とするものでした。彼らのスローガンは「百敗一成」であり、弱をいかに強に転化させうるのか、という課題実現がそこでは狙われていたのです。

４　勝の日本海軍創設論

しかし、軍事統帥権は唯一将軍にのみあることは、孝明天皇のみならず、全国のサムライ階級が一致して認めている大前提であり、したがって戦争の全責任は幕府が負うことになります。幕府が最も回避したい事態です。しかし、幕府が開国論を主張し、別勅使実美が京都に戻れば、既に勅命が幕府を介さず直接諸大名に下される状況になってしまった一八六二年後半期段階では、国内分裂と国内内乱は必至の事態と見られたのです。対外戦争か国内内戦かの二者採一を幕府は迫られ、しかも幕府自らが違勅を犯してしまったと認めてしまった以上、国内分裂後の権力の正統性を幕府は喪失することになります。正に政治危機です。幕府は一二月五日の段階で、違勅の条約を破却し、天下をあげて必戦の覚悟を固めさせ、将軍が上洛して公武合体を実現し、その上で天下の大小諸侯を集めて今後の国是を議論させ、全国一致の決議をもって、さらに我より進んで交を海外諸国と結ぶべし、との方針を採ることになったのです。

このような窮状下の将軍と幕閣の命を受け実行しなければならない勝が、単純な開国論をこの段階で主張するわけがありません。生麦事件に対し英国が艦隊を江戸湾に結集し、攘夷を決定した幕府に、巨額の賠償金を迫る臨戦状態に入った一八六三年三月段階では、勝は横浜ではなく、将軍のいる大阪で英国と応接し、交渉が決裂すれば大阪で一戦し、天下の人民をして勝算なきことを悟らせ、国内の真の奮発を引き起こすべきだ、とまで主張しているのです。

ただし、彼は幕府の陸軍軍制改革がペリー来航以来、実質的にはなんら進展してはおらず、しかも幕臣の圧倒的多数が、〈開戦不可能、戦争すれば幕府は崩壊〉との考えをもっていることも、あまりにもよく知っていました。このために、彼が、この政治危機下で、幕府の立場から、軍艦奉行並、軍艦奉行として事態を打開しようと全力を傾注するのが、日本海軍建設論だったのです。

彼の主張の出発点は、目下の事態において鎖国か開国かが対立点におかれてはならない、問題の本質はそこには存在していないのだ、というのです。国を開くにしろ閉ざすにしろ、それが欧米列強によって強制されることなく、日本そのものが、いずれかを主体的に選択できる軍事力量を持たずには、どのみち真の開国も真の鎖国も不可能だ、と勝はいうのです。この論の根底的立場は、奇妙に聞こえるに違いありませんが、尊攘激派と呼ばれる人々の考え方と全く同一のものでした。開鎖いずれも主体的に選び取れる国家をつくり、その軍事力を強化することが本質なのです。坂本龍馬など、当時一般に「暴客」と名称がつけられていた青年たちが、海舟の論に心服したのは、正にこの点にあったのです。

勝は、ここで相手を自分の土俵に引きずり込みます。欧米、特にイギリスとの闘いは陸戦ではない。海戦となる。イギリスの攻撃は大艦隊をもっての一回のみならず反復攻撃となるだろう。食糧や薪水といったものは、日本の各地を占領することで補給が可能となるにしろ、武器・弾薬・石炭や艦船修理といったことは、東アジアの英国海軍根拠地に戻って補給・補修せざるをえない。したがって日本が海戦においてイギリスに勝利するためには、その根拠地を攻撃し、補給・補修をストップできる程の力量をもつ日本海軍を早急に形成しなければならない。この日本海軍建設なしに、条約を破棄し開港場を閉じ、欧米とたたかうといっても、そのたたかいは長期には維持出来ない、というのです。彼はここで単純な開国論を主張しているのでは全くありません。条約破却・対外戦争といっても、このような質の海軍建設なくして、本当の攘夷ができるのか、という論法を駆使しているのです。この論法は、ゴリゴリの尊王攘夷主義者といえども、誰一人反対はしません。逆に賛成します。時代小説で「人斬り以蔵」として名高い、土佐勤王党の剣客岡田以蔵も、一八六三年には勝の門弟となって、彼につきしたがっているのです。勝は坂本等の「暴客」たちを、日本の将来を担うのは、正にこのような青年たちなのだと、「乱髪書生の固志愛すべし」と好いていたのです。海舟の盟友の旗本大久保忠寛も、一八六三年三月末か四月初頭、江戸で坂本や沢村惣之丞等五名の勝の門弟を迎いいれた際の印象を、「暴論とはもうしながら、実に国のため死を決候事は江戸人の万々及ばざることにて愛すべき人々」と述べていました。

そして、龍馬の側でも、勝を「日本第一の人物」、「天下無二の軍学者」と心底より敬服しながらも、この年の五月、幕府の発令した攘夷期日五月一〇日を期して長州が下関で外国船を砲撃したのに、幕府の姦吏たちはその船を修復させて長州を逆に攻撃させている、この姦吏たちを打殺し日本を洗濯しなければならない、と発言したり、親交ある土佐藩同志で脱藩し下関砲撃に参加した池内蔵太のことを、「今上様（孝明天皇）の御心をやすめたてまつらんとの事、朝廷といふものは国よりも父母よりも大事にせんならんというはきまりものなり」と、脱藩を悲しむ内蔵太の母親に慰めのやさしい手紙を送ることに、なんの矛盾も感じてはいなかったのです。この内蔵太は、八月には天誅組蜂起に参加し、龍馬が賛嘆するほどの勇戦奮闘を示すこととなるのでした。

勝は、このような若者たち・青年たちのエネルギーに依拠しながら、神戸海軍操練所をたちあげ、御所と京都防備を直接の目的にかかげつつ、日本海軍建設の第一歩にしようとしたのです。

5 日本海軍創設論実現の前提

しかし、です。考えてみれば、そのための前提が必要だったことも、これまた冷酷な現実でした。まず第一に、このためには強固な国内一致・国内融和体制を急速に創出しなければなりません。幕府が排他的・独占的に政策決定を行うのではなく、政策決定が全国諸大名の合意形成のもとでなされ、必戦の覚悟をきわめた権力母体がつくられなければなりません。第二には、門閥を打破し、有能な人材は、幕臣のみならず、諸藩の下級武士であろうと、百姓、町人であろうとドシドシ取立てられ、活用されなければなりません。そして勝は、先に述べたように、この有能な人材の中核になりうるのが、攘夷を主張する龍馬のようなエネルギーに満ちあふれた「暴客」たちだと、正しく見抜いていたのです。国内の攘夷主義者たちと孝明天皇を頂点とする公家たちの発想と発想の場を大きく転換させ、開鎖ともに自在という国家命題の前提たる強力な日本海軍創設の課題に国内合意を誘導し、もしこの方向が取られるならば、衰退した幕府が再び政治の主導権を掌握することができるし、まさにこの方位への舵取りに、自分の命をなげだそう、こう海舟は考えました。幕府がイニシアチブをにぎった形での国内封建体制の改変、日本の近代化と欧米列強が支配する過酷な国際政治の中で屹立しうる主権国家日本へのコースがここにあったのです。

しかしながら、ことはそうスムーズには進もうとはしませんでした。第一に一橋慶喜を筆頭とする幕府の中核部分は、政策決定に諸大名を参画させることは前例なしと嫌悪していたのです。ただし、天皇が将軍より上位になってしまったこの一八六二年以降の段階では、将軍と朝廷との直接結合をしっかりと保持することは、幕府の命運を決する事柄になってきました。したがって、一橋慶喜はむしろ積極的に攘夷主義を主張し、しかも幕府単独で対処できる幕領の横浜一港のみを鎖港することを、将軍家茂とともに天皇に約束したのです。

第二に、海舟が強く期待していた諸侯連合による、天下の人心を一洗しうる新たな公論形成という課題は、有志大名間の意見対立と依然とした将軍家への畏怖感・秩序観のため、なんら実現されませんでした。ましていわんや、尊攘の志士たちを日本海軍士官に養成するなどといったことは、それを少しでも口にするだけで、「勝は薩長と内通している」「将軍様を蔑（なみ）するものだ」と、勝を敵視する恰好の理由となりました。一八六四（元治元）年七月一九日の禁門の変で長州勢が完敗し、朝命にそむいたことに激怒した孝明天皇が、〈征長第一、攘夷第二〉の態度を明確にした直後から、勝の立場は極めて危ないものになってしまいました。彼はこの年の一一月、江戸に召喚され、あっさりと軍艦奉行を罷免され、へたをすると切腹を命ぜられるかもしれない程の危険な状態に陥りました。幕府が薩長土などの「暴客」の巣窟となるのではないかと疑った神戸海軍操練所も、翌年三月廃止されてしまったのです。

「喉元すぎれば熱さを忘る」のことわざを幕府は勝に対し実地に示したのです。そして勝が再び大阪に将軍家茂の直命によって呼ばれるが、第二次征長直前の、薩摩・会津間のゴタゴタの調整をできるのが、勝以外にいなくなった一八六六（慶応二）年五月末、さらに勝が列強に抗するため、国内を分裂させるべきでない、とあれほど反対した長州征伐が、幕府・譜代連合軍の完敗に終わり、その休戦を実現させる男は彼しかいないと、広島に派遣されるのがこの年の八月末です。しかしながら、彼が広沢真臣（さねおみ）・井上馨等を相手に交渉をまとめ大阪に戻るや、もはや御用済み、履き古された古草履のようにほうりなげられ、江戸に帰されるのでした。この間の勝の苦悩を察するのは、盟友大久保忠寛以外には、幕臣の中に誰一人として存在してはいなかったのです。海舟は本当に孤独のまっただなかに置かれつづけたのです。

(3) 江戸無血開城と勝海舟

勝は一八六七(慶応三)年一〇月一四日の大政奉還の報を聞いてより、幕府が政権を返上してしまった以上、従来とは異なった形で京都の朝廷や薩摩・長州に対応しなければならないと考えました。公儀の権威をもはや振るえなくなった以上、主家たる徳川家を維持・存続するためには、全国的視野をもった真の政治的判断と政治的行動をとらざるをえなくなったことを、正確に認識したのです。それがため、一二月九日、京都での王政復古クーデタ直後の同月二五日、江戸・関東の撹乱策動の震源地たる江戸薩摩屋敷を幕府・譜代諸藩が焼打ちすることは、京都政権側の挑発にのることになってしまうと、幕閣に激烈に中止を求めましたが、誰一人、聞く耳を持つ人物はいなかったのです。薩長憎しで幕臣全体が火のようにもえていたのでした。

この挑発にのった結果が、翌年一月三日の鳥羽・伏見のたたかいとなりましたが、一万五〇〇〇の大兵を擁しながら、近代化され、実戦に鍛えられ、その結果恐ろしいほど統制のとれた数千の薩長勢になすところなく完敗してしまいます。同月七日、前将軍徳川慶喜は極秘裏に大阪城を脱出、海路江戸に帰着するのが一一日、東帰した慶喜は、当初まだ戦争をつづける意志をもっていましたが、一月中には西国地域が総て新政府側に帰順、服従してしまい、態勢挽回どころか徳川家の存続と自分の生命さえ危うくなったと自覚するに至ったのが一月下旬です。よりにもよって、非常に嫌いぬいていた勝海舟しか、この破局を収拾する幕臣がいないと、慶喜は頭をさげ、涙を流し、彼に「お前しかいない」と頼みこむことになります。幕府軍隊の全権を握る陸軍総裁に勝が任命されるのが一八六八(慶応四)年一月二三日のことです。

そもそも、海舟の幕府主導の上からの日本近代化の構想を壊しつづけた張本人がこの慶喜だったのです。

しかしながら、慶喜は勝にとっての主君、徳川宗家の主人です。三河以来の旗本勝家の当主である彼は、骨の髄からの幕臣となっていました。

なんとしても徳川家の存続を図らなければなりません。しかも新政府軍は、二月に入り、東海道・甲州街道・中山道より、三月一五日の江戸総攻撃をめざし、大兵が日々江戸に迫りつつあるのです。

他方、幕臣たちは火のついたように騒ぎたて、強硬策を採れば採るほど、新政府軍に圧力をかけられるのだと主張し、幕府歩兵の諸部隊はぞくぞく脱隊し、収拾のしようがありませんでした。

また輪王寺宮（りんのうじのみや）や和宮（かずのみや）からの働きかけも、新政府側にはなんらの効果もうみだすことができていませんでした。海舟の底なしの苦慮察すべし、です。はじめより彼の味方となり、全力を尽くしてくれるのは、大久保忠寛だけなのです。

ですがここで天の助けが登場します。山岡鉄太郎グループです。奇妙に聞こえるでしょうが、この幕府内にも、少数ながら尊王攘夷派のサムライたちがいたのです。諸藩に先駆けて攘夷をおこない、朝廷を遵奉し朝廷と結合しなければ幕府はもたないと主張していた幕臣たちのリーダーがこの山岡鉄舟（鉄太郎）でした。幕末期には勝は彼らから開国論を主張するものとみなされ、暗殺の対象者にもあげられていたのです。しかし事態は激変しました。慶喜は上野寛永寺にて恭順の意を表して蟄居しているのです。徳川家存続のため、まず第一に必要なことは、主戦論幕臣たちに慶喜を奪われないよう、厳重に身辺警固をかためることです。屈強な幕臣尊攘派剣客たちは、四月、慶喜が水戸に下るまで、しっかりと彼の身のまわりを取りかこむことになりました。

その次にしなければならないことが、新政府東征軍との間での交渉の段取りをつけることでした。勝は総督府参謀に旧知の西郷隆盛がいることを知ってからは、彼との間でなら、なんとか戦争とならずに、しかも主家を存続することが可能だ、との見通しをつけたと思われますが、蜂の巣をつついたような騒乱状況の江戸を陸軍総裁の自分が離れることは全く不可能です。ここで駿府に赴き段取りをつける話が勝と山岡との間でまとまります。しかし、輪王寺宮も和宮の使いも取りつくしまのない東征軍のことです。山岡が西郷に直接面会して話をつけることを可能にする手段は何か？　ここで勝の深謀遠慮がものをいいました。前年一二月二五日の薩邸焼打ちの際、数名の薩藩士が幕府に捕縛され投獄されてしまいましたが、幕府が恭順方針に転換した後、勝は必ず使いみちありと、自分の家に預けさせておいたのです。その一人が益満休之助、西郷が大政奉還の直前、伊牟田尚平とともに江戸攪乱のため、江戸に送りこんだ当の人物、しかも益満は江戸詰が長かった若者で尊攘激派です。万延元年一二月五日（一八六一年一月一五日）ヒュースケン暗殺者の一人で、山岡とは主義主張を同じくする者として、互いに熟知の間柄だったのです。山岡は勝から益満を借りうけ、フリーパスで駿府に赴き、西郷との間で勝との対談の段取りをつけることに成功します。この会談が三月一三日、一四日の両日、その結果、西郷の一存により、江戸を包囲していた新政府軍が一斉に包囲網を解除し、江戸が火の海にならず、四月一一日、江戸無血開城となったことは皆さんご存知のとおりです。

勝がもし生粋の軍人だったならば、一八七七（明治一〇）年二月、西南戦争の際、西郷軍に包囲されることを予測した熊本鎮台司令官谷干城（たにたてき）が、熊本城下に火を放ち、視界をさえぎる町全体を焼払い、籠城戦に臨んだのと同一の行動を取ったかも知れません。これが戦争の実態です。闘いに勝つためには、市民を顧慮しなくとも、軍人は処罰を受けることがありません。

しかし、海舟は幕府海軍軍人である以前に政治家でした。政治はいつも国民の利害を、この場合には江戸市民の利害を考えなければなりません。その市民の家と財産を焼払って新政府軍と戦闘準備をすることが、日本と日本国民のためになるのか？　ここが彼の判断基準だったのです。国内戦となれば外国のためになるだけだ、この立場で奉勅攘夷期でも対外一致・国内融和を大前提に活動し、長州征伐にも反対しぬきました。ましで主君たる慶喜が恭順の態度を決しているのです。

主君慶喜に薩長と通じていると疑われ、幕閣からは排斥され、幕臣内ではほとんど彼を支持する人々が存在しなかったが故に、逆に勝海舟は幕臣の中で最も広い人間関係を新政府個の人々との間に創り出していたのです。この彼にしかつくりえなかった貴重な人間と人間との信頼関係が、とても皮肉なことに、徳川家の崩壊を阻止することになりました。五〇〇〇余家の旗本、数多くの譜代諸大名の、その中の誰でもなく、もとはといえば、四一俵二人扶持という微禄蔵米取り旗本勝海舟のみが、徳川幕府の死水をとり、そして徳川宗家の存続を実現させることができたのです。

第一六代徳川宗家徳川家達（いえさと）をはじめ、諸徳川家と諸松平の諸家が、明治に入り誰一人異存を申し立てることなく、この勝海舟を徳川家全体の後見役として承認したこと、このことが明治期の勝海舟を理解するうえでの大前提となってきます。

おわりに　勝海舟はなぜ今日的なのか？

明治期の海舟を考えるうえでは、三つの点を押さえなければなりません。

第一に、勝は明治政府の人間からみれば、維新変革の第一線に立っていた西郷・大久保・木戸と同一線上に並ぶ、心理的負担の極めて重い人間だったということです。勝がくり返し江戸開城での西郷との会見と西郷の英断について発言するのは、この痛いところを彼らに思い出させる意図があってのことだと、私は思っています。伊藤博文は格としては木戸より下り、日清開戦時の外相陸奥宗光は、幕末期神戸海軍操練所に学んだ生徒だったのです。維新元老としての資格を勝は握っており、それを十二分に利用しました。

第二に、明治政府の人間が、野蛮な旧幕、文明開化の明治、と断えず主張することに対し、本源的批判者の立場をとることになります。〈本当にやっていることは文明的なのかね？　伊藤君・陸奥君よ〉という意見を、要所要所で発言しつづけます。「文明と云うのは、よく理を考えて、民の害とならぬ事をするのではないか」。この立場は、一面では旧幕府への不当な中傷を決して許さない、ということとともに、他面では急速に資本主義化していく近代日本に対する本格的な「文明批判」にもなりうるものでした。

第三に、勝の経歴が然らしめたように、日本のあるべき姿、日本が採るべき軍事構想は、幕末期日本がモデルとなっていました。これを前提として明治政府批判がなされていくのです。具体的には、国内一致しての対外防衛、したがって海岸防禦の強化と自国の主権と独立防衛のための海主陸従路線の堅持です。大陸に軍事的に進出し大陸国家になるというコースは夢にも考えていないのですから、陸軍は日本本土防衛が任務となります。また外交的には欧米列強の軍事的威圧の前に日本と中国・朝鮮はまとまって対処すべきだ、という主張となります。

日清戦争に際し開戦に反対し、朝鮮の独立と東洋の平和の実現が戦争目的といっている以上、鴨緑江を渡河して清国本土に侵略してはならないと強硬に主張し、日清条約で日清戦争賠償金が決定した後は、この賠償金は遼東半島の鉄道敷設に使用せよ、日本の軍拡に使っても、海軍は金喰い虫だから、日本の経済力に不相応なものとなっていくのでやめるべきだ、と発言するのも、みな彼の幕末期身体に浸み通った軍事論から出てくるものでした。

しかしながら、このように発言しつづける海舟は、世間から「時代遅れ」といわれ、「国賊」と攻撃されかねないまでになっていきますが、彼はその主張を、一八九九（明治三二）年一月、今からちょうど一一〇年前、死ぬまでやめることはありませんでした。

では、なぜ当時、彼の主張が受容されなかったのでしょうか？

勝は自由民権運動からはっきりと距離をとり、第一六代徳川宗家当主家達（いえさと）を、立派に徳川宗家を担う者として成長させることに主力を注いでいました。彼の発言はなんら政治的な党派形成にはかかわってはいない純個人的なものにとどまっていました。

他方、勝が自らの使命だと尽力した徳川宗家の確立は、客観的にみれば、近代天皇制国家における華族身分制度の強化、皇室の藩屏の内実化に結実していきました。さらに一八九〇年帝国議会の開設後、貴族院は衆議院に対抗し、政府を擁護する機能を着実に果たしはじめていきます。まして徳川宗家はおのずと武家華族の頂点となっていき、華族制度の根幹部分を形成することになっていきます。日清戦争後、日本が帝国主義化し、天皇制国家が確立するなかで、勝の立場は、これら華族の支持を得られなくなります。

また、日清戦争によって日本が帝国主義化し、同時に日本資本主義と帝国主義が結びつくようになると、福沢流の自由主義も変質せざるをえなくなります。野蛮な封建国家の支配下にいるよりも、文明国の支配下にある方が、その民族にとっては幸福なのだ、というイギリス流植民地主義のイデオロギーに対抗することは、日本の自由主義には不可能となったのです。

ただし、日清戦争後は、世界全体が帝国主義体制の中に突入した世界史的時代となりました。日本を含む帝国主義諸国対植民地・従属国という世界システムが、資本主義の全世界的展開のなかで形成され、その鉄の如き網の目から逃げられる地球上のどのような地域も、どのような島々も存在しなくなりました。しかも領土再分割を狙った世界大戦が一九一四年に勃発し、未曾有の人間殺戮が始まり、先進資本主義諸国の労働者階級と社会主義政党までが、この恐るべき殺し合いに賛成し、そしてまきこまれていきました。自由主義だけの問題では全くなかったのです。

この帝国主義戦争と帝国主義の世界的軍事支配という絶望的事態に風穴をうがち、他民族を抑圧する側に加担する労働者は、自己を資本の搾取体制から解放することはできないと、革命を組織し、帝国主義戦争から自国ロシアの人民を離脱させたのが、レーニンとボリシェヴィキ党でした。これ以降世界史は第二の世界大戦を含みながら、先進資本主義諸国の民主運動と反帝民族解放運動が進展し、ソ連も自国の利害からしても反帝運動を支援するなかで、一九七五年のベトナムの完全解放・民族独立と民族統一をもって、露骨な植民地主義はこの地球から姿を消しました。二〇世紀初頭の全世界の人々が、誰一人として予想しなかった新しい時代に世界は入りました。

今日の日本人は、老いも若きも、他民族を抑圧することが自民族の利益だとは思わないようになっています。しかし、これは極めて新しい歴史的獲得物なのです。満州事変と「満州国」建国への日本人の熱狂的な支援は、今述べた民族自決権と民族自立運動に対する敵視とうらはらのものでした。そして民族独立を認めることは、日本の国体と天皇制度を脅かすものとして、治安維持法そのものに違反するものだったのです。

一九九一年のソ連崩壊後、ロシア革命に対する非難が溢れるように流れ出し、レーニンがいなかったら、このようなことにならなかったのにという人々も数知れずとなりました。しかし私は思っているのです。ようやくレーニンの目でみながものを見ることができるようになった、と。

一九七〇年代のアメリカ帝国主義の敗北、一九八九〜九一年のソ連型社会主義の崩壊で、全世界はやっと自然な地域世界の論理が働くようになりました。それぞれの主権国家、近接する諸国家が平和裡に協力する地域世界、そして地球的規模での世界という三重構造が、ようやく東アジアの地にその姿を現しはじめたのです。これは日清戦争後、「時代遅れ」と批判された勝海舟の日朝中三国の友好的関係の樹立、他国侵略を目的としない自国防衛の軍事構想というものが、もう一度未来を照らす一つの思想として、私たちに提示されてきたことを意味します。そして、この東アジアでの最大の軍事緊張をもたらしている根源の在日米軍の巨大な軍事力を撤去させ、憲法第九条の堅持と日米安保条約の破棄を実現することこそ、勝が一一〇年前に日本人に遺した遺言を実現することだと私は思っています。

二　田中正造と維新の精神

はじめに

はじめに御断りしておきますが、私は、田中正造の研究者ではありません。ただし、以前から歴史研究者として強い関心を寄せてきました。二〇代の頃、私は日本帝国主義形成期、つまり日清・日露戦争期の都市知識人を研究していましたが、彼らは、後程述べるように、田中正造と深い関係をもっていたのです。その後三〇年ほどは、幕末維新期の研究をおこなってきており、当然下野のケースも視野に入れなければなりませんが、ここでの田中正造の動きはとても興味深く、全国的観点からみても十分検討に値するものなのです。

このような外野席から観察した田中正造は、ではどのような位置を歴史の中で占めているのか。従来の田中正造をめぐっての議論を外野席から見ていると、鉱毒問題以降の田中正造の思想こそ問題にすべきだ、彼こそが人権という新しい思想的枠組みを提起したのだ、いや谷中村での闘いの方が思想的に進化している、といった論調が私には目につきます。

しかしながら、大変素朴な疑問で恐縮なのですが、田中は思想家だったから鉱毒問題にかかわっていったのでしょうか？　自然との共生を求めて谷中村の復興運動に没入していったのでしょうか？　議論の仕方が、私にはよくわからないのです。

みなさん方も同様だと思いますが、どんな人間の思想形成も一〇代から二〇代です。それ以降は、経験と歴史的変動の中で思想が深化していくか、あるいは現実の生活の苦しさ、過酷さから、思想の統一性が歪み崩壊していき、石ころでいえば、砕かれて細かくなり、ほかの砂粒と全く区別が出来なくなるまでに人格と思想がかぎりなく微少なものになっていくかどちらかです。キュウリのつるにナスビは成らず、今厳しい冬を堪えているサヤエンドウに、春にドジョウインゲンが成るわけではありません。ことわざにも、「三ツ子の魂百まで」というではありませんか。私は、田中正造を議論する場合も、まず一〇代から二〇代の彼の青年期こそ、第一に問題にすべきだと思っているのです。そして、これまでの彼に関する議論の中で、最も欠如しているのがこの点ではないでしょうか。以上を前置きとして、早速本論に入っていきましょう。

（1）希有（けう）の政治家田中正造

1　封建領主との闘い

いま述べたような、多くの論者がいいたがる近代的思想家としての位置づけに反対し、いやまてよ、田中正造の思想は近代的なものではない、近代に抗する反近代主義者・伝統主義者のそれではないか、と主張する論者もいるようです。しかし、私は、このような位置づけにも、また賛成することは出来ません。

田中が、その回想録で述べていることですが、彼の父は、息子が領主の旗本六角家と闘争しようとすることに強く反対します。「その位にあらざれば、そのまつりごとを謀らず」という『論語』の言葉が父親の論拠でした。しかしながら正造は、父親の説得を断乎拒み、反領主闘争を開始するのです。

江戸期の伝統主義思想の本質をなしているのは、長いものにはまかれろ、どちらにしろ生きている間に世の中は変りはしない、という、それなりに腹の据った考え方でした。この父親の考えに抗する正造の思想は、理不尽なもの・抑圧するものに正面から闘いをいどむ新しい思想、別の表現を以てするならば、一八五三年のペリー来航以降、澎湃としておこってきた維新の思想でした。私の尊敬する思想家藤田省三のいい方を用いるなら、それは「維新の精神」そのものでした。筋の通らないものには、体を張っても筋を通す、この精神なのです。当時、このような通すべき筋のことを、人々は「条理」といっていたのです。

ところで、この思想・この精神は、必ずしも田中正造だけがもっていた特定個人のものではありませんでした。特徴的なことですが、一五〇頁に言及したようにここ下野の西南部に共通して見られた新しい思想潮流とでもいえるものだったのです。

田中正造も、一八六五年閏五月、自身で江戸に出向き、平田国学塾気吹舎に入門を誓い、平田篤胤没後門人の一人になっているのです。御覧になっているコピーは、気吹舎「誓詞帳」の田中正造自筆部分ですが(図版省略。以下同)、「誓詞帳」の誓詞とは、神の道を習うことを、日本の神祇、天津神・国津神にかけて誓いを樹てることなのです。決して単なる形式的なものではありません。

神社とか神道というものは、今日ではあまりよく理解されなくなっていますが、幕末期までは、村落共同体の祭祀の中心にならなければいけない立場にあった各村の名主・庄屋層にとっては、それは不可欠の知識と信仰だったのです。小中村内の旗本佐野家領の名主で正造の友人でもあった石井郡三郎は、明治に入ると、一時期神道教導職に就いていますし、正造が最も尊敬し、名主として師事していた隣村並木村の名主亀田甚三郎は、明治初年、堀秀成という有名な国学者にしたがって国学を学び、明治一〇年代には神道教院を開設して、神道教化活動を死ぬまでおこなっているのです。このような当該地域の宗教的背景なしに、田中正造の青年期は決して理解出来ません。

しかも、田中の入門した一八六五年は、日本の政治思想が水戸学から平田国学に大きく転換する年でもありました。武田耕雲斎らの水戸西上勢は敦賀で降伏し、三五二名が斬首されるに及び、水戸学的尊攘思想は、その後の政治展望を示し得ないまま崩壊し、代って朝廷尊崇、反幕府の色彩を濃厚にしてきた平田国学思想が急速に関東の青年の心をつかむようになりました。出流山蜂起のリーダーであった竹内啓(たけのうちひらく)や西山謙之助は平田国学を深く学んだ人々でしたし、薩摩藩邸に結集した面々全員の指導者となった相楽総三や落合源一郎も平田国学の影響を強く受けていたのです。そして、わが田中正造も、この入門した二三歳、慶応元年の年から領主六角家との本格的な闘争に突入した、と述べているのです。

幕末期の平田国学の特徴の一つは、濃厚な反幕勤王の色彩とともに、村落豪農層が受容主体だったことから、きわめて地域主義的な国家論を根底としていたことです。彼らはよく「御国(みくに)の御民(みたみ)」と自称しますが、日本国とは、前提として統一国家があるのではなく、全国六〇余州の相互のゆるやかな連合こそが日本国のあり方なのであり、しかもその国家の担い手は、六〇余州各国の在地の豪農商だという強い確信を彼らは有していたのです。

このような復古神道的、国学的な考え方は、実は後年の正造の思想にも、はっきりと刻印されているのです。

田中正造は、一九〇三年一二月、関東五州への鉱毒被害の広汎なひろがりをなげき、「台湾の領土を得ても中国に台湾ほどの土地は失せたり」と歌をよみました。

直訴一〇〇周年を記念して、二〇〇一年一一～一二月に開催された田中正造展に際し作成された展示図録では、この歌を、「鉱毒で失った土地は台湾に中国を加えたより大きいと述べている」と説明していますが、これでは何をいっているのかまったく分りません。歌の意味を理解していないのです。中国とは日本のことです。国学では日本のことを中国といっているのです。

翌月の一九〇四年一月、田中はこの歌を少し手直しして、「台湾を領土としても中国台湾ほどの土地を失せたり」と改めました。この中国をチウゴクと読んでしまうと、字足らずで、また口調もよくありません。おそらく田中は、この中国を「ナカツクニ」と読ませた、と私は思っています。これも国学的用語ですが、最近映画〝ロード・オブ・ザ・リング〟によって、いくらかポピュラーなってきた日本語です。

幕府と領主の横暴には断乎として闘い、身うごきも容易ならない、恐しい程過酷な牢獄、というより檻(おり)の中に一〇ヶ月以上も放り込まれても屈することのない強力な精神力と政治的展望を、このような思想的背景を前提として、彼はもっていたのでした。二〇代の青年としては、これだけでも希有の政治的資質を有していた、ということが出来ます。

2　太政官政府との闘い

水戸学的土壌の上に幕末期段階の平田国学の影響を強く受けた青年田中正造は、いっぱしの勤王家気取りでした。だからこそ、旧知の早川信斎の勧めを受け入れ、一八七〇年奥州江刺県の下級官吏として、単身赴任することになったのです。

他のケースを見ても、このまま無難に、太政官政府に忠実な、そして主観的には勤王家の地方下級官吏として一生を終える可能性もなかったとはいえないでしょう。しかし彼の場合には、一八七一年四月、上司殺害の嫌疑をかけられ、一八七四年四月まで丸三年間、すこぶる劣悪な牢屋に投獄されてしまったのです。ありふれた日本近代史の叙述では、一八七一年七月一四日の廃藩置県で封建制は廃棄され、日本は文明開化の道へ大きくその第一歩を踏み出した、となるところでしょう。しかし、田中の場合には、全くこのようなことにはなりませんでした。廃藩置県の真っただ中、彼の表現を以てすれば、「千辛万酷苛責の恨を呑みて幽囚三年」、拷問に拷問が加えられていきました。

しかし、彼はこの苛責に、男らしく堪え、飽くまでも冤罪を主張しつづけました。恐るべき精神力、自己の正当性への確信のゆるぎない強さです。「艱難汝を玉とす」とは正造のことをいったかのようです。この二回にわたる苦闘の中で、彼は封建領主の恣意性や暴虐性への憤激だけではなく、太政官政府の中核部分を構成している藩閥勢力への拭い去ることの出来ない怒りをからだ全体に浸みこませました。田中の西郷隆盛への深い同情と共感は、この有司専制への憤怒の裏がえしだったのです。

３　政治家田中正造の誕生

一八七四年、明治七年四月にようやく牢獄から解放され、郷里小中村に帰郷してみても、在獄中の病み疲れた身体は容易には回復しませんでした。酒屋の番頭に二年程なっていたというエピソードの本質は、彼の体力回復のための療養期間がこれほどまでにながかったということです。

からだがようやく回復し、家の財政状態も建て直すことの出来た一八七八年、正造が三七歳の時、彼は地方政治家としての道を歩みだします。これは当時の一般的な政治家のコース、つまり財産があり名望もあり、周囲の推挽によって他律的に政界に乗り出していくといった人々とは全く異った、極めて自覚的・意図的な出発だったのです。

第一に、彼の決意の土台には、封建的な抑圧、藩閥的な恣意性と不法性に対する燃えるような、しかも持続しつづける怒りがありました。それに対置されるのが民衆の合意によってつくられる法律であり、そして、それが保障し恣意性によって左右されえない所有権という権利なのです。この所有権は、田中にとっては、農民の労働・勤労による所有権、財産権として位置づけられ、大土地所有もこの論理の延長線上にあったのです。

第二に、政治活動を開始するために、正造は自分の代で田中家を絶やすことを決意し、父親の同意を得たのです。そして、それ以前に迎えていた養子を実家に戻しました。一八七八年、明治一一年の段階において、自分の代で絶家するという不退転の覚悟で政治に乗り出したというケースを、私は他に知りません。その政治姿勢の確固さといい、そのための見事な身辺整理といい、全国的に見ても、田中正造は希有（けう）の政治家として出発したと表現して間違いないと私は思っています。田中正造を論じる際の第一の観点はここにこそ据えられるべきなのです。

（2）民権期の田中正造

田中正造は、県議になるにしろ衆議院議員になるにしろ、徹底的な選挙運動を展開しました。村から村、町から町への政治活動と選挙運動を自らの足と言論でくりひろげたからこそ、彼は「選挙ニハ田中ガ一番多ク運動」して歩行くと言い切ることが出来、また「大小議員当選十二回、歳月二十二年、未ダ一回も次点ニ下リシコトナシ、毎度最高点タリ」と豪語することが可能となったのです。

藩閥政府に断乎対決し、民衆の合意に基いた法的秩序と所有権を確保し、経済活動を制約する障害を除去する、という極めて単純明解な政治姿勢と彼の誠実な人柄は、安蘇郡内の中小農民から商人と大地主までを正造の強固な支持基盤にしていきました。彼は「田間アル処ノ上等社会ノ君子」を自己の理想像としており、「藩閥ノ人々ノ怖ルモノハイツマデモ金持勤王」だと確信していたのです。

このような政治姿勢の彼が闘った最大の山場が、藩閥政治家の権化栃木県令三島通庸（みちつね）に対する闘争でした。第三の投獄という試練を正造は受けますが、これがため、益々栃木県内の彼の声望は高まり、政治的評価を不動のものにしたのでした。

（３）足尾鉱毒反対運動と田中正造

田中正造も、明治二〇年代、何事もなかったならば、他の地域ではよく見られるように、すぐれた地域民権家の一人として評価され、その晩年を淡々と送ったことでしょう。しかし、運命とは皮肉なものです。希有（けう）の地域政治家田中正造は、第四の試練となった足尾鉱毒問題に一八九一年、明治二四年から直面することになったのでした。彼が選んだのではありません。問題が彼に襲いかかってきたのです。

これまでの田中の政治スタンスだった〝封建的ないし藩閥的な恣意性と暴虐性に対し法と所有権を掲げて闘う〟、ということにはとどまらない新たな課題に彼は逢着したのです。足尾銅山を所有し、そこから莫大な利潤をあげる古河市兵衛も、また一人の私的所有権者であり、しかも藩閥政治家と結びついて正面から闘いを挑んできたのでした。従来の「封建的抑圧対法と所有権擁護」の闘争から、権力に庇護された一箇の巨大所有権者に対する中小多数の農民的所有権者という対抗構造に状況は転化していったのです。

しかもそこには、日本資本主義の将来構想という難しい問題が複雑にからんでいたのです。あの輝かしい民権運動の理論的指導者中江兆民も、古河市兵衛を、〝進取の気に豊み〟〝近代における非凡人〟と、一九〇一年段階ですら高く評価しているのです。中江は一国全体の資本主義のレベルで古河を位置づけようとしたからです。これはまた、栃木県下の田中の同志だった多くの旧改進党系の政治家たちにも見られた傾向でした。だからこそ田中は、くりかえし〝大事を忘れて小事に拘泥す〟と非難されつづけたのです。

しかし田中は、この点に関しては、一切の妥協を拒否しました。大所有権と中小農民・被害農民の所有権に格差をつけること、農民的所有を制限し破壊して特定の一箇の所有権者を擁護することを、絶対に彼は容認することは出来なかったのです。大資本と巨大な所有権に対する中小農民とその所有権を擁護することに正造は死力を尽します。所有権という権利において大小の差は差別の根拠にはなりえない、これが田中の大原則でした。泥くさい「下野の百姓」という外被をまとっているとはいえ、これは正しくフランス革命のジャコバンの精神でもあったのです。

しかも、さきほどいった、中江の国家構想とは全く異質な、国学的・地域主義的な国家構想が、正造の確信と原則を下支えしていたのでした。

とはいうものの、このような田中の非妥協的姿勢は、一方では安蘇郡内、衆議院議員栃木県第三区選挙区内での従来の彼の支持基盤の動揺と崩壊を引きおこすこととなりました。

また他方において、鉱毒問題は田中の政治理論と運動論の革新と変革をいやおうなく迫ることにもなったのです。つまり、農民的所有が外側から、しかも政治的に破壊されていく中で、守るべきものは何か、という問いかけです。この自問自答の過程でそれまでも使用しているものの、概念化されてこなかった〝人権〟という概念が、田中にとって次第に内実を伴うものになっていったのです。ただし、そこでは、〝人権〟なるものは、あくまで農民的所有権との結びつきの中で、破壊されていく所有権を回復しようとする、正にこの闘争の過程の中においてこそ、リアルに意識されつづけていたことも、決して見落してはならないでしょう。

運動論も前進させられなければなりませんでした。反藩閥を基軸にした地域有産者の大同団結と、そこから選出された地域代表者の県会、帝国議会での政治闘争という代表民主主義運動の形態から、町村、郡、広域地域という三重の重層的な大衆運動と政治運動の持続的形成という方向への前進です。日常的で大衆的な政治運動の組織化により、政治的変革をおこし、鉱毒問題の農民的解決を実現する一方向への前進です。

このことを、すぐに近世的、伝統的な農民の強訴と同一視することは、私は問題の本質の見誤り、問題の矮小化だと思っています。名望家的政治運動から政治活動を一歩前進させせようとする際の、手探りで必死で模索している状況の現れなのではないでしょうか？

その直接のきっかけになったのは、一八九八年、明治三一年九月二六日、鉱毒被害農民一万人のおしだしという大挙上京運動でした。田中は衆議院議員として彼らの上京を押しとどめ、彼らの要求の解決を自己の全責任を以て約束したのです。一八九一年以降、鉱毒問題の為に尽力し、当時は田中の右腕となって彼を支えていた左部彦次郎（さとり）は、その直後田中にこういいます、「足下万一間違へバ被害民ニクビヲ取ラレル」と。田中は「間違いなし」と事態の本質を認識し、左部が、やりそこねはあってはならないと、たたみかけるように問いかけるのに対し、「否そこねぬ」と田中は回答するのでした。

この約束により、田中は栃木県鉱毒被害地域選出の衆議院議員として、鉱毒問題の根本的解決という課題の十字架に自らを磔にしたのです。一名たりともこの問題で受難する者が存在する限り、田中正造は闘い続けなければならなくなりました。衆議院議員歳費値上げ法案に反対し、同法が成立するや自己の歳費受領を辞退し、憲政本党を脱党し、衆議院議員を辞職し、そして一九〇一年一二月一〇日、明治天皇への直訴を決行するのも、ここで述べたあらたな運動の構築と組織化のための田中の必死の模索の中で次々と採られた政治的手段だったのです。

（４）谷中村闘争と田中正造

一九〇二年八〜九月の渡良瀬川の大洪水と一九〇三年秋の被害地域での大豊作、逆に被害地が栃木県の谷中、埼玉県の利島（としま）と川辺など、これまでよりも渡良瀬川の下流地域に移動したことで、問題は新たな局面を迎えました。このことを機会に、国と栃木県は、谷中村一帯を遊水池として鉱毒問題を処理し、局地化して「解決」しようとし始めます。さらに、渡良瀬川改修工事・堤防構築工事の大規模な実施により、洪水被害そのものを、従来の鉱毒被害地域からなくすことによって、この地域の農民を国家の側に大きく引きよせようとしたのでした。

これまでの、一箇の巨大所有権者対地域中小農民の所有権者の対抗という構図に、地域中小農民間の内部対立という構図が、そこに付け加えられます。地域内において、他に犠牲を強いつつ自らの利害を貫徹しようとする動きが、国と県の施策に対応しながら強まっていきました。

しかしながら、谷中村問題がクローズアップされるということは、他の鉱毒被害地域が支援勢力ではなくなったという消極的なことだけを意味したのではありません。田中正造がぶつかった第五の試練は、この地域利害を共通の課題として解決できない地域社会の弱体さとともに、今こそ団結しなければならないはずの谷中村内部の恐しいまでの分裂と、そして谷中村の解体だったのです。

一八九一年以来、一貫して彼の右腕として尽力してきた左部彦次郎（さとり）は、一九〇五年、栃木県の吏員となって谷中村土地買収を開始し、一九〇四年七月以降、田中が最も信頼して谷中村での寄留先きとした川端岩五郎も、一九〇六年には買収促進派に転じました。田中はこの両名の説得に共に失敗したのです。

以前四二〇戸以上も擁していた豊かな大村谷中村は、一九〇七年六月、強制収容の段階では僅か一九戸しか残留していないという惨胆たる状態となりました。田中は既に六〇歳という人生の峠を越えたその段階で、この世の地獄、人間の弱さ・みじめさと醜悪さ、他方で自己の非力さを直視せざるを得なくなりました。

しかし、一八九八年九月二六日以降、鉱毒問題で一人でも闘う者、自己の権利を主張する者がいる限り、自己はその者のかたわらにいると正造は決意していました。とはいうものの、彼は思想家として谷中村にとどまった訳では決してありません。谷中村復活運動というはっきりとした目標を据えた政治運動をあくまで組織する中で、石にしがみついても新たな展望を地域の人々に切り開こうとしつづけたのでした。この際の眼目は、地域を分裂させ、相手の弱みを己が強みとするのではなく、地域が地域として連帯する方向で、それぞれの弱みを結びつけることでそれを強みに転化する方向で、この中でやむなく谷中村を離脱していった農民もまた復帰できるような方向で闘うには、どのような戦略を樹てなければならないかということでした。

渡良瀬川改修工事に反対し、関宿の防水施設を撤去させて利根川の逆流を阻止し、自然の流れにさからわず、その流れに沿った利根川・江戸川・渡良瀬川水系全体を見渡した治水事業をおこなわせることこそが、地域全体を連携させ、鉱毒被害をなくし、水害をなくすことなのだ、というのが彼の戦略でした。この戦略を具体化する活動の中で、一九一三年、旅中に倒れ、この年の九月四日、かぞえ年七三で此世を去ったのです。

（5）道義・公共心・宗教そして神

一八七八年、明治一一年以降、田中は民権運動に全力を投入しました。この時期の彼は、それ以前と異り、政治が総てを解決すると楽観的に考えるようになっていました。反藩閥、民権樹立がその目標でした。その為に改進党と自由党の合同力による藩閥打倒が目標とされ、これが故に、藩閥との妥協を図ることで改進党を蹴落して政治の主導権をにぎろうとする自由党の星亨への憎みは、星の選挙区が栃木県内だということもあって、きわだったものでした。天皇を無答責に置き、藩閥を圧倒しての政党内閣制・議員内閣制樹立という田中の目標は、しかし、実現したのでしょうか？

現実に展開していったのは、正にその逆でした。一八九三年、明治二六年以降、自由党は藩閥との妥協を重ねはじめ、一八九六年には、松方内閣に協力する中での進歩党の猟官運動も本格化しました。そして、一八九八年六月、進歩・自由両党が合併して憲政党が成立したにしても、すぐさま自壊し、実際に目の前に展開していったのは、〝藩閥政府の末期の一戦〟どころではなく、民党勢力の解体という、見るも悲惨な状況の出現だったのです。この事態は中央政局にとどまりはしませんでした。一八九九年、明治三二年、これまでは選挙買収がおこなわれてはこなかった正造の金城湯池の選挙区安蘇郡内でも、始めて選挙買収がおこなわれ、古河と妥協しようとする人々が旧改進党の主流となったのです。

政治だけで問題は解決できるとした明治一一年以降の田中の考えは、ここに至って幻想と化してしまいました。別のいい方をすれば、道義とか正義という社会道徳をどのように形成し定着させていくのかが、鉱毒問題を解決しようとする以上、田中にとって避けては通れない問題となってきたのです。青年時代の精神的・宗教的課題がよみがえってくるのです。

ところで、戦前において社会道徳とか社会道義とかが問題になるほとんどの場合、教育勅語がその解決策の大枠を提示しつづけました。しかし田中は、ただの一度も教育勅語を援用しようとはしませんでした。この点は、田中正造を考える際、非常に大切なポイントです。なぜなら、田中のかかえた社会道義形成の根本的問題とかかわっているからです。教育勅語は、社会道義をかたっているように見えて、究極的には、あらゆる価値を天皇に収斂させる論理構造になっています。他方、田中の求めているのは、人が苦しみ、人為により非業に死んでいく者たちを、黙して見ていられるという精神構造への怒りの感情だったのです。社会を社会として成りたたせる連帯心と公共心、平等な個人を単位としての横へのつながりが、ここでは希求されていたのでした。教育勅語に完全に欠如していたのは、正にこの部分だったのです。

田中正造がキリスト教を深く学び、そこでの隣人愛、他人を同胞とみなし、他人への同感と共感を根軸的な教えとしたキリスト教に強く感動したことは、よく知られていることです。民権運動でよく語られてきた人と人の平等という考え方も、キリスト教では、マタイ伝第四章の、〝悪魔の誘いに、神をこころみるなかれ〟、とイエスが答えているように、神とともに人も、自分の目的の為の道具には出来ない、己が為の利用する対象にすることは出来ない、というレベルにまで考えぬかれています。このような深い宗教性に裏づけられた平等な個人間での隣人愛の思想に影響を受け、受洗直前までの気持ちに彼はなったのでした。

ただし、彼は新約聖書は熟読しましたが、キリスト教の最も奥底にある旧約聖書的な唯一神への信仰やキリスト教的歴史観そのものである終末論は、全く受けつけないままでした。このような田中正造への宗教観をここで若干検討することは、日本人的な宗教観を考える上でも興味深いものです。

第一に、田中の家は富士講の篤信者の家でした。彼の愛した妹リンも、正造が反領主闘争で苦闘した時も、江刺県で投獄されていた時も、反三島闘争で投獄された時も、富士講の信仰により兄の為に神に一心に祈りつづけています。正造の歌の中にも富士講の道歌が出てくるのは、その現れなのです。

第二に、富士講の特徴の一つは、信仰の具体的表現の一形態が社会奉仕であり、人の為に尽すということでした。用水を引くとか、治水活動をおこなうという行為が、自らの救いの一つの手掛りだったのです。島崎藤村の『夜明け前』をみてもわかるように、幕末期平田国学の全国的拠点となった信州伊那谷地域は、同じ時期、富士講信仰の最も強固な地域でもありました。両者は不即不離の関係にあったのです。また報徳仕法の各地域への導入にも、富士講信徒は先導的役割を果してもいました。

第三に、「正直ものゝこうべに神やどる」と、くりかえし田中が語っているように、正直をも含みこんだ人間の誠意と誠実さ、その心情の現れである行為こそが、神の嘉するもの、との強い信念を彼はいだいていました。この思想こそ、日本の伝統的な神祇信仰の根底に脈々と波うっていたものです。

第四に、キリスト教と異り、田中の宗教観では、人は神とそれほど隔絶された存在ではありませんでした。正造はよく、「田中助次は神の道に入っている」とか、「高田仙次郎は神に近い」といったいい方をしますが、彼にとっては、これは単純な譬喩ではありません。人は神となり、あるいは神的な存在になり得るのです。この考え方は富士講の思想にも、また神祇思想にも流れつづけているものです。

第五に、田中は来世あるいはあの世というものを、遥か離れた天空のかなたに見てはいませんでした。「天国は何れに在るや、天国は此世に在り、此世の外、別に天国なし」と彼は言い切っています。平田国学においても、来世に当たる幽世は、この顕世のまっただ中に存在するものなのです。

第六に、「天地の間に神明います」と田中はいっているように、彼は神のあまねき存在、神の遍在を信じていました。一神教か多神教かということは、田中に対してはあまり意味のある問いかけではない、と私は思っています。神は一にして、そしてそれはあまねく自然の中に存在するものだからです。この意味では田中は汎神論者ということも出来るでしょう。

ただし、田中正造は厚き宗教心をもち、この心を公共性と社会道義の土台に据えなければならないとは思ってはいましたが、決して宗教家ではありませんでした。やはり彼は徹頭徹尾、純粋な政治家だったのです。

それがために、彼の宗教と信仰の中には、愛だけではなく、人間の公共心と横の社会的連帯を破壊する者たちへの、私的利害を社会道義の上に置く者たちへの憎悪が組み込まれていました。「神の道ちにさい叶候へば、即ち其加害者を撲滅するを以て、生は大なる愛なりと奉存候、愛の大なるものは憎む如く見へるのみ」と、田中は断言して憚りませんでした。

また彼は、信仰の有無を基準に人を区別したり差別する気持ちもなく、そのような態度もとりませんでした。それは、人間の社会的な誠意と誠実な行為そのものが神に嘉されるのであって、人の内的な信仰心だけによって救われるのではないという強い確信が田中にはあったからです。無神論者で社会主義者だからとの理由で、内村鑑三は福田英子の出入りを拒否しましたが、田中は、福田の献身的な社会活動に舌を巻き、英子の信仰心の欠如を残念がりはしますが、終生、英子に対し温かく誠実に接しつづけたのです。〝炬燵弁慶〟であることを、再三再四戒しめたのも、このことと関連していたからでした。人は態度と行為でこそ示さなければならないからです。「其救ハルルコト計リヲ急ギテ、救フ念ナキモノハ利欲利己ノ宗教ナリ」と厳しく非難し、内村鑑三に、〝聖書を捨てよ〟と忠告したというエピソードも、田中のこのような考え方と結びついていたものだ、と私は思っています。

(6) 都市知識人との連携

田中正造が社会道義、公共心の社会的確立との関連で、宗教と神を位置づけようとしたとしても、それは必ずしも絶望からだけ、おこなおうとしたものではありませんでした。従来の反藩閥・民党連合の地主的ブルジョア的基盤が、正造の期待に反して大きく変質・崩壊していく一方、鉱毒問題に敏感に反応し、この社会的課題に積極的に結合していこうとする都市のジャーナリスト・法曹家・知識人、そして都市青年学生の動きが、川俣事件の勃発した一九〇〇年、明治三三年頃から目に見える形になり始め、社会運動となってきました。このような、今まで存在しなかった都市と農村を結ぶ社会レベルでの運動が、田中の社会道義と公共性をめぐる思索の底辺に流れていたのでした。

　具体的にいっても、一九〇〇年七月には鉱毒被害調査有志会が組織され、翌一九〇一年五月には鉱毒調査有志会に組織的に発展していきました。さらに鉱毒問題を含め、社会正義を貫き、社会的不正に激しく抗議する普遍的目的をかかげた理想団が一九〇一年七月に組織され、都市、農村両者に大きな影響を有するようになりました。

　ここで見た新たな社会的潮流は社会レベルにとどまりはしませんでした。この政治グループの一員で、田中正造を支援してきた島田三郎から衆議院の議席を奪い去ろうと、伊藤博文と大隈重信が手を結んだ一九〇三年三月の横浜市での総選挙において、田中を含む多くの知識人と都市民衆との支持、支援をうけ、島田三郎は見事に自己の議席を守ることに成功したのです。

　このような都市知識人の運動を正造は興奮しつつ大歓迎するのです。一九〇一年、明治三四年一二月五日の手紙において、「鉱毒問題漸くして天下の一大問題の如くになりて、被害地視察、櫛の歯を挽く、国家各府県の志士仁人、四方より憤興し来らんとす。五大法律学校学生の連合、東京有志の結合、青年会の結合、貴女賢女の結合と各宗教家の団体、甲乙相呼んで提携相成候勢に候、小生等の多忙狼狽、之に依て弥急なり」と述べている如くです。天皇への直訴決行は、この手紙執筆から五日後のことなのです。

　しかしながら、ことはそれほど単純ではありませんでした。この運動を主導した人々の中には、社会主義的発想をもった人々もいましたが、その主流は、日本の国家的発展を図るためには国民的まとまりを形成しなければならず、その国民形成を妨げるものとしての藩閥・財閥、そして政友会に激しく闘わなければならないのだ、という考え方をもっていた人々でした。

したがって、日露戦争が切迫するとともに、それまでの結合にはひびが入り始め、結局一九〇三年一〇月、社会運動を組織する上での機関紙的役割を果たしてきた「万朝報（よろずちょうほう）」が主戦論に最終的に踏み切り、それに抗議して内村鑑三・幸徳秋水・堺利彦の三名が退社する事件によって、この運動は分裂してしまいました。「我党の大団結の一方面の破れとなりたるは悲みに不堪候、誠に残念の次第に候」と、正造はこのことを歎かざるを得なかったのです。

鉱毒問題は、農村部では谷中村問題をめぐって地域的に分裂し、都市部では日露戦争賛成に急ピッチで政治的空気が変わるなかで忘れられていきました。日本における市民社会の形成は、未だ不可能なままだったのです。

（7）勝海舟とのかかわりと田中正造の非戦論

ここでみた都市知識人・都市民衆との連携、新しい社会形成への正造の期待といったものとは別個に、正造が頼り勇気づけられる人々が存在していました。勝海舟・谷干城（たにたてき）・三好退蔵、そして少し毛色の変ったところでは三宅雪嶺といった人々です。特に勝海舟には心より感謝し私淑していました。それは勝が早くから田中正造の足尾鉱毒反対運動の本質を的確に理解し、初期から断乎とした支持者となって、即時操業停止を主張しつづけたからです。一八九七年、明治三〇年の春には、勝は正造に、

古河のにごれる水をましみずに
誰がかきまぜてしらず顔なる

という歌を与えていますが、彼はくりかえしこの歌を引用し、我がものとしていきました。なぜ勝は早くから田中正造を全面的に支持し、支援したのでしょうか?

勝海舟は非常に聡明な人物で、先きの先きまで読み取ることの出来る人間でした。しかも、「陛下はヲレを御信用なさらない」と自分でいうほど、明治天皇を始め、幕府を倒して権力の座についた天皇制国家の面々には強く警戒されつづけていたのです。天皇制国家に私的利害関係を持たない、本来的批判者でありつづけ、かつ客観的に長期的見通しを持てる人間にして始めて、操業即時停止を明言し、田中を支持することが可能となったのでした。「旧幕は野蛮だといふなら夫で宜しい。伊藤さんや陸奥さんは文明の骨頂だと言ふじゃないか。文明と云ふのは、よく理を考へて民の害とならぬ事をするのではないか。夫だから文明流になさいと言ふのだ」、即ち即時停止しかありえない、と勝は明解に断じるのでした。

田中正造は己を知ってくれた人物として、終生、勝を徳としました。「成否は第二の問題にして、人として為すべきものなれば為すのみ、安房守の臣として為すべきものなれば為せしのみならん」「安房守の徳は先見にあり、此先見を有しつつ、二心なく誠実にして逆境に身を犠牲とせしにあり」「一世を以て品評すべからず。百年の後に定まるは此等の品評に候、急ぐべからざる也」、勝のことを、このように田中はいっているのですが、その評言は、そっくりそのまま、評している田中本人にあてはまってくるのです。

この勝海舟は、国民の大多数に抗して、日清戦争に賛成しませんでした。日本と朝鮮と中国が協力して欧米に対峙していかなければならないのに、戦争をやるとは何事か、これが勝の考えでした。田中は、日清戦争の時には、消極的ながら戦争支持者でした。しかし足尾鉱毒反対運動を指導する中で、自国民の鉱毒被害民を憐れまず、また救おうともせず、私的利益を追求する古河市兵衛を全面的に支持する集団が指導する日露戦争には強く反対するようになります。戦争に勝てば勝つほど、自国民への同情と共感が欠如し、逆に抑圧する力が増加するだけだ、というのです。それは、社会主義的反戦論やキリスト教的非戦論とは論理構成は異っているとはいえ、より地域に密着し民衆に密着した視座からの痛烈な戦争批判でした。この田中だからこそ、「谷中問題は日露問題より大問題なり」と断言することが出来たのです。

おわりに

現在、憲法改正も含め、民主主義に対する攻撃が強まっています。攻撃する人々はおしなべて戦後民主主義なるものを強く非難しています。しかし問題を民衆と民主主義の立場から考えようとするならば、問題を正しく、いいかえれば、歴史的な広がりをもった立て方をしなければなりません。私は、日本のさまざまな問題を考えようとするならば、我々が生活している日本の近代社会のその成立期ぐらいから、田中正造をも含みこんで、巨視的に見ていかなければならないと考えているのです。

田中正造は、漢文も素読（そどく）レベルまでしか学ばず、江戸・東京に出ての本格的勉強もしませんでした。まして欧米に留学したこともありません。しかし、「下野の百姓」として、農民として労働しながら彼が身につけたものは、典型的な反封建・反藩閥の燃えるような民主主義者の精神でした。フランスに、イギリスに、アメリカに出しても、その国の第一流の民主主義者と比べ、全く見劣りすることはありません。この点で栃木県は、全国に誇りうる政治家を産み出したのです。

しかしながら、田中正造は自慢だけしていいような人物ではありませんでした。他面では、栃木県に対し恐ろしく厳しい人物でもあったのです。関東は「男子も女子も女郎屋の如し、嫉妬、猜疑、浅薄、浮薄、軽挙、実に関東は女郎屋の光景なり」と田中が叱責するその中心に栃木はありました。また栃木県人は人気穏かにすぎて政治思想が乏しいとして、「下野は籠の鳥にもまさりけり、玉子とられて肉はくわるる」とも、正造によって歌われているのです。

そして、このような弱点は、日本人全体にも広がっているとも彼は考えていたのです。「鞭ち打たざれば動かぬ馬の如き、命令にあらざれば働かぬ兵士の如き、日本の政治、皆軍隊の組織となりてより以来、久しく人民の権利はなし」「今の世の怒らず、憤らず、悲まざる、憂へざる人民の多きにこそ困るのみ」とは正造の率直な日本人批判でした。

このような日本の現状に対置して田中の理想としたものは、自律的で自発的な個人と、そして抑圧する者への一貫した闘争心でした。「抜くべきものは封建の弊制にして、抜くべからざるものは自治の気象」なのであり、「人は正直で、強い正直でなければ用に立たぬ、弱い正直は役に立たぬ、今日は尚更ら強く自分の権利を重ずべし」と人々に求めていたのです。そして、この自立した個人相互間の同感と共感こそが日本社会を成り立たせるべき根軸だと考え、その確立のために行動したのでした。田中正造は、一九〇二年、明治三五年一二月、谷中村で演説会に赴く途次、雪中につくった、

降る雪はやむ方なけんつもれかし
踏立て蹴立て道を行くなり

という自作歌をすいていました。この歌を心の中で歌いつつ、田中正造は自己を死ぬまで鼓舞しつづけたのでした。

ギリシャの古碑に、〝止まれ旅人よ、ここに勇士の墓がある〟という趣旨のものがあったと記憶しています。この碑を建てられるのがふさわしい、日本での数少い勇士の中に、私は田中正造は位置していると思っているのです。

三　幕末維新から自由民権を考える

（1）私の研究史から

1　絶対主義確立とブルジョア民主主義革命なる二段階歴史区分の問題

私は一九七三年、東京大学の史料編纂所幕末維新史料部という所に運よく入所できて以来、井伊大老関係文書や幕末期の欧米列強との幕府の外交関係文書の編纂が公務になりました。したがって公務に縛られながら研究テーマも、幕末維新政局史に絞って永らく全国の史料調査を行い続けながら勉強してきました。したがって私の守備範囲である幕末維新期という枠を超え、自由民権運動期という全く別分野の領域について言及することは越境行為であり職業倫理としてよろしくはない、という気持ちがありながらも、よそ目から見て、一八七四年民選議院設立建白と士族民権論からスタートする今日の自由民権運動研究はこれでいいのだろうか、正しい研究のレールの上を走っているならば、研究が蓄積されればされるほど発展するはずなのに、一九八〇年代の「民権百年」のあの全国的な盛り上がりが嘘のように雲散霧消したのはなぜだろう、民権運動は一八七〇年代から八〇年代、日本全体を熱気で包み込んだ国民的大運動であった事実に鑑みるとき、研究面であまりにもひどいギャップがいま起きてはいないか。一九八〇年代に前提とした自由民権運動の理論的枠組みそのものも再検討する必要があるのではないかという気持ちを抱きつつ、また今日の惨状に憂慮しながら幕末維新期の政局史研究をしてきました。といっても私にはこの二段階論を一国史的発展段階史観だとか、時代遅れだとかいう清算主義では全く捉えてはいません。膨大な史料が存在し複雑な諸事情と多くの人間がかかわってくる歴史過程研究には時期区分がどうしても必要になります。いうまでもなく日本資本主義は西洋でみられた資本主義とは異質なものだという認識が形成され、それを天皇制というカテゴリーで掌握しようとする方法論が作られたのは一九二〇年代末から三〇年代前半、いわゆる講座派理論でした。あと知恵で批判するのはたやすいことですが、当時のアジアは帝国主義強国日本を除く諸地域は植民地か従属国、アジア的停滞論で捉えるほかはなく、やはり先進西欧の歴史、絶対主義段階とそれを打倒するブルジョア民主主義革命段階の二段階論で一八五〇年代から八〇年代の近代日本成立期を捉える方法論が主流となり、その最も輝かしい理論家となったのが服部之總氏だったのも、私は必然的な流れだと考えています。しかしながら日本の植民地研究や、天皇が統帥権をもつ軍部、あるいは非立憲要素の枢密院研究などが天皇制支配のもと、極めて制限され弾圧されるなかでは、この軍国主義的で半封建的な体制確立の研究がどうしても明治維新史研究に流し込まれ、そこでの廃藩置県が明治絶対主義国家の確立とされたことも、これまたやむを得ない流れだと私は考えています。

２　廃藩置県＝明治絶対主義確立論に対する天皇制の国定史観

ところで科学的認識は狭いコップの中で作られたものではありませんでした。国民の当時覚えこまされていた権力側の時代区分論と親和性をもっていたことによってその歴史認識への支持を強化されたことも同時に私たちは見ておかなければならないと思っています。先ほど私の入所した史料編纂所で最も新しい時代をやる維新史料部の編纂の下限は一八七一年、廃藩置県の当日、七月一四日でした。天皇制絶対主義論など採るどころではない天皇制国家においても、明治の後半からは近代日本の出発を統一国家確立の一八七一年、廃藩置県に置いていました。ただし科学的認識ということは天皇制国家においてはタブーでした。社会科学という言葉を使うこと自身が禁句だった戦前戦中では、この分散的封建国家から天皇主権の中央集権的国家への転換は万邦無比の日本の国体の精華によって実現した、この無比の尊王主親はヨーロッパでは決して起こりえないことだったというのが、その説明となったのです。

3　私の研究史からの疑問の発生

戦前の講座派理論は敗戦後その影響力を格段と強めました。服部之總氏の理論的枠組みを政治過程論で精緻に実証した遠山先生の『明治維新』が研究者のバイブルになったことも当然でした。一九五一年、昭和でいえば二六年、井上清氏は東京大学出版会の『日本現代史Ⅰ　明治維新』で遠山先生にはなかった「民族的集中」というカテゴリーを駆使して、幕末維新変革を解明しようとしましたが、石母田先生の『歴史と民族の発見』とも共通する、中国革命に学びながらの新しい分析視角も、政治運動の混迷にかかわって充分に発展させられず、そして一九六〇年代に出されたウェスタンインパクト論とか国際的契機論といった分析道具もまた鍛えられないまま近代史研究の主潮流は日本帝国主義研究の方にシフトしていきました。

私など、一九六二年に大学に入った者であり、二〇代の研究テーマは日本帝国主義形成期の都市と農民となり、一九二〇年代までの見通しがついたら次は一九四五年、敗戦後の日本現代史だと意気込んでいました。ところが生活しなければなりません。大学院時代に結婚し、子どもまでできてしまったので就職できるならどこでもいいと、一九七三年、古文書も全く読めないまま、幸運にも東大史料編纂所に入ることができました。ところが、入ってびっくりしたのが、一番新しい時期は廃藩置県、飯のために研究も公務と矛盾をきたたさない幕末維新史という分野にあっさりと転換してしまいました。そして江戸時代の基本中の基本問題、朝廷と幕府の関係はいったいどうなっていたのか、自分で納得するところから研究をスタートさせました。

政局史研究のなかで、世界の大勢に暗い公家だから、条約勅許反対のために、これまた世界の大勢に通じていない孝明天皇に働きかけたのだといったそれまでの維新論は全く事実ではなく、幕府とハリスの間の交渉記録はすべて朝廷に伝えられ、朝廷の人間はすべて知ったうえで、孝明天皇と公家は反対しています。説明できなくなると、愚昧だとか暗愚だとかいうレッテルを貼るのではなく、情報を共有したうえで、それぞれの立場から主張が異なってきます。この全体を構造的に捉えなければ政局史は不可能だという印象を私個人は深めました。

条約勅許問題から安政大獄期の政局史が自分にとって納得いくようになると、次の政局史のテーマは奉勅攘夷期の分析となります。「非合理的な攘夷主義から合理的な開国主義」というそれまでの図式では最も説明がつかず、長州藩尊攘派のマキャベリズムといったレッテル貼りで糊塗されてきたブラックホールの時期になります。自分にとって納得がいく「幕末過渡期国家論」という論文を書くことができたのが一九八一年、これでようやく幕末史が自分にとって、人々が躍動し、諸事件が論理的に動いていく、とてつもなく面白い時代としてつかまえることができ、関東の新選組や南信州や東美濃の『夜明け前』地域の人々の動きも、無理なレッテルを貼ることなく、地域に密着し、この地域や生活者の目線から日本と世界を見つめており、彼らなりの主体的行動をとっていた人々であることが理解されはじめました。

一八六二年、文久二年からスタートする奉勅攘夷期は一八六五年、慶応元年一〇月五日、万策尽きた孝明天皇の条約勅許により、その時代は完全に終わりました。ここに国家意思発動による攘夷主義なるものは永遠に過去のものになりました。奉勅攘夷期の封建国家日本を自分なりにつかまえると、一八六六年、慶応二年一月二一日のご承知の薩長同盟の性格も極めて明確に自分にとって理解できるようになりました。それは幕府に代わる新国家形成に向けての、軍事力行使をも厭わないサムライたちの軍事同盟であり、しかも天皇の命令そのものも、条理に基づかない命令は断固として拒絶する強固な意思をもった軍事同盟でした。第二次長州戦争において朝敵とレッテルを貼られた長州藩がそれを何ら意に介することなく、挙藩一致で闘い抜けたのは、「非義の勅命は勅命にあらず」との論理に確信を抱くように彼らがなっていたからでした。ここから、公儀なるものをどのように確認していくのか、さらに公論形成の制度化をどのようにするのかの責任も、この薩長軍事同盟は自分の内部に抱えこむことになります。

私の次の課題は王政復古クーデタから戊辰・箱館戦争を経て成立する維新政権とはいかなる国家だったのか、ということでした。人に何かを伝えたい、というよりは自分が自分で納得できる論理を研究の中でつかみたい、私の研究はいつもいつもこの動機で進んできました。

王政復古クーデタはある意味では危ういクーデタでした。慶喜は一八六七年、慶応三年一〇月一四日に大政奉還を行い、朝廷機構のなかに幕府そのものを溶け込ませ、最終形態の朝幕融合政権を多数派工作を行いつつ実現しようとしたのです。これを阻止し、薩長両藩こそが万国対峙を実現する新国家の主導権を握らなければならない、ことの決着は戦争でつけるという点では、典型的なサムライによるクーデタが一二月九日の王政復古でした。ことを軍事的に決着すること、場合によってはいかなる反対があろうとも薩長両藩の結合だけで軍事的に事態を切り開こうという両藩の基本姿勢は戊辰・箱館戦争でも貫徹されました。新政府側最も多数の犠牲者を出したのはこの薩長両藩であったことは皆さんご存じのとおりです。

他方で奥羽越列藩同盟をはじめ全国諸藩から薩州は幼帝を擁して政治を私しているという激しい攻撃を受け、また、孝明天皇と異なり政治的実績もなく、その結果、カリスマ性も全くもたない一〇代後半の明治天皇を主権者として振る舞わせるためには、公議公論の結集とその制度化は維新政権の基本的な課題となりました。江戸総攻撃の前日三月一四日、京都御所において五箇条の誓文を天皇が諸大名・帰順旗本たちを引き連れて神明に誓った儀式も、明治二年、一八六九年設立した公議所、あるいは集議院もこの重要な使命をもっていました。王政復古政権の内部には廃藩置県の論理は全く存在していなかったと私は見ています。しかしながら全国二六〇余藩を地域行政組織と位置づけ、府・藩・県三治一致体制のもと緩やかな形の統一国家を形成していこうとする維新政権の基本政策は短期間のうちにものの見事に崩れることになりました。万国対峙、条約改正を早期に実現することを妨害しているのは全国諸藩の存在そのものだとして一八七一年、明治四年七月一四日、廃藩置県が薩長土三藩の御親兵約一万を東京、および小倉、仙台の二鎮台への結集が完了した直後の段階で決行されました。

ここで注意していただきたいことが二点あります。第一に、廃藩置県という措置においては、百年かけて近代国家を作り上げようとした合意でなされたものではない、万国対峙をできるだけ早く実現させるためには、藩を廃止しなければならないという、七月一四日の太政官布告が物語っていることだけが、旧三藩の中で合意されていたということ、したがって軍事的に強力な佐賀藩を加えた旧四藩連合政権が今度は万国対峙実現の責任をとらざるをえなくなったということです。

第二に、この旧三藩の間では廃藩後のサムライ、つまり士族の措置については何らの合意もなされてはいなかったのです。一八七七年、明治一〇年の西南戦争であの大規模な士族反乱を起こす薩摩士族軍団が主体となって初めて実現できた廃藩置県を、日本の洋々たる近代化の巨大な一歩を踏み出したと評価する一般的な意見とは私は見解を異にしています。

（2）廃藩置県で作り出された創世期国家が直面したもの

1　常職を失ったサムライ階級の不満の増大

維新政権は自らがぶつかった政治的危機を廃藩置県で解決しようとしましたが、その措置自身が新たな矛盾を作り出しました。第一は常職を失ったサムライ階級、士族の不満です。廃藩まで彼らはその地域の支配階級でした。そしてその城は藩主の居城であるとともに彼らが政務をとる仕事場でもありました。しかし藩が存在しなくなり県が置かれると、そこに来るのは他藩出身のサムライであり上級の県官吏は薩長土肥藩閥の人々となりました。この激変を彼らは日々毎日、目の前で直視し続けなければならなくなったのです。廃藩以前は全国二六〇余藩の軍事力自身が府藩県三治一致体制での維新政権を支えるものだとして徹底的な軍事改革に励んでいたのは各藩のサムライでした。このラディカルな藩政改革を実現させるためにこそ、従来の門閥体制は打破されなければならず、秩禄は平準化されなければならず、そこで浮かした資金は官僚制化させた藩体制の職務職階給や軍事改革に宛てようとしたのです。藩政改革による禄制改革は藩内官僚制化と表裏一体の形だったからこそ彼らは納得しつつ、この大改革を行い得ました。しかし、藩機構が消滅し、大蔵省支配の渋い渋い県政になってしまうと、それまで支給されてきた職務職階給も全く支給されなくなり、削減された秩禄収入だけで生活しなければならなくなりました。

さらに彼らの不満を増大させていったのは、士族の常職が存在しなくなり帰農しても商売を開始しても何でも自由にしろという太政官政府の方針でした。しかも一八七二年末から七三年、明治六年初頭にかけていよいよ四民平等の徴兵令が公布され、関東の鎮台管区において初めて満二〇歳男子の徴兵検査が実施されることになりました。

２　国家統一によって顕在化する租税問題

　廃藩までは各地域の租税制度は千差万別でした。それぞれの狭い地域内での支配階級と農民との関係であったがゆえに、長年のしきたりがそれなりに守られ、また守らされてきたわけです。しかし、一挙の廃藩置県により同じ府県内の租税の不均衡は誰の目にもあまりにもはっきりしたものになりました。年貢という基本的な貢租が食い違ったうえに、数十にも及ぶ雑税における不均衡と格差は広範な地域での農民の不満と一揆を引き起こすことは、あまりにも当然のことでした。その租税、雑税の不均衡は既に廃藩置県を必然化させる原因の一つともなっていました。一八七〇年、明治三年末の、九州、幕領だった豊後国日田県での大規模な全県百姓一揆は、隣国の熊本藩が八万石もの雑税を一気に廃止したことによって引き起こされ、この巨大な農民の圧力は豊後の各小藩の雑税廃止をも引き起こすという容易ならない事態を生んでいきました。

　また、一八七〇年、明治三年一〇月から連続する信州北部、普通は「北信大一揆」と呼んでいますが、この「北信大一揆」もそれまでの安石代を廃止するという政府方針への闘争という性格が基本にあり、この北信全体の大動揺を引き起こす要因を作った松代藩に対し、維新政府は廃藩の打診を一八七一年、明治四年の一月に既に行っています。旧幕期の安石代という、藩領においてかなりひろがっていた租税制度の太政官政府による廃止方針は廃藩以降にも、明治五年八月、山梨県において「大小切騒動」という大農民一揆を引き起こすことになりました。廃藩直前から地租改正の明治九年、一八七六年のあいだにおける、雑税廃止をめぐる全国各地の農民闘争には、私たちは十二分に注意を払い続けなければならないと思っています。

3　文明開化政策の押し付けと民費負担増問題

先ほど述べたように、旧四藩連合政権の緊急課題は条約上、安政五カ国条約で明記されているように、一方で、一八七二年に開始していいという各国との条約改正交渉を日本国内で行うのではなく、政府総出で直接欧米諸国の統治者と会談し条約の不平等性を訴え、対等条約を実現する予備交渉を遂行し、他方で、国内では欧米諸国が条約改正を承諾するに足る文明開化を断行するというものでした。したがってアメリカが条約改正交渉に入ってもいいというと、すぐさま大久保、伊藤はとんぼ返りで日本に信任状を求めに帰ったのです。国内では司法裁判制度改革を先頭として各官省が競って開化政策を進め、学校設立なり壬申地券の調査なり、開化政策にかかる諸経費が従来の雑税のうえに新たに付加されるようになりました。さらに、裸体禁止とかちょんまげ禁止、散髪強制などが全国的に押し付けられるようになります。海外での条約改正予備交渉は全く進展せず、国内においては殊に西日本の各県において全県規模の新政反対一揆という巨大一揆が次々と勃発するようになっていきました。

4　噴火口の上に座る西郷隆盛

木戸、大久保、伊藤博文らを従えて岩倉具視全権使節がアメリカ・ヨーロッパに渡った後の留守政府の実質的責任者となったのは薩摩士族の棟梁西郷隆盛でした。国内の状況は一八七二年、明治五年から明治六年と次第に深刻化していきました。廃藩置県を強行して事態は良くなったのか。廃藩自体を喜ばない封建派は薩摩の島津久光を中軸に結集しはじめてきました。それに対応すべく政府は久光を明治六年には東京に勅命をもって呼び出し、彼に諮問する態勢をとらざるを得なくなりました。また各地に勃発する新政反対一揆にはその土地の士族が参加するようになってきました。徴兵令発布と関東での徴兵実施は彼らの危機意識をさらに深めることになります。ただし留守政府時代に士族層の動揺が何とか抑えられたのは、政府の総責任者である西郷隆盛の鹿児島県自体が四万以上の士族に対し何らの冷遇措置もとっていなかったからです。西郷がいるかぎり何とかなるだろうとの全国士族の期待が彼にかけられていたわけです。私は西郷は噴火口の上にすわらされていた気持だったと思っています。有名な彼の太政大臣三条実美に述べた「内乱を冀う心を外に移し国を興すの遠略」という言葉は彼の本心、彼にとっては外に政策のとりようがなくなってしまったからでした。

（３）征韓論大分裂が創り出した新たな政治連携の可能性

国内士族の不満を外に転じさせるため西郷隆盛を朝鮮に派遣し、日朝国交関係樹立の強硬談判を行わせるという方針は、太政官正院内の参議、土佐の板垣退助と後藤象二郎、肥前の江藤新平らの支持を得、あとは明治六年九月、右大臣岩倉具視の帰国を待つのみとなりました。土佐にしろ肥前にしろ不平士族を県内に大量に抱え込んでいたところです。そして留守政府の方針が決定されるならば、その後の政局は元留守政府参議の指導するところとなり、条約予備交渉で何らの成果もあげられず、かえって欧米諸国からキリスト教解禁をはじめとする様々の要求をつきつけられてしまった遣米欧使節団グループは冷や飯を食わされることになるでしょう。そして朝鮮との紛争が戦争に発展すれば否応なく、旧士族層を何らかの形で国軍の中に編入しなければなりません。このことは徴兵制との関係に矛盾をきたし、特に一八七〇年、明治三年、長州諸隊二〇〇〇人の反乱を辛うじて鎮圧した木戸孝允をはじめとする長州出身の官僚にとっては認めることはできないことでした。

岩倉・大久保が指導する頑強な抵抗は結局、明治天皇の西郷遣使無期延期の裁可によってここに一〇月二四日から二五日、太政官征韓論大分裂、征韓派参議の一斉辞職と薩土近衛将兵、および羅卒の大量離脱という異常な事態を引き起こしたことは皆さんよくご存知のとおりです。これより、岩倉・大久保政権が権力を掌握し、混迷を極める当面の事態を切り開く責任を負うことになりました。

このように、私は廃藩置県の結果そのものが征韓論大分裂なのであって、社会から天皇制国家を離脱させ、天皇制国家の構造を作り出していく時期は廃藩置県という時期ではなく、この征韓論分裂から日朝修好条規締結にかけての、年でいえば一八七四年、明治七年から一八七六年、明治九年の間ではないかと捉えているのです。

この征韓論大分裂は、明治一〇年代までの動きを見通す場合、廃藩置県と同等かそれ以上の大事件ではなかったでしょうか。一八六六年、慶応二年一月二一日に成立した薩長軍事同盟は先ほど述べたように、征長の役において長州を勝利させ、王政復古クーデタを成功させ、戊辰・箱館戦争を遂行させ、そして廃藩置県を断行させせました。この一八七一年、明治四年七月一四日時点での参議が薩摩の西郷、長州の木戸のただ二人だったことは薩長同盟の鉄の結合を人事面で象徴するものでした。しかしながら薩長同盟はここに大音響を発して崩壊することになりました。第一に、薩閥の中で、大久保派と西郷派が敵対関係に陥ってしまいました。第二に、これは十分議論されていないことなのですが、薩閥の大久保と長閥の筆頭木戸孝允との間に深い溝ができていく出発になりました。大久保も木戸も内治優先、「兵隊政治」出現反対の立場で共同行動をとり、分裂後は太政官政府の中で、主導参議として共に活動しはじめるにもかかわらず、大久保はこれもご存知のとおり、明治七年一月一四日、東京赤坂喰違い事件で土佐派の元近衛将校に襲撃された右大臣岩倉具視とともに、二月には早くも全国士族層の注目を引き付けるため台湾出兵を決定し、他方、依然として内治優先を主張し続ける長閥リーダー木戸孝允はついにこの年の四月、参議辞職の挙に出ました。ここに一八六六年一月以後、日本の政局のイニシアチブを掌握し続け、あらゆる難関を排除してつき進んできた薩長同盟はものの見事に雲散霧消してしまったわけです。

新たな政治連携がいかに作られるのか。混沌とした状況が一八七三年一〇月下旬にこの日本に出現しました。このような異常な事態を、これは民権の初期段階で、克服さるべき反動士族民権の時期とあっさり位置づけるこれまでの民権運動史の時期区分には、幕末維新期を勉強している私には全く理解不能です。矛盾の蓄積が太政官体制の大分裂を引き起こすまでに至ったと位置づける方が史実に合致しているのではないでしょうか。

新たな政治連携はご存知のとおり、一八七四年、一月一七日、西郷を除く辞職参議と岡本健三郎、古澤滋、小室信夫連名による左院への民選議院設立建白において示されました。薩長同盟という鉄の結合が消滅したあとの日本の将来を指し示すものが、日本人男女すべてに対しここに正面から提示されたのだと私はとらえています。そこでは一八六八年、明治元年五箇条の誓文と明治二年公議所、集議院の経験を踏まえ、民選議院を設立することによる公論の結集とそれを基盤とした国家権力の形成、そしてこの形成を阻むものこそ、天皇をわきばさみながら天皇支配の正統性そのものを破壊している「有司専制」だという政治的対抗軸と人民にとっての政治の方向性が初めてはっきりと示されたと私は考えています。

私はこの民選議院論争のなかで、元参議らの建白と共に重視しているのが、岡本、小室、古澤三名連署の「民撰議院弁」という論文です。そこでは薩長土三藩がなぜ政府部内での権力を独占しているのかの正当な評価もしています。つまり、幕末のあの危機的状況に対し、この三藩だけが固有の「元気精神」を保存していたがゆえに維新の大業を彼らが実現した。いまやこの三藩だけではなく、三府六〇県の人民を挙げてもって悉く薩長土三藩の人民となすためにこそ民選議院を設立することが必要だ、とここでは主張されています。つまり三府六〇県すべての地域が民選議院設立運動において政治主体形成の場になるのだということを高らかに全国の日本人民に訴えかけているのです。この民選議院設立建白が当時の世論にどれほど多大な影響を与えたのかという研究は、いままでたんなる士族民権だと否定的に評価されてきたゆえか、充分になされていないと私は思っています。この建白の位置づけ自身が非常に弱く、単なる士族民権運動の出発宣言にしかすぎないとの否定的評価にとどまっているからこそ、この影響力の大きさの研究がなされていないのではないでしょうか。

具体的な史実を二つ紹介しておきます。

一つは福沢諭吉に与えた影響です。ご存知のように、福沢は日本で演説の練習を最初に開始した知識人です。明治六年、一八七三年の春か夏ごろから、仲間と始めています。この時期に福沢が考えていた演説の効能とは第一に、原書を読んでも翻訳の時間がない者がいるので、演説の道が開けたら学問は十倍も早く広まる。第二に、翻訳ができないということは漢文的文章ができないだけなので話し言葉にすれば少しもおかしくはない。そして、第三、第四と挙げたあとの最後の第五の効能においてようやく演説の法がないのだから、とても民選議院も官選議院もできますまい、と述べているのです。これによれば、当初の演説練習の主要な動機は翻訳伝達と翻訳書出版にあり、板垣らの民選議院設立建白こそが福沢たちにとっては演説を政治の場に展開しようとするうえでの決定的な契機になったのだと私は考えています。なぜならば、福沢は一八七四年、明治七年六月二七日を期して三田演説会なる公的組織を発足させ、政治問題を含め会員相互でのその演説の技量を鍛えあげはじめます。さらに明治八年、一八七五年五月一日、彼は自分の私費をもって四〇〇人から五〇〇人を収容できる三田演説館を開館し、一般の聴衆を参加させはじめました。福沢が明治七年二月、慶應義塾社中による『民間雑誌』を創刊し、さらに翌三月には『明六雑誌』を刊行する中心人物になるのも、この設立建白を契機とする政治的構図の大変革が直接の原因だと私はみています。彼は「思うこと言うべからざるなり」を行動の哲学とし、状況を慎重ににらみつつ思想を行動に実現していくタイプの知識人でした。

第二は、普通、反福沢派の急先鋒とのみ描かれがちの平田国学者の間からの民選議院設立建白です。平田没後門人の一人に美濃の国岐阜の高木真蔭という神道活動家がいます。神官です。中津川の平田国学者たちとは深い関係を当初からもっていました。しかも彼は権少教正という神道仏教合同布教運動においては極めて高い地位を有していた神道宗教家でした。彼は一八七四年、明治七年六月、「民情の弊を一洗し出張所を設くるの義」を左院に建白、今日官吏がややもすれば強談をもって民権を束縛し人民またこれに抵抗する智なし、官吏が私見を主張し、民心を抑圧し人民の権利を妨害し人民の自由を損害する陋習を破るため、東京に府県の出張所があるように、東京に人民の出張所を設置し、人民の投票をもって一国一郡の総代人を選び、この出張所において、国郡の公用を司らせ、出張所の経費と総代人の給料は民費をもって充当するようにしたいと、この建白で主張しています。左院は「その所論、到底民選議院に異ならず」と却下しますが、高木真蔭は西洋議会制度の移入という論理では全くなく、復古神道の神道神学、すなわち人々の魂は神によって分かち賦与されたもの、その魂を十全に発達させ磨かせることこそ神道の本来のあり方だとの宗教倫理からこの建白を行っているのです。

（4）廃藩置県で創出された国家が社会に作り出したもの

1　代言人問題

ここでみた民選議院設立建白が引き起こした社会的政治史レベルでの大変化をもう少し幅広く見ていくうえでの私たちの留意点だと思っていることについて若干述べておきます。端的に言うならば、中央集権国家が日本の社会に作り出したものは何かというテーマです。廃藩置県によって一挙に作り出された日本の中央集権国家は、欧米のように時間をかけて徐々に作られた国家とは相当異質なものでした。しかし中央集権国家を作ってしまった以上、それ以前の各地域における習慣とか伝統というものは政治の世界から完全に排除され、全国一律どこでも通用するもの以外はすべて排除されてしまいました。それに代わって布告、布令、布達といった法令が万事を取り仕切り取り締まる万能の枠組を作っていきます。とすると社会においてもこの布告、布令、布達といった諸法令によって規制されることに対し、その不正と不当性を敢然として追及し訴訟に訴える法律家、当時の言葉で言えば代言人という職業の人々が出現するようになったことは当然のこと、明治一桁台の代言人の出現と彼らの活動は民権運動の歴史を考えるうえで極めて大切なことになると私は思っています。

代言人制度は明治五年、一八七二年八月に制定され、この時期はだれでも訴訟代言人となって出訴することができましたが、一八七六年、明治九年二月には代言人試験制度が実施され合格者のみが代言人となることになりました。さすがに西洋の諸制度を研究・熟知していた福沢諭吉は当初からこの職業の重要性に注目しており、一八七三年、明治六年段階で代言社という組織を立ち上げ、代言人のまとまりをつくり、人民側の権利を擁護するため積極的に出訴を奨めます。また征韓論分裂にかかわってそれまで司法省三等出仕兼大検事、警保頭という太政官のきわめて重要ポストにいた土佐勤王党出身の島本仲道という人物は下野しますが、彼はその直後の明治七年一月、北洲社という代言人養成兼派遣組織を大阪に立ち上げ、東京にも進出し、各地の人民の権利擁護のための活動を積極的に開始しました。また静岡民権運動の中心人物となる前島豊太郎は一八七五年、明治八年、甲州に対する静岡町の訴訟代言人となって活動を開始し、翌明治九年の難しい代言人試験にも合格、この法廷闘争を経験するなかで静岡民権運動の中心人物になっていくのです。

2　新聞とジャーナリスト問題

　この問題についても民権研究側の取り扱い方に私は強い強い不満をもっています。新聞史研究では幕末期の粗悪な瓦版、明治元年二月からの東京での佐幕派新聞、廃藩置県直後の県治普及のための上から組織される官製新聞、そして民選議院設立建白からの「日新真事誌」、「東京日日」、「朝野」、「報知」の新聞の時代と漸次的発展の図式を描いているように私には見えます。しかし、そうではない、私は一挙に新聞の本格的時代が到来したと考えた方が史実に合うと思っているのです。幕末期、「依らしむべし知らしむべからず」の封建権力政治の大原則のもと、風説流布は天下の御法度、「その位にあらざるものはその政を謀らず」という鉄則が非支配階級に押し付けられていました。しかし鎖国下の全国的な国内市場形成のもと、ペリー来航時には書状の流通網は確立し、瞬時と言ってもいいほど素早くあらゆる政治情報と事件情報は全国の豪農豪商レベルの人々に伝わるようになっていました。ペリー来航の報道がそうです、対馬露艦占拠事件でも一〇日後には届いています。それより大事なことは、これらの人々は積極的に情報を収集し回覧し蓄積するネットワークを作るようになっていたことです。横浜で発行された「海外新聞」は直ちに権力によって潰される状況にもかかわらず、政治情報が「風説留（ふうせつどめ）」という形で全国各地に蓄積されていく社会、私の用語をもってすれば「公論世界」が幕末期には端緒的に作り上げられていました。一八七一年、明治四年七月一四日断行の廃藩置県によって一気に中央集権的国家が作り上げられ、先ほど述べたように、この国家の運営はすべて布告、布令、布達といった諸法令でおこなわれ、そのために府県から大区、小区、そして七万の村々へと、政府と府県の命令と達し、そして府県庁や区役所への人民の呼出は郵便で行わなければならなくなります。創世期国家における電信網と郵便配達網の可能な限りの早急な全国的普及は統一国家建設の至上命題的課題となりました。このため江戸時代の各種の飛脚業者は明治に入ると陸運会社に改組されていったことは皆さんご存じのとおりです。ただし、郵便だけは官営化され全国一律同一価格の切手制度のもとに置かれました。第一に幕末期までに形成されてきた全国各地の旺盛な情報要求主体、第二に、廃藩置県直後からの急速な全国的官営郵便局網の確立、この両者のドッキングが一八七四年、明治七年となります。

　このことは、ドッキングがなったとたんに直ちに日刊新聞の営利事業的経営が展開可能になったということを意味します。ここで注意してもらいたいのは、新聞は東京ないし大阪で日刊紙として刊行されるものの、発刊された新聞の多くはこの郵便制度を活用して全国各地に郵送されることになったという事実です。一例を挙げると、元幕府奥医師で、この当時東京に居住していた坪井信良（つぼいしんりょう）という蘭学者は、一八七四年、明治七年七月より新聞「公文通誌」を越中高岡の兄のところに郵送しはじめ、「公文通誌」がこの年の九月二四日より日刊紙化、皆さんご存知の「朝野新聞」に発達するや、その直後一一月より十日ごとに兄に郵送をし始めるのです。

　情報要求主体が全国的につくられてきたからこそ新聞経営が営利事業として十分成立するのだということを踏まえたうえで民権運動を理解するならば、明治一桁台はすでに豊かな民権活動が十分展開可能な時代に突入していたのだと、私は思います。民選議院開設についても慎重論の「東京日日」に対し、「日新真事誌」、「朝野」、「報知」の三紙は賛成論をとり、木戸孝允が立ち上げた「新聞雑誌」という新聞も明治八年に入ると日刊紙「曙」と改題して末広鉄腸を主軸に民選議院開設賛成論を尖鋭に主張するようになるのです。

３　小学校教員問題

廃藩置県で創出された中央集権的統一国家は文明開化を推し進めるため明治五年、一八七二年に「学制」を発布しますが、これも皆さんご存知のとおり、小学校設立にしろ、国家が国家のためのインフラストラクチャーを作り上げるために、いくら金があっても足りるどころではありませんでした。学校建設費から教員の採用、あるいは教員の給料まで地元任せにしたことは、地域に密着して研究されている皆さんにはよくご承知のとおりです。整った師範学校もあるはずはなく、短期の研修を経て全国各地の小学校教員になるものは、これも皆さんご承知のとおり、その土地か近くの城下町のサムライ漢学者かあるいは国学者、和学者に学んだ地元の豪農豪商、名主、庄屋など名望家の子弟以外になれるものはおらず、国が教員を駆使して、国家の政策や方針を上意下達的に浸透させられるどころではありませんでした。国家が文明開化政策を展開しようとすればするほど、地元の若い知的集団を組織してしまう矛盾を小学校の制度化は意味したのです。

（５）二度の地方官会議と漸次立憲政体樹立の詔をいかに位置づけるか

１　一八七四年、明治七年の地方官会議の位置づけ

中央集権政府の強引な文明開化政策は農民階級に対し封建的貢租、雑税が存続するうえに、開化政策が引

き起こした地券入用費、学校設立費、正副戸長給料などの民費負担を課すことによって各地に近世以来未曾有規模の新政反対大一揆を引き起こさせることになりました。その全国的典型が明治六年五月末から六月にかけて勃発した美作国北条県の全県大一揆です。よく被差別部落民を襲撃したということだけで取り上げられる一揆です。矛盾が集中したのは、在地の指導層、在地の代表層でありながら、他方で新政遂行の実行者にもさせられた在地の行政末端を担う豪農豪商の人々でした。誰も行政の末端を担う人々が存在しなくなる危機的状況がこの地域に出現してしまいました。一八七四年、明治七年一月に開設された北条県民会は民選議院設立建白とは全く無関係に在地で作られたものであり、国家支配には民会という人民の合議体が機構的に組み入れられない限り、その国家は国家として機能しないということを、地域そのものが叫び出したことによるものでした。

同年七月には北条県大一揆と同様の大一揆が讃岐の国豊田・三野・多度三郡で勃発、その対策に苦慮した長州士族で名東(みょうどう)県権令、吉田松蔭の弟子でもあった久保断三、吉田松蔭の時には久保清太郎という名前で出てきますが、久保断三はその苦い苦い経験を踏まえ、明治七年七月、木戸孝允宛ての書状において、「民選議院の論起こり候より大政府は孤立の勢いにて少し失策これありそうらえば、満天下丁々の論と相成り候勢い、やむを得ず議院お開きの方、然るべきかと存じ奉り候」と述べているのです。

ただし、この明治七年から八年にかけての民選議院設立運動なるものが有司専制対国民的国会開設運動という対決形態をとらなかったことが、これまでの民権研究において、この両年の運動の質を見えにくくさせてきたと私は思っています。なぜか、これは第三節で垣間見た鉄の結合、薩長同盟が解体した後の新たな政治連携形成の問題が深く絡んでいたからです。

岩倉・大久保政権が直面した政治課題は二つありました。一つは徴兵制施行といっても東京鎮台に新兵二千が入営しただけ、残りの五鎮台と各地分営の将校と兵士はすべてが士族です。当然各地の士族の不満と動揺に極めて連動しやすい人々でした。彼らを権力側にあくまで引きつけ、政府の統御下に置き続けようとするならば、台湾出兵により不平士族の名分の一つ、琉球人五四人を殺害した台湾の原住民を懲罰し、二度とこの惨事を起こさせないような措置をとる、それを政府が率先してとることによってその不平士族の名分を消去することでした。台湾は清国領土だと、日本軍の即時撤退を求める清国政府の強硬姿勢は、日清開戦の危機を日一日と増大していき、ことあれかしと願う各地の士族連は高知県を含め続々と日清戦争への従軍を志願し、不平士族を組織していきました。この窮状をいかに切り抜けるのか、岩倉・大久保政権の命運は一にここにかかっていました。

あと一つの政治課題は、内治優先という立場を崩さず台湾出兵に強く反対し、ついに下野してしまった長閥リーダー木戸孝允と、同じく反対する多くの長閥の官僚、具体的には三浦梧楼とか鳥尾小弥太といった長州系文武官僚の政権離脱をいかにして食い止めるかということでした。既に有司専制下で長閥の勢力は薩閥に匹敵する大きな比重を占めていたのですから、木戸派の支持なくしては権力は片肺飛行になるほかありません。このため岩倉・大久保政権は台湾出兵と併行しながら、参議伊藤博文・寺島宗則を担当者として地方官会議開設に本格的な準備を進めざるを得ませんでした。地方官会議といってもそれは地方行政を論議するのでは全くないことに注意してください。一八七四年、明治七年五月二日、太政官布告として、「議院憲法」が出されます。その「議院憲法」ははっきりと、「全国人民の代議員を招集し、公議輿論をもって法律を定めるため、まず地方長官を招集して人民に代わって共同公議させるべく、この地方官会議を開く」、と述べています。それは米欧から帰国した木戸孝允が主張する五箇条の誓文の内容をより具体化し、憲法とそれに基づいた諸法律にしたがって国政は執行されるべきだという政治方向を具体化するためのものでもありました。

木戸は板垣らが建白した当日に板垣に会い、この地方官会議のことを説明しています。板垣らが直接在野から有司専制批判運動を展開しなかった一つの理由は、この地方官会議への展開に注目していたからだと私はみています。したがって、設立建白に新たな政治方向をみた各地の人々はこの一八七四年、明治七年においては、地方官会議に出席する各地の県令・権令に対し、その地域の人民がいかなる要求を抱いているのか、それを府県会を組織し招集することによって公論化し、そこで得た公論をもって県令・権令は地方官会議の場において発言すべきだという運動になりました。この具体的な各地の研究は殆どなされていません。これも民権運動研究に対する私の強い強い不満の一つです。

私が気づいたのは、今の岡山県、小田県の事例です。先ほど述べたように、美作北条県民会に刺激され、備中備後の小田県下で地方官会議において県令が人民の意見を代弁するためには、県会が組織されなければならないとの全県的運動が展開され、この圧力の中で小田県区会議概則が公布され、小区会、大区会と議員を選出していき、一八七四年、明治七年八月に各大区より正副一名から二名ずつ、総員二五名による小田県会が開会されました。

小田県下の運動は、兵庫県では地方官会議に向け既に県民から意見を徴集しているとの事例を挙げているので、兵庫県会の動きを見る必要がありますが、私が気になっているのは、東京府の動きです。各地域における民会設立運動と民権運動の開始は、太政官政府と在地民衆との板挟みになっている在地指導者層、名望家層の切実な要求から始まっていると私は考えていますが、東京府での民会設立運動は、寛政改革によって作り出された七分積金という公共財産、パブリックな財産を権力から独立させて正当に管理し支出していこうとする東京の都市大ブルジョワジーの要求から出発しており、早くも明治五年一〇月には東京会議所という独立した組織を彼らは作り出し、明治七年一月には漢学者の依田學海が中心となり会議所議員構成案を作成しました。依田學海はここで問題にしている地方官会議開催をはっきりとにらみながら、この年五月に東京会議所議員構成案を実現せよとの再建白をもって東京府知事大久保一翁に強く迫ることになりました。岩倉・大久保政権は一方で全国の不平士族の動向をにらみ、他方で全国の民会設立、民選議院設立要求の動きをにらみ続け、六月二二日には地方官に対し九月一〇日を期して上京すべし、と達し、七月七日には参議伊藤博文をもって地方官会議議長を兼務させることを公表しながら、八月に入り日清開戦の危機が本格化するなかで、この二正面作戦は継続不可能と、八月一七日、地方官会議は延期との決断をせざるを得ませんでした。

２　一八七五年の位置づけ

一八七五年、明治八年段階でも有司専制に対決する国民的国会開設運動という政治構図は未だ存在しません。板垣ら民選議院設立を建白した土佐派の人々は、権力内部に参入することによってこの方向性をさらに強めようとしたからです。皆さんご存知の一八七五年、明治八年初めからの大阪会議は下野した長閥の井上馨と民選議院設立建白者の一人、起草したといわれる古澤滋が画策し、木戸と板垣とを結びつけ太政官政府の中に長州・土佐連合勢力を参入させようとしたところに発端していると私は見ています。木戸孝允は板垣を引きずり込むことによって自分の構想を実現しようとした、と私は考えているのです。そしてこれに大久保は同意しました。一切相談されなかった岩倉具視は憤慨してこれ以降閣議に出席しなくなります。ただし木戸孝允の政界復帰なしには安定した権力政治は不可能と大久保利通は冷徹に判断しました。その結果が、一八七五年、明治八年四月一四日、これはどんな年表にも出ている「漸次立憲政体樹立の詔」の発布であり、立法院上院として位置づけられた元老院、立法院下院としてみなされた地方官会議、そして三権分立の形をとって司法権を担当する大審院設立となりました。板垣は木戸とともに参議となり、木戸は地方官会議議長となり、元老院には議長は置かれず、副議長には民選議院設立建白の一人、土佐派のリーダー後藤象二郎が就任したことは皆さんご存知のとおりです。しかしながら、歴史においては当初の構想が実施してみると、そのとおりには展開しないということが法則のようです。地方官会議議長・木戸孝允の予測に反し、地方官会議の中で公選民会を主張する県令、権令たちがなんと二一名にものぼってしまいました。その急先鋒が兵庫県の神田孝平、神奈川県の中島信行、この時点で既に七県が何らかの民選的な要素を含んだ県会を開設していいます。地方官会議に臨むにあたって、これらの県会から県令・権令宛の意見が提出されたかどうか、きちんと調べる必要があると私は思っていますが、きちんと調べられてはいません。また、府会が未だ設立されていない東京府においても、この地方官会議開催をにらみつつ六月九日、七分積金を担当する東京会議所の人々は真正の、つまり選挙に基づいた民会を設立すべきとの堂々たる意見書を東京府に上申し、東京府自身もこの方向で行こうと内務省に「別紙のとおり差し免じしかるべきや」との伺いを提出しています。このような事態は太政官政府の掌中に地方長官を掌握可能だと思っていた木戸孝允を驚愕させることになりました。

地方官会議の傍聴人問題も民権運動史においては注目してしかるべきことです。各府県二人ずつの傍聴人が認められていますから、筋としては約一二〇名がこの傍聴に参加できることとなります。その中には地方の合意を求めつつ行政を展開しなければならないとし、前年の明治七年から町村会と区会を開設した磐前県第五大区区長・河野広中、高知県立志社の平井、あとで西山と姓を替えますが平井志澄、後に長野県奨匡社の中心人物となる窪田畔夫などがいました。河野らは地方官会議が六月二〇日開始して以来、銀座の民選議院設立建白者たちの事務所、幸福安全社に二〇余県の傍聴人の合同会議をもち、お互いの交流と将来の展望を議論し、併せて地方官会議のあり方に関し要望書を会議宛に提出することになります。民会の議論はこの要望書があったからこそ地方官会議で議論されたことはご存知の方がいらっしゃるはずです。平井志澄の存在からして土佐派が深くこの地方官会議と傍聴人合同会議にかかわっていたことは明白です。そして岐阜県からは島本仲道の北洲社に加盟していた代言人がここに参加しているのです。参加者全員の氏名が是非知りたい。しかし、これも民権運動においては全然研究されてはいません。

３　酒田の森藤右衛門と地方官会議ならびに元老院

この地方官会議と元老院という新しい立法制度を利用しつつ民権運動の全国的展開に甚大な影響を与えることになる人物が庄内酒田の商人、森藤右衛門でした。庄内の第二次酒田県では庄内士族の専制的支配が続き民会が作られるどころではない県でした。そして農民の雑税反対闘争（地租改正反対ではありません）は過酷に弾圧され続けました。しかしこの抑圧体制に風穴を開けたものが元新徴組士が庄内士族の不法さを政府に出訴した裁判であり、それは酒田で開廷され、酒田県側が明治七年七月敗訴となりました。ここでも法廷闘争が大きな転換を作り出しています。この激変を踏まえ森藤右衛門は明治八年一月、新県令となった三島通庸に酒田県の非道を訴え、翌二月に上京、六月から七月にかけていま述べた地方官会議の傍聴人の一人となって全国の民権活動家と連絡網をつくり、併せて酒田県闘争への示唆を得、他方で左院や元老院の後藤象二郎や河野敏鎌（とがま）に働きかけ、その建白書を「郵便報知」などに掲載させ、全国的にこの酒田県大闘争の存在を知らしめ、さらに元老院が有している行政機関への推問権限を発動させて元老院権大書記官・沼間守一の九月の鶴岡への派遣を実現させ、それに彼が同行していくのです。この森の帰国に際し、共存同衆の小野梓たちが送別会を開いていることに私たちは注目する必要があります。七月末、仙台の民権派代言人・清水斉記が酒田に法律学舎を創立する動きにも森藤右衛門は協力することになりました。

4　木戸・板垣の分裂

このような地方官会議や元老院を介しての民権運動と地方長官へのその影響力の強さは木戸と板垣との間隙を大きく大きくしていきました。ついに木戸は板垣と太政官内部で手を組むことは不可能との認識に至ります。ただし、それは木戸孝允の漸進主義的発想という思想的な側面だけで説明すべきではないと私は思っているのです。権力構造の中にしっかりと長閥が組み込まれており、長閥の名実ともの指導者である木戸孝允としては長閥の政権内の地位と勢力を守らなければならない責務をも担っていたからでしょう。

一八七三年、明治六年、京都府参事・槇村正直は小野組転籍問題を引き起こし、司法省官僚は槇村を糾弾しようとしましたが、征韓論大分裂の直後、強引に槇村の拘禁解除を行わせたのはこの木戸孝允でした。尾去沢銅山疑獄事件の張本人ながら、木戸の盟友中の盟友、下野している長閥の大物中の大物、井上馨の救出も木戸孝允以外になしうる人物はいませんでした。木戸孝允はこの件を担当している司法省の河野敏鎌を、こともあろうに明治八年四月、元老院議官に転出させ、代わって井上馨裁判の担当判事を自らが司法卿・大木喬任に推薦しているのです。

このような木戸と板垣との間の間隙とその拡大を偉大な権力政治家大久保利通が見逃すはずはありませんでした。板垣とその政治勢力は権力から排除すべき要素でした。木戸と大久保の間にたって活動する法制局長官伊藤博文は井上毅・尾崎三良という恐ろしく頭の鋭い法制官僚とともに明治八年六月二八日、ご存知の新聞紙条例と讒謗律（ざんぼうりつ）とを制定して後、民権派への弾圧を開始しました。木戸はこの措置に対し同意しました。他方、板垣は逆に自らの主張を閣議の中でさらに明確にしなければならない立場に追いこまれました。ジャーナリストたちは続々と捕縛投獄され、木戸の活動を期待をもって見守っていた福沢諭吉も太政官政府の姿勢にここに見切りをつけ、この年の一一月、言論の自由がなくなったとして『明六雑誌』を廃刊にするのは福沢諭吉です。また大久保利通、伊藤博文は元老院の権限があまりに強すぎるとして明治八年一一月、元老院職制章程を改定し、その権限を大幅に縮小させました。木戸は讒謗律や新聞紙条例に反対できないだけではなく、権力維持のためには、何とかして避けようと思っていた大久保利通と手を組むほかはないと協力するようになり、この大久保・木戸の接近と板垣排除という動きの中で、一〇月、あの岩倉具視も再び閣議に出るようになりました。この年九月、ご存知の江華島事件を挑発した上に、その権力的決着のために正使、薩摩の黒田清隆と並ぶ対等の重みをもった副使として長州の代表者、井上馨が内定するや、尾去沢裁判の決着が木戸らによって急がれます。裁判係争中だと副使にはなれません。そして一二月二六日、政治的に井上馨に判決が下されるや、翌日一二月二七日、井上馨は元老院議官に任命されて政界に復帰し、日朝交渉全権副使節に任命されました。このような体制をつくるため、一〇月二七日、板垣退助は左大臣島津久光とともに明治天皇によって罷免されることになります。

おわりに

このような木戸の大久保へのやむなき接近により岩倉・大久保政権は磐石となりました。大久保のもとに有能な長閥官僚伊藤博文と山県有朋が活躍することになります。もともと大久保との個人的関係がよくなく、また政府のやり方にも全面的な賛成の立場をとることができなかった木戸孝允は明治九年三月二八日、参議を辞任して内閣顧問に退きました。ここに初めて、有司専制対国会開設運動という政治構図が見えはじめました。ただし、有司専制に対峙していたあと一つの大勢力は、西郷隆盛と四万数千の士族が支配する鹿児島県でした。秩禄支給廃止、金禄公債支給という更なる士族冷遇策がこの八月に断行されたことにより、明治九年後半は、士族層の政府に対する敵意はさらに増大し、民選議院設立を狙うあらゆる勢力にとっては士族の中心、薩摩士族とどう組むかということの検討なしに先の見通しをつけることは不可能となりました。

第５章　歴史とは何か

一　歴史の恐ろしさ、面白さ――日本の近代化を例として

はじめに

ただいまご紹介いただだいた宮地です。最初に何を言うのか分からないだろう演題をつけてしまったこと、お詫びいたします。自分でも、これは少しおかしいなと思ったのでサブタイトルを付け加えた次第です。

といっても今日はエッセイストや評論家の方々がお話しするような一般的な話ではありません。私は具体的な材料、料理すべき具材がないところでは、丘にあがったカッパ同様、何も書けず、何もしゃべれません。そういう意味では、今日ではあまり流行らなくなりましたが、個別具体的に、特殊歴史的にと、くり返し云われる中で歴史学を学んできた世代の体質の持ち主だということを齢を重ねるごとに痛感しています。

という訳で、本日のお話は、ここ一五年位の間、私がぶつかった具体的な研究テーマの中で感じた歴史の恐ろしさ、その恐ろしさをつきぬけた上での歴史の面白さといったものを、具体的にお話してみよう、これは私の経験でしかありませんが、お聴きになっている方々には、必ずや思い当たることがあるはずであり、

私のように個別具体的でなければ頭も働かず、足も動かないタイプではない、グランド・セオリーと歴史理論を志向している方々にとっては、一般化・普遍化出来る問題でもあるはずです。前置きはこれ位にして早速本題に入っていきましょう。

(1)『夜明け前』の恐ろしさと面白さ

歴史研究は誰でも自分の興味をもっているところから深みに入っていきます。私は日本近代の成立と、その展開の中で天皇制国家という特殊日本的な国民国家が確立する過程に関心を持ってきました。

特にペリー来航以降一八八〇年代の自由民権期までは、今日から見ても日本人の歴史の中で空前の躍動した時代、三千数百万の日本人男女の一人一人が、歴史と日本の将来を自分自身の問題として捉えなければ生きていけない時代となりました。

この時代ならば、私は日本のどんな地域の出来事にも関心があります。しかし当然通史として組み立てることが目的である以上、いくつかのグループに対象を絞り込まなければなりません。幕末維新変革の主体は基本的にはサムライの中の、私の言葉では「軍事改革派」になるのですが、若い頃からこのテーマで実証してみたいと念じていたのは、サムライのいない地域での幕末維新プロセスでありました。

この意味から島崎藤村(とうそん)の『夜明け前』は単なる歴史小説ではない重みを私には持っていました。木曽谷馬籠(きそだにまごめ)宿の本陣当主島崎正樹(藤村の父親)、彼は誠実な平田国学者であり続け、木曽山林問題解決に木曽谷の代表者として日夜奔走しました。この人民的運動を挫折させるため、筑摩県は正樹を一八七三(明治六)年五月、戸長職から解任しました。その後、このような日本をつくり直すためには復古神道の精神と信仰心を民衆の中に根づかせねばならないと、復古神道の布教に専念するも、形成過程の天皇制国家による神道・神社政策の大転換の中で、二度目の深い挫折を味わい、一八八六（明治一九）年、座敷牢での狂死という悲劇的な死を迎えることになります。

この時代を象徴する人物を父親にもったのが戦前屈指の大文学者島崎藤村という、二重の稀有の組み合わせの中で、あの『夜明け前』が父親の鎮魂のため執筆されました。お読みになった方にはお分かりの通り、武士がでてこない世界での幕末から民権期にかけての歴史の動向を、一人の人間の生きざまを媒介として描ききった名作になっています。

この『夜明け前』にかかわる作品論は、文学研究者の間で汗牛充棟といっていいほど産み出されていますが、歴史研究者としての私の関心は、この馬籠という山の斜面にへばりついた小村まで含み込んだ、サムライの指導と影響がほとんど存在しない地域での当該時期の平田国学とそこでの運動とは、一体どのようなものだったかということでした。

一九八〇年、私は島崎正樹が学び、共に語れる終生の友人を得た中津川に赴き、史料の所在を探ったのですが、未だ個人所蔵になっており、他所者がいっても、何らの手掛かりもつくれませんでした。仕方がない、遠廻りをし、滋賀大彦根校舎にある近江八幡の平田国学者西川吉輔文書を手掛かりに、外側からこの地域の動きを掴むことになります。

私はつくづく思うことがありますが、自分の関心ある学問的テーマはおしゃべりしてみるものだということです。歴史研究にとっては阪神タイガースの勝ち負けとかＡＫＢの女の子についてのおしゃべりは、それほど役には立たないのですが、この歴史的な関心を持っていることのおしゃべりはとても役に立ちます。親しく交友するようになった女性の方が、なんとこの中津川の出身、しかも『夜明け前』のハイライトの一つである、一八五九年（安政六）九月、横浜開港直後、中津川商人が同地に生糸交易に赴いた時、その資金を提供した中津川随一の豪商菅井嘉兵衛の御子孫の方でした。全く手掛かりの無かった中津川の史料、特に『夜明け前』の主人公青山半蔵の終生の友とされる蜂谷香蔵のモデルである酒造家間秀矩の間家と中津川本陣浅見景蔵のモデル市岡殷政の市岡家の史料の閲覧と撮影が一九九八年から出来るようになったことは、誇張ではなく、「千一夜物語」の「開けゴマ」的な成りゆきでした。それ以上に驚いたことは、両家ともに、代々しっかりと云い伝えられてきた御蔭で、幕末維新期の史料が全くと言っていい程散逸しないまま、冷凍保存状態のままで伝来されてきたということでした。

しかし、ここからが中々難しい歴史の怖さの問題に入ります。島崎藤村研究も詳細になってきており、当然史実と小説との喰い違いのこともはっきりしてきています。島崎正樹は史実としては、一八六三（文久三）年、奉勅攘夷期の最昂揚期に気吹舎に入門しているのに、小説では青山家の祖先を調べるためだと、開港以前の安政期に三浦半島まで赴き、その折に江戸の気吹舎に入門しています。

また小説の一つの山場となってくるのが、青山半蔵と蜂谷香蔵が、自分たちの国学の師匠、小説では宮川寛斎、このモデルは馬嶋靖庵というとても興味深い漢方医なのですが、この寛斎には、未だ漢心が働いていると、師匠が横浜交易に出向いたことを厳しく批判しあう場面です。実は史実としては、交易の主体は蜂谷香蔵のモデル間秀矩とそのスポンサー菅井嘉兵衛だったのです。

私は一九九八年から史料調査を続ける中で、この小説と史実との喰い違いがなぜ出て来たか考えることになります。ここに述べた史実は藤村が小説の最も基本的な土台とした馬籠の「大黒屋日記」や気吹舎の「門人帳」から、彼自身十二分に承知していた事柄だからです。当初は小説を青山半蔵を主人公に据えて構成しなければならない上での技法上の作為ではないかとも思ったのですが、しかし年貢半減令を発しながら進んだ赤報隊に半蔵は資金を提供したという歴史小説ともなっており、単なる小説組み立て上の小手先の作為ではないと思うようになりました。

どういうことかといいますと、藤村が『夜明け前』を執筆した一九二〇年代後半になると、平田国学は狂信的ともいえる排外主義者・攘夷主義者の集団という思想的・イデオロギー的位置づけが一般的になっており、この大枠の中で、しかも他方で中山道の交通労働者の闘い、一八六八（慶応四）年一〜三月の赤報隊と年貢半減令、同年五月の木曽谷の陣夫役反対の大規模な百姓一揆、明治二年からの木曽谷山林解放闘争といった、あの地域の人民的諸事件と主人公との関係を小説の中に組み込まなければならないと藤村は考えていたのです。一九二〇年代後半は一方では日本の労働者・農民・知識人の新しい運動が国家権力の弾圧の中で伸びていった時期でもあったのです。

また藤村は父の伝記というよりは、父親をモデルとしながらも、この地域の幕末から民権期までの時代を主人公青山半蔵個人の中に具象化・典型化しようとしました。時代を特定の個人に集約し典型化しようとする限り必然的に発生してくる変更だと今では考えるようになりました。これはなんら非難されるべきことではありません。藤村は歴史研究者ではなく、当時の藤村と彼の読者が共通に理解しているものを前提として小説を描ききらなければならなかったからです。

ただし私が怖いと思うことは、この平田国学のとらえ方が依然として今日まで一般的に続いているだけではなく、歴史研究者の中にも根強く存在しているということです。ある段階で形成された枠組みをもってそれ以前を見ようとするこの傾向の根強さを、私はくり返し結果論的見方だといっているのですが、「宮地は右翼を研究している」といったいい方にもなりますし、また『夜明け前』の記述を史実だと思い込んで依然として引用し続けることにもなります。

流石にこの傾向は消滅していくと期待しているのですが、ヴァリエーションとして、間秀矩は横浜で生糸交易をおこなったことを自分の学問や尊王攘夷の主義主張と切り離し、商人として商売は商売、学問は学問と割りきっていたのだと、二元論で説明する研究者も出てきます。しかし、島崎正樹のような純粋無垢で、しかも学究肌の青年が二枚舌的人物を己の生涯の友とするのでしょうか？　こうなると、時代を超え人間そのものを各人がどのように理解するかということになるでしょう。

私がこの問題を考えていく上で、この方向で煮詰めていったら間違わないと確信するようになったのは、文学研究者の各種の『夜明け前』論ではありませんでした。しっかりした史料からです。先程藤村は「大黒屋日記」を小説の最も基本的土台としたと申しましたが、大黒屋当主の妹おらいが間家に嫁に入り、秀矩を長男として産んだように、「日記」には中津川情報が馬籠情報と共にふんだんに記録されているのです。

というわけで、私は二〇〇三年三月刊行の「科研報告書」の中に「大黒屋日記中中津川関係記事」抜粋を入れるため、藤村記念館の土蔵の中で日記のメモを取り続けました。そしてその中で私は、中津川の商人、その中心は秀矩の妻の実家菅井嘉兵衛家なのですが、中津川の商人たちが木曽谷の奥や伊那谷の飯田方面に天保初年よりマユ買いに赴く記事の多さに改めて気がつきました。各地から大量に仕入れたマユを多くの家庭に賃挽きに出していたと思われます。その国内市場向けの生糸を、横浜が開港し、より儲けがあると判断して、秀矩と姉婿の馬嶋靖庵が同地に大量の生糸を運んでいったのです。商人として極めて自然の動きです。

幕末維新期の研究をするには、後年つくり出された枠組みをあてはめて切り貼りするのではなく、その当時の史料から、発生史的に実証しなければならないという私の確信を後押ししてくれたものが、二〇〇一年、それまであかずの間であった東京代々木の平田神社に大切に持ち伝えられてきた気吹舎史料約八〇〇〇点の調査が許され、その過程で出てきた史料でした。「気吹舎日記」は一八五九年（安政六）八月二日で終わっており、即ち安政大獄の嵐が最高潮になる所で断絶されていました。政治的配慮であることは一目瞭然です。

平田篤胤が一八四〇年、幕府に睨まれ秋田に追放されたことは、忘れられては全くいないのです。またその時期までは、交易反対の立場など、どこにも表明されてはおりません。考えてみれば当然のことですが、江戸の佐竹藩中屋敷内の気吹舎は、日本の「古道学」を学ぶ学舎として藩に許可されているのであって、幕府の意向に逆らって政治活動する場では全然ないのです。幕府が横浜・長崎・箱館三港の開港を宣言し、全国の商人に交易場に出向けと全国に触れ、企業家精神に溢れる間秀矩がその一員に加わることは、したがって何等のおかしさもないことです。しかも歌は大好きでも、気吹舎には未だ入門してはいないのです。

となると、益々面白く、しかも歴史学的に大切なことになってくるのが、ではいつ、なぜ気吹舎に入門したのかという問題になります。それは横浜交易で大儲けをし、交易を決算して中津川への帰路一〇月、靖庵と秀矩は江戸の気吹舎に赴き自ら入門するのです。

第一に気吹舎は横浜交易を踏絵にしてはいません。第二に、この一〇月の江戸の状況を思い起こして下さい。橋本左内や吉田松陰を始め、大獄で死罪判決を受けた人々が次々と伝馬町牢獄で斬首された月でした。しかも孝明天皇は依然として条約勅許を拒んだまま、朝幕関係の鋭い対決が地下に埋め込まれ続けていた時期なのです。日本の国家意思決定者は誰なのか、日本人男女一人一人が自分自身の問題としてつき詰めなければならない時期でもありました。

第三に、とりわけ靖庵や秀矩にとっては、世界を股にかけ稼ぎまくってきた欧米商人たちと丁丁発止の駆け引きをやりとげた直後なのです。この連中を相手の交易がもつその重さを彼らの身体で感じとったはずです。個人として商人として利益をあげるのは当然としても、この商行為が日本という国家にとっての善になるのかならないのかという、近代経済学、ポリティカル・エコノミーの最も重要な課題が、この二人に客観的には問いかけられたのだ、といえるでしょう。では、日本という国家は一体どのような国家なのか、この自らのかかえこんだ課題を解決する、実業家が必要とせざるをえない学問として、「古道学」を提唱する平田国学を彼らが学び出したのだ、と私は今では理解するようになっています。

お前はそう考えるかもしれないが、別の解釈もありうるだろうとディベイト好きの論者は私に議論を吹き掛けて来るでしょう。しかしながら私のこの見通しを裏づけてくれる史実が、これまた中津川にきちんと残っているのです。

気吹舎に入門して、改めて攘夷の大切さを思い知ったという話ではありません。開港当初は養蚕・製糸地帯は熱に浮かされたような状況だったのです。翌年の一八六〇年、秀矩はまたもや木曽谷贄川(にえかわ)の友人小沢文太郎を誘って横浜に出向き、共に交易に従事します。そしてこの時は、江戸に着いた時、この友人の小沢を気吹舎に入門させているのです。まだまだ交易反対かどうかは、気吹舎では踏絵にしてはいませんでした。

しかし、この二度目の横浜交易では秀矩は大損をしてしまいます。交易決済通貨であるメキシコドルの相場が大幅に下落してしまったからです。現在のグローバリゼイション下での為替変動問題と全く同一の問題が、世界資本主義市場に日本が投げ込まれたその瞬間から発生していたのです。

けれども、この交易熱は容易に冷めるものではありませんでした。第二陣目の中津川商人グループが秀矩たちより数か月遅れて横浜に到着、彼らは秀矩たちが外商と直接取引した形をとらず、横浜の売込商に生糸荷の売り捌きを依頼しました。しかし仲介した売込商の取引相手がタチの悪いドイツ商人、戊辰戦争時に会津まで出向いて武器を売り込んだスネル兄弟の弟、この一八六〇年当時、まだ一八歳の若者です。この青年はそれまでにつくってしまった借金のかたに、この生糸荷を売却してしまったのです。しかも言を左右にして、自分の荷物が当地に着いたら、いくらかずつ返済するとの返答のみ、治外法権で保護されている彼等には神奈川運上所も神奈川奉行所も動こうとはしませんでした。びっくり仰天の中津川商人たちは、売込商の責任だとして厳しく追及するも、売込商も弱腰で、この線で折り合ったらと、スネルの主張に基づいたいい加減な調停案を提示するだけ、ズルズルと滞在し続けては費用が嵩む一方、全く解決の目途がつかないまま、この年末に彼らは一旦帰郷します。

しかしながら彼らは泣き寝入りはしませんでした。いくら抗議しても運上所・奉行所が動こうとしないならば動かしてみせると、中津川を支配する尾張藩に訴え、尾張藩の公文書を獲得して神奈川奉行所に出訴するとともに美濃国の公事師を雇い、専門家を擁してこの対決訴訟に臨むことになりました。結果はスネルから取り戻すというよりは、取引の責任を負った売込商が弁償するという形で、損失の一定部分を取り返しました。この第二陣の中津川商人も、狭い町内のこと、秀矩の親戚・知人であり、しかもその資金はあの菅井嘉兵衛が提供しているのです。

中津川商人たちは共に、国際的交易はいかに危険に満ち溢れているのか、まず外商を追及することは、治外法権下では極めて困難、横浜売込商は外商に対して弱腰、神奈川奉行所は出来るだけ外商・外人との衝突を避けている、ここにおいて日本の在方商人はどのような立場を貫かなければならないのか、イデオロギーではなく自分の金銭感覚・損得勘定から経済と政治を見つめなければならなくなったのです。私のいい加減な憶測レベルでは決してありません。

と同時に、幕末維新期を考えていくには、あらゆることを注意深く慎重に、結果論的ではなく発生史的に検討しなければならないということも、ここで述べておかなければなりません。攘夷主義が非合理主義で開国主義が合理主義だといった単純な論理で割りきっては、分かるものが分からなくなると私はいい続けていますが、この中津川商人たちの動きは近代的ブルジョアジー的行動なのかというと、全くそうではないのです。領主・サムライ階級の存在しない社会の発想が出来ない段階の彼らは、この横浜訴訟の事例を見ても分かるように、幕府三親藩筆頭という尾張藩の権威を最大限に利用して事態を乗り切ろうとしました。それによってのみ、部分的ではあれ、自分たちの損失を回復出来たのです。商人たちの商活動を保障するための巨大藩の権力という思考の枠組みからすれば、強力な列強の圧力に抗する権力側の対決姿勢は、必ずしも否定的なものと彼らには見られなくなります。サムライ階級の攘夷運動が彼らにとって批判されるよりも支持されるものになりうるのは、このような過渡的段階では十分に起こり得る事態なのです。

次に、歴史の面白さにかかわってくることなのですが、幕末期における在方商人と横浜売込商との関係は中々示唆的なものです。世界資本主義経済にまき込まれていったアジア・アフリカ地域では、清国で典型的になったように、外商と国内商人との間を媒介する買弁商人という階層が形成されていきました。この外商の利益のために働く特殊な商人層の形成・展開・解体のプロセスも、世界史研究の中での大事なテーマになると私は思っていますが、日本ではなぜ、この商人階層が階層として形成されなかったのか。やはりこの中津川の例に見られるような在方商人の活発な活動とその組織化が強大な圧力となり、開港場の売込商を買弁化させず、逆に在方商人と連携して外商に対抗するような性格を帯びさせることとなり、また明治に入ると日本各地での直輸出運動を創り出していったのではないかと、私は今の所考えているのです。

(2) 竹橋事件の虚像と実像

私はここで述べた南信州、東美濃、略していえば南信東濃の歴史を明治一〇年代まで、一九九八年から地元の史料をもとに考えてきました。またそれを踏まえ、どのように通史を組み立てていくのかを検討してきました。そして調べていく中で、つくづく思うようになったことは、国家レベルの精緻な構造を一旦破壊してしまうと、それを立て直し安定化させるのは、容易ならざる大業となり、すさまじいエネルギーと長期の時間がかかるのではないか、ということなのです。

　私が若い頃は、明治維新で絶対主義が確立し、明治一〇年代でブルジョア民主主義革命運動としての自由民権運動が展開するという、ごく大ざっぱにいえば変革が二段階に分離されて考えられており、私もその通りだと思い、その中で自分はペリー来航から明治四年の廃藩までを扱おうと選択したのですが、どうもこれでは種々の政治的事件が整合的に論理的に位置づけられない、むしろペリー来航期から一八八一（明治一四）年一〇月の国会開設の詔勅発布までを一括りにして、巨大な過渡期、歴史的には大きく日本が前進する時期として考えなおすことが出来ないのか、ただし、このような近代化の事例は、幸か不幸か世界史の中では日本でしかおこっておらず、外からの理論を導入してあてはめるのではなく、具体的な諸事象を実証的に研究し、相互の関連を解き明かすことで、この運動のダイナミズムをつかむことが出来ないのかと思うようになったのです。二段階に切断しないことによって、日本が近代の大海に進水し得た時期の、反文明的で無意味な農民の血税反対運動、全く展望のない封建反動の士族反乱といったマイナス価値しか賦与されてこなかった明治一桁代のブラックホールから何かが引き出せないのかということにもなります。いいかえれば、この明治一桁代から逆にその前後を見渡すと、どのような政治力学が分かって来るだろうかという関心が強くなってきたのです。

　しかも私の年代としては、国家というものは軍事力が裏打ちしているもの、との命題はニュートンの万有引力の法則と同じように頭に埋め込まれていますので、この組織の変化が手掛かりにならないのかと焦点を絞っていきました。

　このように考えていた時、「竹橋事件の会」から、二〇一二年一〇月の総会で、竹橋事件について講演してくれとのご依頼を受けました。竹橋事件は一八七八年八月二三日の近衛砲兵の軍隊反乱ですから、研究者間の縄張りとしては民権研究者の領分、幕末維新史研究者である私としては越権行為となります。ただし私としては、竹橋事件に関するこれまでの説明では、どうもしっくりいかなかったので、人の説を云々するのではなく、自分で一次史料に基づいて検討し、これまでの説でいいならば、それを再確認しましたという話にすればいいと腹を括り、そのご依頼を引き受けました。

従来の基本的説明は、一八七三（明治六）年の徴兵令により開始された天皇制軍隊の特質から事件は勃発したというものです。つまり広範な免役条項や二七〇円の代人料のため、結果として徴兵される者は貧しい農村の二三男、国民皆兵制というよりは一種の封建制的賦役として出発した、しかし民衆の自発性と祖国愛に基づいた軍隊ではなかったため、戦闘に駆りたてるには強制力が必要となり、徴兵制軍隊においては兵士に対して厳しい規律と懲罰、服従の強制を以て臨んだ。徴兵制軍隊は西南戦争に際し、薩摩の士族軍隊と対等に闘い、士族軍隊に劣らないことを実証したにも拘らず、恩賞は無く、しかも膨大な戦費がかかったこともあって明治一一年に入り待遇がさらに悪化したので、竹橋事件が勃発した。そしてこの不満の充満するガスに点火したのが軍隊内に浸透した自由民権思想だというものです。また民権思想よりも、この時期の兵士がその少年期に体験した世直し一揆の記憶がその基本だとする論者も存在しています。

ただし私のように幕末維新期から軍隊組織の問題を見てきた者にとっては、そんな簡単に天皇制軍隊が組織出来たのだろうかという疑問があります。皆さんご存知のように、幕末は長州の諸隊、薩摩の士族軍団、共に徴兵制軍隊ではありません。長州の有志集団の特質をもつ武装組織を上意下達的官僚制軍隊に編成変えしようとする際の困難さは、一八七〇年（明治三）二月、諸隊二〇〇〇名の脱退騒動を引き起こしたことでも容易に理解されます。しかも一八七一年（明治四）七月一四日、廃藩置県の断行を可能にしたのは薩長土三藩約一万の士族「御親兵」の東京結集によってでした。廃藩置県断行より日本が洋々とした近代国家の大海に進水したと簡単にいうことが出来ないのは、一八七七（明治一〇）年、廃藩置県の主力となった薩摩士族軍団による西南戦争の勃発と二月から九月にかけての九州各地の大激戦によっても明らかです。
　これまでの竹橋事件に対する説明には、供述調書などの一次史料を使って調査してきた側からも疑問が投げかけられています。澤地久枝さんなどもそのお一人で、二・二六事件研究者の高橋正衛さんとの対談の中でこう語っています。

給料が削られたための生活困窮が原因というふうに考えられがちですが、実施されるのは一一年の七月なのです。話は早くから伝わっているけれども、困窮はまだ足元へはきていないんです。（兵営外に出て）団子を食べたり酒をのんだり、そばを食べたりしながら、それぞれ打ち合わせをやる自由があったのです。（明治一一年一〇月の）軍人訓誡が出るまでには天皇の軍隊というふうに、天皇に収斂するだけの自信はなかったようですね。創軍当時の軍人手帳の中に罰則がありますが、これに違反したら神罰を蒙ると書いてあります。（竹橋事件で処刑された人の）郷里へ行くと、みんながまだはだしで和服を着ているときに、軍服を着てサーベルを吊ってきたという話を代々語り伝えてきていました。つまりこの人たちはモダンの最先端だったわけです。

　私は澤地さんのように、丹念に史料を読んでいく中から、それまで云われていることに対して、どうもおかしいという感覚を持つことが極めて大事なことではないのか、その齟齬感というものが、通史の見直し、地域からの通説への逆照射という方向に発展するのだと思っているのですが、それには前提があります。史料をとにかく多量に、しかも克明に読み通していくこと、それなしの問題提起とか異議申したてというものは、通説の分厚い壁に却下されてしまうのがおちです。

さて、私のように発生史論的にものごとを掴えるべきだと繰り返し自分に言い聞かせている研究者として、まず取り掛かったのが、この三藩「御親兵」がどのように徴兵制軍隊に切り替えられていったかという、極めて陳腐な制度史調査でした。そうすると意外に面白いことが分ってきたのです。

廃藩置県を保障する軍事力となった「御親兵」は翌一八七二年三月、近衛兵と改称され、またこの時制度的に鎮台兵と区別され、東京常駐、天皇陛下護衛の士族兵だけが近衛兵と呼ばれることになりました。この近衛兵は一八七三年（明治六）二月に解隊されました。三藩士族の近衛兵は約二年間だけ存続したことになります。

丁度徴兵令が発布され、東京鎮台管区だけにおいて徴兵が実施され、初めての徴兵兵士二〇〇〇名が東京鎮台の各兵営に入営するのがこの年の六月のことになります。

ただし注意してもらいたいのは、明治六年の徴兵令には近衛兵に関する規定がなんら存在していないということです。徴兵令とは全く別個に「近衛兵編成並兵額」なる法令が徴兵令と同時期に制定されたのです。

では、三藩士族近衛兵が解隊されたあとの明治六年段階の近衛兵はどのように編成されたのでしょうか。第一に、再役志願士族兵が七二〇名、残りは東京鎮台兵士から近衛兵が選抜されます。徴兵兵士の入営はこの六月なのですから、それ以前に東京鎮台にいた士族兵からの選抜、したがって総て士族兵です。

では一八七四（明治七）年段階の構成はどうなのか。近衛歩兵で見ると、明治六年入営の士族兵が一〇一三名、明治七年入営の士族兵が三九三名、そして東京鎮台からこの年初頭に入営した徴兵兵士二五〇名から成り立つことになります。ただしこの徴兵兵士二五〇名の選抜方法が大事な意味を持っているのです。

それは、一年間の兵士としての訓練を経て、連隊長がその人間の軍事技術と天皇及び国家への忠誠心を確認した選り抜きの兵士なのです。法令上のいい方では、「技芸熟達して行状方正、身体壮健の者」とあり、また見過ごしてならないことは、五年間の近衛兵役を自ら進んで志願し承諾した青年でなければなりません。また近衛兵のうち歩兵ではなく砲兵は五尺四寸以上、当時の日本人の平均身長からすればかなりの上背と、そして頑強な身体をもった者だけが選別され、しかも志願して近衛兵となるのです。当然天皇の身辺警護が基本任務である以上、当時の一般青年以上に尊王意識の強烈な若者たちであったはずです。

一八七五（明治八）年には近衛兵には徴兵兵士が七八八名、明治九年にも七八八名が編入されることにより、士族兵に替わって圧倒的多数が徴兵兵卒に替っていきました。近衛砲兵に関しては、明治七年までは総て士族兵、徴兵兵士が入隊するのは明治八年の一二二名が最初です。この人々は明治六・七年の両年の鎮台砲兵から選抜された青年ですので、近衛兵兵役五ヵ年を加えると、最長七ヵ年の服役義務を自ら納得して志願し近衛砲兵隊に入った若者なのです。明治九年と一〇年も五二名ずつ近衛兵に入隊したとすると、近衛砲兵の定員は二六〇名ですから、西南戦争の勃発直前にはほとんどが徴兵兵士に替わっています。実際には三ヶ年の鎮台兵役終了時に近衛兵に編入される者もあったので、明治九・一〇年では服役期間最長八ヶ年となりました。

このように、近衛兵に選抜されたのは、農奴的な夫役として強制的に近衛兵に編入されてしまった者では全くなく、正にその逆であり、兵士の自発性と積極的な承諾をなんとしても前提とせざるを得ない、背の高く身体頑強な青年たちだったのです。しかも連隊側の選抜なのですから、国家の側からすれば、トラの児的な良質の徴兵制軍隊の精華そのものでありました。天皇と国家のため忠誠を尽くし身命をなげ出す決意を固めている若者連を、士族側ではなく、目下必死で建設中の日本国軍の中に、しかもまさにその中核部分に迎え容れたことを意味しました。志願兵としての近衛兵なのです。

西南戦争は徴兵制軍隊の優秀さを証明したとよく云われますが、西郷軍が「近衛・巡査に大砲がなけりゃ花のお江戸に舞り込む」と歌ったように、戊辰戦争に怨みをもつ士族たちから編成された新選抜団と共に、徴兵制軍隊の精鋭である近衛歩兵、そして砲兵といってもその中心となった近衛砲兵隊が政府軍側の主力的戦闘力であったのです。近衛歩兵・砲兵の軍事戦闘能力、白兵戦での胆力、劣勢となっても最後の一兵まで闘いぬく自発性はきわだったものであり、そして特に近衛歩兵連隊の消耗率は悲惨な程までに達しました。

彼らの誇りは高く、勇戦力闘への国家からのねぎらいと恩賞への期待が強烈になるのは当然のことだと思われます。蜂起のきっかけを民権思想の浸透があったからとか、世直し一揆の記憶が存在したからといった外在的契機で説明することには、私は躊躇しています。人は自分の為には死にません。自分個人の動物的生存の為には泥棒し果には殺人をも厭わないでしょう。「武器を携えて脱走する者は死刑」と入営当初から叩き込まれている兵士にとって死を決して蜂起し、しかもこの近衛砲兵のほとんどがそれに同意し、秘密は洩れず、山県有朋を含め当日の午後八時にならなければこの動きが掴めなかった程の機密保持を彼らは出来たのです。

私は彼らの志願兵としての誇り、この国家と天皇の為に死をも厭わないという人間としての誇りが無慙にも打ち砕かれてしまい、この国家は我々の国家ではない、「我が命捧ぐべき国はありや」との自問自答の結果の天皇直訴、高官殺害という一致団結した蜂起になったのだと理解しています。ここで兵士にとって死を賭して守るべき国家、即ち「我が祖国」とは何かということが客観的に提起されたことになりました。そしてこれこそが兵士にとっての民権思想・民権運動ではないでしょうか。

　では、近衛砲兵の充満する憤怒のガスに点火したものは何か、これについての確信を与えてくれたのが、これまた人の学説や見解ではなく、確実な史料でした。東京の海城中高学校の教師目良誠二郎氏が一九七〇年代から八〇年代の竹橋事件掘り起こし運動の主要な担い手の一人となり、極めて丹念に竹橋事件に関する官憲側史料の調査・報告を行い続けました。その一つが「樺山資紀日記」です。そこには西南戦争の中尉以下の士官・下士官・兵士の軍功調査の経緯が書かれ、報告書提出は七月となっています。選考基準が到底ありえない程ハードルが高く、ほとんどの者がこの七月にその枠からはじき飛ばされてしまったことになりました。狭い連隊内のこと、このことが瞬時に伝わらない訳がありません。戦死者と重傷を負った圧倒的多数は兵士か下士官であり、士官であれば中尉・少尉か少尉候補者の人々であったにも拘わらずです。彼らにとっては、これで我々は最終的に権力から見放された、この権力は我々が命を賭して守るべき祖国を代表しているのか、最後の決断をこの連隊決定は固めさせることになったと私は判断したのです。

(3) 脚気論争と森鷗外秀才馬鹿論

　私は個人的好みとして森鷗外の文学が大好きです。あの簡潔でゆるぎない文体といい、しかも扱う時代が近世後期から維新期の文人と知識人、私のようなこの時期の研究者にとっては、彼は又とない情報提供者でもあり続けます。他方で彼は西周の親戚、西の媒介もあったのでしょう、竹橋事件当時の近衛都督でもあった山県有朋とも親しくなり、彼の政治的ブレインとも云われており、この権力志向的・保守的体質に関しては、これまた私の大好きな中野重治が『鷗外――その側面』という評論集において徹底的に攻撃していますす。これも事実でしょう。しかしこのような鷗外は他方で大逆事件の弁護人平出修に弁護に必要不可欠な史料を渡してもおり、また放蕩無頼、遊興の巷に身をおいて耽美主義文学を切り開いた永井荷風を慶應大学文学部主任教授に推薦する人物でもありました。この荷風は凡百の文学者・知識人と異なり、日本の軍部ファシズムに対し原理的思想的に対決し続けることの出来た稀有の文学者でもあったことは、『断腸亭日乗』を読み進めると分かることでもあります。この素質を見抜いたのが鷗外でした。日本が日清日露両戦役に勝利し、よかれあしかれ天皇制国家のもとで、一方では世界の一等国としての自負心を持ち、他方で東アジア諸民族に対する支配民族として立ちあらわれた時代の第一級の知識人として、その矛盾した心理と行動をも含め、深く理解しなければならない知識人として、私は永らく鷗外に関心を寄せ続けてきました。

そして鷗外問題の一つが、皆さん周知の脚気論争となります。鷗外と彼を引きたててくれた陸軍軍医社会の最高実力者石黒忠悳（ただのり）は頑固な脚気伝染病論者、イギリス医学を学んだ海軍軍医の高木兼寛が米麦混合食を早期に導入して海軍兵士の脚気を明治一〇年に根絶したのに対し、ドイツ人医学者コッホ・ベルツらの伝染病説を信奉し主体性を喪失した石黒や森らの陸軍軍医集団は、東京帝大医学部の青山胤通らとグループをつくり、あくまで白米主義を貫いたため、日清戦争のみならず日露戦争でも多数の脚気病兵士を生み出してしまった鷗外と青山は頑迷な帝大秀才の代表者だ、といわれているものです。近代史研究者の中にも、この評価をそのまま取り入れている方もいらっしゃいます。

私は自分が鷗外文学の愛好者だからといって、このような立場をとった鷗外をひいきのひき倒しで擁護するつもりは全くありません。東大の秀才馬鹿は戦前のみならず今日でもゴロゴロいるのですから猶更です。ただし、私がこだわったのは、あれほど人間の真実とは何かを追求することの出来る傑出した文学者という資質と、外国追随と主体性放棄という軍医としての資質とは、同一の人間の中に果たして共存可能なのだろうかという疑問でした。

もう一つ、このような非難のやり方で気になったのは、東京帝大のエリートという評価に関してです。医学の病理学研究とか日本の医学界内部の人事問題ならば、学閥問題は当時も今日も重要な問題であり続けるでしょう。しかし陸軍の軍医部局というものは陸軍内ではあくまでも従属的立場でしかありません。しかし陸軍の連隊・大隊の将校たちが軍医集団に対し要求し続けるのは、ベスト・コンディションの頑強な兵士を戦場に送り出してくれということだけなのです。脚気で突撃も出来ないような兵士を出し続けるのは、いかなる学校を出たからといっても、彼らにとってはロクでもない無能な軍医でしかないのです。

私はこの鷗外の脚気問題をどのように考えたらいいのか、ずっと自問自答し続けている時、いい研究書に出会いました。残念ながら最近亡くなられた医師で、ヴィタミン史研究者の山下政三氏が二〇〇八年に出版された『鷗外森林太郎と脚気紛争』です。この本によると、実行が先行、学理はあと追いでいいというプラグマティズムは海軍と同じく陸軍にもあてはまり、明治二〇年代前半には各連隊では米麦混合食になっており、脚気患者は発生しなくなっていたのです。問題は平常時の兵営食ではなく戦地での主食問題でした。日清戦争勝利の結果として長期に闘われることになる台湾抗日闘争鎮圧戦争の際、夥しい脚気患者を陸軍は出すことになります。そしてその現場責任者となったのが台湾総督府陸軍局軍医部長に就任し、台湾に赴いていた森鷗外でした。鷗外は脚気伝染病論者、彼の上司で最高実力者石黒忠悳も頑固な伝染病論者、米麦混合食にすべきだとの進言を石黒も森も拒んだのです。しかし先程も述べたように、陸軍では結果が総て、脚気病患者を大量に出してしまった責任を取らされて、まず鷗外は一八九五（明治二八）年五月から三ヶ月在任しただけで召還され、さらに戦争が終息する一八九七年、総責任者である石黒軍医総監・陸軍省医務局長が辞職させられ、現地責任者の鷗外は一八九九（明治三二）年、近衛師団軍医部長から新設の小倉第一二師団軍医部長に左遷させられました。この左遷の衝撃が大きかったのでしょう、彼はこの時期本格的な文筆活動をなんらおこなわなくなりました。そして一九〇一（明治三四）年八月、「脚気減少は果して麦を以て米に代へたるに因る乎」論文を発表した後は、一切伝染病説を主張しなくなります。

鷗外は日露戦争時、第二軍軍医部長として出征しますが、今回は食糧供給の責任者ではありません。責任者となったのは軍医総監・陸軍医務局長、鷗外同窓の小池正直でした。彼もまた伝染病論者でもあり、白米主義で糧食を供給し続けますが、またもや明治三七夏期には驚く程の脚気患者を出してしまい、ついに一九〇五（明治三八）年三月、「出征軍人軍属には脚気病予防上、麦飯を喫食せしむる必要ありと認む、主食日量精米四合、挽割麦二合を以て給すべし」との陸軍大臣寺内正毅の訓令が発せられることとなり、小池局長は責任を取らされて、明治四〇年一一月に軍医総監・医務局長を辞任、後任に森鷗外が就任し、森のもとに臨時脚気病調査会が国家レベルで組織され、脚気の病理学的研究がいよいよ正念場を迎えることとなります。

私は山下さんのお仕事に多くのことを学ばせてもらいましたが、まだすっきりしない点が二つ残りました。第一に日清でも日露でも脚気患者が夏期に急増するのはなぜか、第二に、米麦混合食反対論の中に、麦は「変敗」しやすいという意見が強く、混合食実行が極めて困難であったこと、寺内陸相自身も明治三七年一一月、「炊き方の面倒なる麦飯のみに依らしむる事出来兼る場合もある」と弁明に努めているのはどのような理由なのか、という二点です。

つまり、病理学上の脚気伝染病論での反対だけではない実務上の困難さが出征現場の糧秣（りょうまつ）担当者に感じられており、それが平時での兵営生活では、日清戦争以前に既に解決されていることが、外地での兵食においては、米麦混合食の実践を阻止しているのだ、ということです。それは何なのだろうと、疑問をいだきながら数年が経過しました。

私の疑念を一瞬にして氷解してくれたのが、友人の広島大三宅紹宣氏が送ってくれた『山口県史研究』二〇一二年三月号掲載「明治期山口県における食料摂取の変遷」論文抜刷でした。そこでは麦食について次のような史料が引用されていたのです。

麦はいまのような押麦でなくまる麦だったので、大抵は前日によましておいたのを米と一緒に炊くのである。よますというのは精白した麦をやわらかく湯炊(ゆだ)きすることで、よなべの仕事の合間によますのが常だった。精白するのに米に比べ二倍も三倍も手数がかかり、その上よまさなければ飯に炊けないのでめんどうくさい

私はそれまでたまに食べた押麦の米麦混合食の形を明治期に遡及させ、そのイメージで考えていたのです。私が最も自戒していた結果論的判断を恥ずかしながらし続けていたことになります。この目で民俗史料をみていくと、「よます」とか「えます」という手間のかかる作業を大正半ばまでの日本人は全国でおこなっていたことが分かりました。

とすると、学理上の問題だけではなく、手間のかかる作業を出征の現場でおこなわなければならず、台湾でも満州でも夏期は驚くほど高温となり、容易に腐敗してしまうことが、現場で米麦混合食を拒絶させた重要な要因ということになります。

では、押麦がどのように出現してくるのかということが私の新たな関心事となりました。調べていくうちに、「改良麦製造方法」という発明によって大正二年九月一〇日に特許をとった人物が、静岡県駿東郡小泉村鈴木忠治郎という方だということが分かりました。しかも鈴木忠治郎は静岡の陸軍部隊への米麦納入を職業としていた発明家だったのです。

その方法とは、精白した大麦に乾燥した熱風を送り、押し潰す時くだけない程度にまで軟かくした上で、

さめる以前に押し潰すというものです。特許申請書類の中で鈴木は、「従来の米麦混合食用に加工される麦というのは、水に数時間漬けた上で押し潰し、それを天日で乾かしてきた。麦というのは穀類の中で最も腐敗しやすいので、この過程で容易に腐敗し、しかも悪臭を発し味を悪くしていたが、今回の発明は従来の欠点を除去し、工程は極めて迅速、容易にして僅かの工費を以て多量に製造することが出来る」と述べています。

とすると、日清・日露の前線での混合兵食供給においては、前以て「えます」作業をおこなったか、あるいはこの容易に腐敗しやすい天日乾しのやわらかい麦を納入者から納めさせたか、あるいは挽割麦を混ぜたのか、のいずれかでしょう。

今日私たちの知っている押麦なる名称も、鈴木の特許では「改良麦」となっているように、さまざまの名称の加工麦が軍に納入されていたのを、大正の中頃、陸軍糧秣本廠が押麦という呼称に統一したことで名称が固定されたものなのです。

ただし皆さんの中にもお気づきになった方がいらっしゃると思いますが、鈴木が特許をとった「即席穀物製造方法」なるものは欧米で breakfast cereals と呼ばれるものの作り方と全く同じものなのです。一番ポピュラーなものが燕麦加工のオートミール、トウモロコシだとコーンフレーク、他にも米にパフドライス、小麦はパフドホイートまたはフレイクトホイートと呼ばれているものがあります。

いつ、どこでこの breakfast cereals が商品化されたのか。それは工場労働者が急増し、労働者が食事にほとんど時間がかけられなくなった一八九五～一九〇五年の時期に、アメリカにおいて商品化されていきました。「即席穀物」が全米の市場に流通し始めたのです。

鈴木が偶然同一方法をオリジナルに発明したのか、発明雑誌でアイディアを入手したのか、これも面白いテーマではありますが、アメリカでは社会の急激な都市化とともに出現した「即席穀物製造」技術だったのが、日本では最大の大口麦需要団体である軍部の要求がその技術開発のきっかけになったということは、天皇制国家と軍と技術の三者の相互関係を考える上で、これまた興味深い論点となるでしょう。

おわりに

私は自分の失敗経験も含め、結果論的な発想法・思考法が歴史研究において、どのように恐ろしいものであるのか、それを警戒している者にとってすら、現在に生きていること、それ自体が結果論的なものの見方を不断に産み出している、国民から「過去の入口」を託されている私たちは、異界の世界をその実体において掴むためには、その時代・時代の諸資料に沈潜することによって、何よりも研究主体を今、ここという「現今」からひきはがし自立させ、現在と過去に対峙しうる三次元の研究主体をつくる努力をし続けなければなりません。

しかし過去を過去として葬らせるのではなく、過去を現在に甦らせ、さらに動物的に生きるのではなく、人間として生きた人々、より人間的に生き抜こうと歴史の中で闘った人々を現在に生きかえらせるためには、歴史研究者は同時に、人間とは何か、人間的に生きるとは何かを不断に問いかけ続ける者でなければならず、そしてその努力は、その者がこの世を去る瞬間まで続けなければならないことだと私は思っているのです。

二　明治一桁代が面白い

私の学生・院生時代だった一九六〇年代では、近世史と近代史は截然として分離しており、その間が廃藩置県をゴールとする明治維新史研究の分野でした。講座派の一国発達史観に依った明治維新絶対主義論が当時ではその時期の指導理論だったとはいえ、この史観を支えた時期区分論は、相当以前から確立されていたと私は考えています。分散的封建制国家から中央集権的近代国家への移行、ヨーロッパ史では類例のない、皇室を中軸とする統一国家をつくろうと愛国心にもえた封建領主階級の自己犠牲的な領有権放棄によってこの統一過程は完了した、との言説による天皇制国家側の時期区分論がいつ頃に創りあげられたかも興味深いテーマですが、二〇一八年の明治維新一五〇年記念式典でも、この言説は依然として大々的に繰り返されるはずです。

私個人としては、当時ベトナム侵略戦争の時期でもあり、縁遠い明治維新期よりは日本帝国主義国化での都市と農村の変容に関心が惹かれ、一九七三年三月までは日露戦後から一九二〇年代の国民統合と民衆運動のからみ合いに関する研究を進めており、次は戦後史だと課題を定めていました。

ところが、生活のため運良く東大史料編纂所に入所できたものの、同所の最新史料編纂時期は一八七一年七月一四日の廃藩置県当日、ただし歴史ならどんな時代でも好きになってしまう古いタイプの国史学生だったせいか、山口啓二大先生のこの上ない指導のもと、幕末政局史にいとも簡単にのめり込んでしまったのは今でもおかしい気がしています。

編纂業務のかたわら、一方でペリー来航・安政改革・安政大獄・奉勅攘夷・条約勅許・第二次征長・戊辰戦争とこまかな政局史を自分に納得させるために時系列的に勉強していくと、一年有半の内戦の末成立した維新政権は府藩県三治一致体制を前提とした連合政権であり、廃藩置県への論理をそこに内在させていないとの結論になってしまいました。廃藩置県を実現させたのは、一八六六年一月、坂本龍馬の熱誠により締結された「鉄の結合」薩長軍事同盟なのであり、征長の役での幕府完敗、王政復古クーデタ、戊辰・箱館戦争、版籍奉還を主導してきた薩長軍事同盟こそが、七二年七月に始動する条約改正期に更なる権益拡大を迫る欧米列強へ対峙すべく、統一国家を軍事力を背景に一挙に実現させたのであり、そのキーパーソンが西郷隆盛なのだ、というのが今の段階の私の理解となったのです。

他方で私は政局史につきまとう微細な論点での不毛な論議に陥ることを恐れ、長い時間幅をとった「社会的政治史」の立脚点を求めつづけました。可能ならば武家とサムライの存在しない被支配階級にとっての幕末維新過程を自分にとって納得させることが目的です。遠回りをしたとはいえ、『夜明け前』世界が冷凍保存された東濃中津川の膨大な史料に接触できたのが一九九八年、しかも二〇〇一年には東濃・木曾谷・南信の平田国学者たちの書状と書類が不断に送付され続けた江戸気吹舎（いぶきのや）史料の整理に従事することが可能となり、その成果を二〇一五年、吉川弘文館から『歴史のなかの『夜明け前』――平田国学の幕末維新』として刊行することが出来ました。表紙の写真は、大政奉還に歓喜した青山半蔵のモデル、藤村の父島崎正樹が気吹舎に送った祝詞であり、そこには犯してはならない大罪として天皇への反逆罪・外患罪につづき「百姓を虐ぐる罪」が神明に向け明言されています。この祝詞は木曾山林問題を人民の先頭に立って解決しようとする正樹の決意表明にもなるものです。島崎藤村は、当時の維新史家たちが異口同音に廃藩置県万々歳を唱えていた中で、唯一人、廃藩置県は少なくとも木曾谷の人民にとっては「夜明け」をもたらしはしなかったと、地域史と家族史をしっかりと踏まえ、歴史文学の中で明らかにしました。『夜明け前』とはいみじくも表題したものであるのです。

二〇一二年、私は「竹橋事件の会」から、竹橋事件に関ししゃべってくれとの依頼を受け、同年一〇月に講演しました。研究者「倫理」からすれば、西南戦争後一八七八年八月の近衛砲兵反乱であり、当然自由民権運動史のフィールド、維新史の私などの出る幕ではありません。しかも天皇制軍隊の過酷な一般兵卒待遇への怒りの激発との評価も定まっているものでした。ただし廃藩断行時の実務的最高責任者たるただ二人だけの参議、薩摩の西郷と長州の木戸（六年前の薩長同盟の締結者でもある）の間では士族の処分に関しては何等の合意もなされておらず、士族層と徴兵制軍隊との関係が鋭く問われることになったのは、一八七三年六月、東京鎮台に二〇〇〇の徴兵新兵が入営した時だと理解していた私にとっては、創世期軍隊の矛盾とはどんなものだったか、調べてみて、従来の説明でいいのなら、それを再確認したと語れば事は済むと腹を決め、領域「侵犯」を覚悟して講演を承諾し、史学の基本中の基本たる陳腐な制度史を検討していきました。調べてみると近衛兵は軍事技術と操行両面で選びぬかれた、徴兵兵卒のエリート、しかも五年間もの長期服務期間を、祖国と帝室を防衛する者は自分たちだと自ら進んで選択したれっきとした「志願兵」でした。常に死に直面させられている近衛連隊兵卒たちは、したがって常に自らの命を捧るに値する祖国かどうかを不断に自問せざるを得ない、そして自問する資格と能力を有した青年たちであり、しかも彼らは蜂起の前年、九州の山野における数ヶ月の激戦でからくも生きのびた若者たちだったのです。自由民権思想の影響を受けたかどうかというレベルの問題ではさらに無く、今の政権はわが祖国をなんら代表してはいないとの怒りからの軍隊反乱とすれば、これこそ正真正銘の武器を携える者たちの民権運動、換言すれば「兵士民権」となるのではないか、このように考え「竹橋事件と兵士民権」論文を執筆し、二〇一六年に校倉書房から刊行した『地域の視座から通史を撃て！』に収録しました。

徴兵された青年たちにまで、自分と国家とのあるべき関係を考えさせ、あるべきではない現体制は倒さなければならないと思い詰めさせたとすれば、一八七四年の佐賀の乱から七七年の西南戦争までを無謀で無意味な士族反乱期と位置づけ、その後の「戦後民主主義」として明治一〇年代の民権運動を通史の中に据えるのでは無く、他のあらゆる政治諸集団に手の出しようがないと思わせた「鉄の結合」薩長同盟が一八七三年一〇月の征韓論大分裂で崩壊し、七四年一月、西郷を除く辞職した征韓派前参議等が、現政権は祖国と帝室を代表していない「有司専制」政権に他ならないと攻撃する民選議院設立建白時期から民権運動と民権思想の展開を組み建てていく必要はないのか、佐賀の乱自体も一面では「鉄の結合」が消滅したことから可能となった士族層の地域運動的側面がないのか、戦前のある段階で天皇制国家が創り出した「廃藩置県即近代国家確立論」にとらわれること無く、幕末維新期と自由民権期を統一的通史的に把握する「穴場」こそが明治一桁代ではないのか？　このようにテーマを絞り込んで、目下当該時期の諸史料を楽しみつつ、また調べるたびに目を開かれつつ読んでいる最中です。ただし私のような幕末維新史の研究者は、これまでは薩摩と長州、副次的に土佐の政治史史料を調べておけば、政局史のピークとピークを繋ぐことがなんとか出来たのですが、征韓論大分裂以降は全くその方法が通用しなくなってしまったことを痛感することにもなっています。日本全国の各地域がそれぞれ主体的に動き出してきたからです。「建白」の理論的ブレーン古沢滋他二名の「民選議院弁」が述べるように、民権運動とは「三府六十県の人民」を挙げて尽く「薩長土三藩の人民」と為すこと、即ち各地域の主体的形成こそが「有司専制」打倒運動の核とならねばならず、そしてなっていくからです。この従来に無かった異様で開放的な雰囲気は七四年二月、荘田平五郎宛書状において福沢諭吉をして「学問のすすめは七編まで脱稿、此節は余程ボールドなることを云ふもさし支なし、出版免許の課長は肥田君と秋山君なり、大丈夫なる請人にて面白し」と述べしめるまでになっていました。慶應義塾出身の浜五郎厄介肥田昭作と旧長岡藩士族秋山恒太郎は相継いで文部省准刻課長となっていきますが、この書状執筆時点では、文部卿木戸孝允は岩倉・大久保政権と一線を画し、福沢との協力関係を模索している時期にも当っていたのです。

あとがき

花伝社社長の平田勝氏は一九六〇年代以来の友人である。益々本を読まなくなる人々が増加する中、社会的道義を貫く各分野での良書を出版しながら、よく経営が続けられるものだと、影ながら舌を巻いていたのである。

その彼が、宮地の維新論をまとめたいといって来た。「損失となっても僕は責任を負わないが、それでもいいのか」、と念を押した上で、講演録を中心に手許にある雑誌、抜刷り、コピーの類を彼に渡したところ、見事に全体の筋が通るように編集してくれた。経営能力のみならず、非凡な編集者であることも、改めて教えられた。但し冒頭の「明治維新とは何であったか」だけは、私の幕末維新変革論の全体的構図を示すものとして、私の方から編集対象の中に加えてほしいと依頼したものである。

平田氏は、明治維新に関心をよせる方々に出来るだけ読み易くするため、文章をすべて「ですます調」に統一し、また出典注を省略する方針をとった。私としてはどんな講演や原稿においても憶測を避け、必ずしっかりとした史料、典拠に基いて話し執筆しているので、出処を必要とする方は、巻末の「初出一覧」を見てほしい。

私は一九七三年四月より幕末維新期の研究を開始してから、四〇数年になるが、勉強すればするほど新しい史実と人物に出会い、当該時期が日本通史の中でもきわだって幅が広く、底が深いことを痛感するようになってきている。とりわけここ数年、征韓論による太政官大分裂と民選議院設立建白以降の「公論世界」成立段階では、日本全国の各府県がそれぞれ主体的に動きだしたとの印象が強く、到底一人で出来る研究対象ではないぞとの感を深めている。それに対し、各府県の従来の地方議会史では、明治一桁代の地域の政治的動向は、本論に入る前の導入部分としてしか位置づけられてはいない。このギャップを埋める近世から近代過渡期の研究者が一人でも多く登場することを私は期待している。

宮地正人

二〇一八年一〇月

初出一覧　いずれも本書収録にあたり加筆修正を加えた。

第1章　明治維新をどうとらえるか

一　明治維新とは何であったか
２０１７年「明治維新とは何であったか?」（朝日カルチャーセンターでの講演要旨）

二　明治維新の論じ方
２０００年「明治維新の論じ方」『史学論集』（駒沢大学）（30）17-34

三　歴史をどう学ぶか――幕末の大阪
２００１年「歴史学をどう学ぶか――幕末維新期研究を手がかりに――」『歴史科学』（大阪歴史科学協議会）（165）41-54

四　服部之總の維新史論――松尾章一『歴史家服部之總』刊行に寄せて
２０１７年「服部之總の維新史論――松尾章一『歴史家 服部之總』刊行に寄せて」『評論』（日本経済評論社）（206）4-7

第2章　地域からの明治維新

一　東濃と『夜明け前』の人々
２０１２年「横浜と『夜明け前』の人々」『横浜開港資料館紀要』（横浜開港資料館）（30）6-23

二　松尾多勢子と平田国学
２０１１年「松尾多勢子と平田国学〜飯田・下伊那・中津川をめぐって〜」『宮地正人先生講演会記録』（豊丘村教育委員会）1-28

三　下野の幕末維新
２００６年「下野の幕末維新」『栃木史学』（國學院大学栃木短期大学史学会）（20）3-18

四　色川三中をめぐる江戸と地域の文化人
２０１６年「色川三中をめぐる江戸と地域の文化人たち」『土浦市立博物館紀要』（26）21-44

第3章　全国に拡がっていた幕末の情報

一　風説留『筑波颪』に見る水戸浪士通過と中津川

２０１８年「風雪留「筑波颪」に見る水戸浪士通過時の中津川」『街道の歴史と文化』（22）1-25

二　幕末の鹿児島藩と情報収集

１９９８年「幕末の鹿児島藩と情報収集」（『黎明館調査研究報告』）（11）1-20

第4章　幕末維新から自由民権へ

一　勝海舟と幕末維新

２００９年「勝海舟と現代」『勝海舟を軸に日本の近現代史を考える』（下町人間総合研究所）20-46

二　田中正造と維新の精神

２００５年「二一世紀の日本と田中正造・勝海州」『憲法九条・平和を守るたたかいと、田中正造・勝海舟』（下町人間総合研究所）20-50

三　幕末維新から自由民権を考える

２０１７年「幕末維新期から自由民権を考える」『秩父事件研究顕彰』（秩父事件研究顕彰協議会）（20）1-86

第5章　歴史とは何か

一　歴史の恐ろしさ、面白さ——日本の近代化を例として

２０１５年「歴史の恐ろしさ・歴史の面白さ——日本の近代化を例として——」『歴史科学』（大阪歴史科学協議会）（220）（221）1-14

二　明治一桁代が面白い

２０１７年「明治一桁代が面白い」『歴史書通信3』（歴史書懇話会）（230）2-5

あとがき（書き下ろし）

宮地正人（みやち・まさと）
1944年生まれ。東京大学史料編纂所教授、同所所長、国立歴史民俗博物館館長を経て、現在、東京大学名誉教授。専攻は日本近現代史。
著書に、『日露戦後政治史の研究』（東京大学出版会、1973年）、『幕末維新風雲通信』（編、東京大学出版会、1978年）、『天皇制の政治史的研究』（校倉書房、1981年）、『幕末維新期の社会的政治史研究』（岩波書店、1999年）、『歴史のなかの新選組』（岩波書店、2004年）、『通史の方法』（名著刊行会、2010年）、『国民国家と天皇制』（有志舎、2012年）、『幕末維新変革史（上）（下）』（岩波書店、2012年）などがある。

幕末維新像の新展開——明治維新とは何であったか

2018年12月10日　初版第1刷発行

著者————宮地正人
発行者———平田　勝
発行————花伝社
発売————共栄書房
〒101-0065　東京都千代田区西神田2-5-11 出版輸送ビル2F
電話　03-3263-3813
FAX　03-3239-8272
E-mail　info@kadensha.net
URL　http://www.kadensha.net
振替　00140-6-59661
装幀————加藤光太郎
印刷・製本——中央精版印刷株式会社

ISBN978-4-7634-0871-6　C0021